Kugler / Wolfram

*Österreichs*
Geschichte

Georg Kugler
Herwig Wolfram

*Österreichs*
# Geschichte
*Wissenswertes in
99 Fragen*

ueberreuter

**Bildnachweis:**
akg-images/Erich Lessing: 24, 100, 211; ÖNB/Wien: 148, 153, 191; KHM Museumsverband: 157; Steiermärkisches Landesarchiv: 108; Stift Klosterneuburg: 143; Kunstsammlungen Stift Kremsmünster: 205; Wien Museum: 180 und 218

Alle Karten wurden von Joseph Koó gezeichnet.

Der Verlag hat sich bemüht, alle Inhaber von Bildrechten ausfindig zu machen. Sollten berechtigte Ansprüche übersehen worden sein, werden die Rechteinhaber gebeten, sich mit dem Verlag in Verbindung zu setzen.

Bereits im Jahr 2009 unter dem Titel »99 Fragen an die Geschichte Österreichs« im Carl Ueberreuter Verlag erschienen.

1. Auflage 2017
© Carl Ueberreuter Verlag, Wien 2017
ISBN 978-3-8000-7666-6

Alle Rechte vorbehalten. Das Werk darf – auch teilweise – nur mit Genehmigung des Verlages wiedergegeben werden.

Covergestaltung: Saskia Beck, s-stern.com
Coverfoto: Albrecht Dürer / Imagno / picturedesk.com
Satz: Hannes Strobl, Satz·Grafik·Design, Neunkirchen
Druck und Bindung: Unisoft, Ukraine

www.ueberreuter-sachbuch.at

# INHALT

**9** VORWORT

**11** GESCHICHTE UND MYTHOS
1 Welche Geschichtsmythen werden über Herkunft und Anfang erzählt? 11 · 2 Welche Verbindung besteht zwischen der österreichischen und der deutschen Geschichte? 13 · 3 Welche Öffentlichkeit besitzt das österreichische Mittelalter? 15 · 4 Wer war Bischof Otto von Freising (1138–1158)? 17 · 5 Wodurch unterscheiden sich Annalen von Chroniken? 18 · 6 Worüber geben römische Inschriften Auskunft? 20 · 7 Worin besteht der Wert der urkundlichen Überlieferung und wie unterscheidet sie sich von den Akten? 22 · 8 AEIOU 25 · 9 Was weiß man über den Vers *Bella gerant alii, tu felix Austria nube*? 27 · 10 Wozu braucht man einen Stammbaum? 29 · 11 Was erzählen die Wappen der österreichischen Bundesländer? 31

**35** RÄUME UND LÄNDER
12 Was ist über Österreichs Grenzen zu sagen? 35 · 13 Wie sah die römerzeitliche Ordnung unseres Landes aus? 36 · 14 Wie endete die Römerzeit in Donauösterreich? 39 · 15 Wie sah die frühmittelalterliche Ordnung unseres Landes aus und wie wirkte sie weiter? 41 · 16 Wurde das heutige österreichische Staatsgebiet bereits im Spätmittelalter vorbestimmt? 44 · 17 Wann teilten die Habsburger im Spätmittelalter die »Herrschaft zu Österreich«? 45 · 18 Wozu brauchte der Mensch den Wald? 47 · 19 Wozu brauchte der Mensch das Wasser? 50

**53** DIE NAMEN UND IHRE GESCHICHTE
20 In welcher Bedeutung überlebten Rätien, Norikum und Pannonien die Antike? 53 · 21 Wann sind die heutigen österreichischen Bundesländer zum ersten Mal als Länder bezeugt und was bedeuten ihre Namen? 56 · 22 Wann sind die Namen der österreichischen Landeshauptstädte zum ersten Mal bezeugt und was bedeuten sie? 59 · 23 Wie kam Österreich zu seinem Namen? 62 · 24 Warum bezeichnen die Tschechen und Slowaken ihre österreichischen Nachbarn als Raabser? 63 · 25 Gibt es wirklich keine Kängurus in Austria? 64

## 65 DIE VÖLKER UND IHRE SPRACHEN
26 An welche Völker erinnern die österreichischen Orts- und Gewässernamen? 65 · 27 Wer waren die Bayern? 67 · 28 Wer waren die Alemannen? 69 · 29 Wer waren die Karantanen? 70 · 30 Wer waren die Awaren? 72 · 31 Seit wann leben Juden nachweisbar in Österreich? 73 · 32 Wann gab es in Österreich Judenverfolgungen vor der Shoah? 76 · 33 Wer waren die Ungarn, als sie nach Europa kamen? 78 · 34 Was bedeutete Burgund? 81 · 35 Welche Sprache sprechen die Wiener? 84 · 36 Was kommt den Österreichern spanisch vor und was wurde in Österreich offiziell als spanisch bezeichnet? 84

## 87 DAS CHRISTENTUM UND SEINE HEILIGEN
37 Was weiß man von den Anfängen des Christentums in Österreich und wie war es organisiert? 87 · 38 Wann entstanden die ältesten österreichischen Klöster? 90 · 39 Was bedeutet Heiligkeit historisch? 92 · 40 Wer war der heilige Florian? 93 · 41 Wer war der heilige Severin? 94 · 42 Wer war der heilige Rupert? 96 · 43 Wer war der heilige Virgil? 97 · 44 Wer war der heilige Leopold? 99

## 102 PRIVILEGIEN UND INSTITUTIONEN
45 Was war die Ministerialität? 102 · 46 Was ist das *Privilegium minus* und welchen Konflikt löste es? 104 · 47 Was ist die Georgenberger Handfeste? 106 · 48 Was bewirkte das Stapelrecht? 109 · 49 Welche Epoche wird als österreichisches Interregnum bezeichnet? 109 · 50 Wie kam es zur Fälschung des *Privilegium maius*? 112

## 114 RECHT UND GESETZ
51 Woher kommt der Titel Erzherzog von Österreich? 114 · 52 Was ist die Pragmatische Sanktion? 116 · 53 Was war die Erbhuldigung? 117 · 54 Wer waren die wichtigsten Berater Maria Theresias? 118 · 55 Welche Bedeutung haben Metternich und sein »System« für Österreich? 121 · 56 Warum k. u. k. und k. k.? 124 · 57 Was war der Hofstaat und welche Aufgaben erfüllte er? 126 · 58 Weshalb wurde 1848 eine Deutsche Nationalversammlung einberufen und was bedeutete sie für Österreich? 128 · 59 Welche parlamentarischen Vertretungen gab es in Österreich? 131 · 60 Welche Bedeutung hat der »Ausgleich« mit Ungarn für die politische Entwicklung Österreichs nach 1867? 133 · 61 Was führte zur Namensgebung der Republik Deutschösterreich? 136 · 62 Seit wann gibt es eine österreichische Währung? 138

## 141 HERRSCHER UND GESCHLECHTER
63 Was bedeutet der Bayernherzog Tassilo III. für die österreichische Geschichte? 141 · 64 Wie wurden die Babenberger Babenberger? 144 · 65 Wie merkt

man sich die Namen der Babenberger? 145 · 66 Woher und wie kamen die Habsburger nach Österreich? 146 · 67 Was bedeutete das gespannte Verhältnis Rudolfs des Stifters zu seinem Schwiegervater Karl IV. für Österreich? 148 · 68 Was weiß man von der Persönlichkeit Maximilians I. (1459–1519)? 150 · 69 Was leistete Maximilian I. für das Haus Österreich und die Erblande? 153 · 70 Was weiß man von der Persönlichkeit Ferdinands I. (1503–1564)? 156 · 71 Wie führten die Brüder Karl V. und Ferdinand I. ihre Ehen? 159 · 72 Was bewirkte Ferdinand I. (1503–1564) für seine Königreiche und Länder? 160 · 73 Was bedeutete die Länderteilung zwischen Karl V. und Ferdinand I. im Jahre 1522 für Österreich? 162 · 74 Wieso kam es zu einem »Bruderzwist« im Hause Habsburg? 164 · 75 Wie verlief das Leben der Töchter Maria Theresias? 166

## 170 HERRSCHER UND UNTERTANEN
76 Woher kommt der Begriff »Biedermeier« und welche Lebens- und Geisteshaltung prägt die Epoche? 170 · 77 Wer musste zur Audienz beim Kaiser, wer konnte, wenn er wollte? 172 · 78 Warum tragen die neuzeitlichen Habsburger das »Goldene Vlies«? 175

## 178 KRIEG UND FRIEDEN
79 Welche historische Wende bedeutete die erste Türkenbelagerung Wiens? 178 · 80 Welche Rolle spielt die Zweite Türkenbelagerung von 1683 im historischen Bewusstsein der Österreicher? 181 · 81 Kann man von Österreich als einer Weltmacht des Barock sprechen? 182 · 82 Warum war Prinz Eugen von Savoyen der bedeutendste kaiserliche Feldherr? 185 · 83 Wer kämpfte an der Seite Österreichs gegen Napoleon? 186 · 84 Welche Staaten nahmen am Wiener Kongress teil? 189 · 85 Wer schloss die Heilige Allianz und welches Ziel verfolgten die Bündnispartner? 191 · 86 Welche Rolle spielte Österreich gegenüber dem Risorgimento? 193 · 87 Welche Rolle spielte Österreich bei der Gründung der modernen Balkanstaaten? 197 · 88 Wie konnte es zum Ausbruch des Ersten Weltkriegs kommen? 200

## 204 KUNST UND WISSENSCHAFT
89 Was ist der Tassilo-Kelch? 204 · 90 Welche heute noch existierenden Bauwerke und Kunstwerke verdanken wir den Babenbergern? 206 · 91 Seit wann kann von österreichischer Kunst, von österreichischen Baumeistern, Bildhauern und Malern gesprochen werden? 208 · 92 Warum erlangte die »Wiener medizinische Schule« des 19. Jahrhunderts Weltgeltung und wer waren ihre bedeutendsten Vertreter? 210 · 93 Welche Architekten bauten die Ringstraße? 213 · 94 Warum löste der Bau des »Looshauses« einen Skandal aus? 216 · 95 Welche Stellung nimmt der Wiener Jugendstil in der europäischen Kunst ein? 219

**222 LITERATUR UND MUSIK**
96 Welche Minnesänger lebten und wirkten im Gebiet des heutigen Österreich? 222 · 97 Wer sind die bedeutendsten Dichter Österreichs? 224 · 98 Welche großen Komponisten waren Österreicher der Geburt nach, welche wählten Österreich bzw. Wien zu ihrer Wirkungsstätte? 227 · 99 Welche Bedeutung haben die Neue Wiener Schule und Arnold Schönberg in der Musikgeschichte? 229

**232 LITERATUR**

**234 REGISTER**

# VORWORT

Der Verlag stellte 99 Fragen an die österreichische Geschichte frei und zwei Autoren suchten sie auf ihre Weise auszuwählen und zu beantworten. Die beiden sind Freunde und Kurskollegen, das heißt Absolventen des 48. Kurses 1957–1959 des Instituts für Österreichische Geschichtsforschung an der Universität Wien. Der eine von ihnen ist als Kulturhistoriker und Ausstellungsmacher des österreichischen Spätmittelalters und der Neuzeit ausgewiesen, der andere für das Jahrtausend zwischen der römischen Kaiserzeit und dem 11. Jahrhundert. Ihre Fragen entsprechen daher ihrer unterschiedlichen Kompetenz und ihrem besonderen Interesse, sollten aber nicht nur das Kuriositätenkabinett einer fernen Vergangenheit aufschließen, sondern das Nachwirken früherer Zeiten bis herauf in unsere Gegenwart vermitteln. Dabei wurde selbstverständlich nicht enzyklopädisch vorgegangen. Die Summe der Fragen bietet keine, wenn auch noch so kurze, Fassung der österreichischen Geschichte von der Venus von Willendorf bis zu den Powerfrauen unserer Tage. Man möge sich aber nicht wundern, wenn Maximilian I. (Frage 68 und 69) zwei und Ferdinand I. (Frage 70 bis 73) vier Fragen gewidmet sind. Der Grund liegt in der Überzeugung der Autoren, dass unter den Baumeis-tern Österreichs diese beiden Herrscher zu den wichtigsten zählen.

Unter den ausgewählten wechseln ganz alltägliche mit ganz und gar nicht alltäglichen Fragen ab. Die Texte richten sich selbstverständlich weniger an die Fachkollegen als an die interessierten Leser, um sie auch für eher vernachlässigte Themen der österreichischen Geschichte zu gewinnen. Das ständig wachsende »weite Land« der ganz und gar nicht alltäglichen Fragen haben nämlich nicht zuletzt die österreichischen Medien wegen ihres Desinteresses (Frage 3) und ihrer mangelnden terminologischen Genauigkeit zu verantworten. So ließ der Moderator einer sonst sehr guten ORF-Haydn-Dokumentation den Komponisten in der k. u. k. Monarchie (Frage 58) leben, obwohl diese erst 58 Jahre nach dessen Tod entstanden ist. Schon Dr. Jacob Mennel, ein Vorarlberger Gelehrter aus der Umgebung Maximilians I., hatte aber bemerkt: *Es ist nit leichtlich zu erzeln, was nachtails davon kompt, so man unterschaid der namen nit aigentlich warnimpt.* Allerdings waren mitunter Kompromisse mit dem Sprachgebrauch zu schließen, um nicht unverständlich zu werden. So ist von einer deutschen Sprache und Deutschen bereits vor dem Jahr 1000 die Rede, obwohl es die Deutschen erst danach gab. Dafür das quellengerechte Wort *theodisk* = volkssprachlich zu verwenden, schien denn doch zu ungewöhnlich. Schließlich will das Buch Appetit auf die Österreichische Geschichte des Verlags machen. Vielleicht greift man dann leichter nach einem, mehreren oder gar nach allen 15 Bänden der Reihe.

Zu danken haben die Autoren ganz besonders Angela Bergermayer, Ernst Hanisch, Harald Prickler und nicht zuletzt Helmut Rumpler für Auskunft, Rat und Kritik. Ebenso gebührt Dank Fritz Panzer und Alfred Schierer, vor allem aber Irmgard Dober, die die Mühen des Lektorats auf sich nahm und so vortrefflich bewältigte.


Georg Kugler
Herwig Wolfram

# GESCHICHTE UND MYTHOS

## 1 Welche Geschichtsmythen werden über Herkunft und Anfang erzählt?

Mythos und Logos bedeuten beide »das Wort«. Während aber der Logos einen Anfang hat, auf ein Ziel gerichtet ist und als Erlöser wirkt, bleibt der Mythos in der »Ewigen Wiederkehr« einer Vergangenheit ohne Anfang und Ende gefangen. Aus der Verbindung von Mythos und Geschichte entstehen die Geschichtsmythen, die den Historiker, der sich um eine logische Geschichte bemühen muss, mit einem doppelten Widerspruch konfrontieren. Zum einen handeln Geschichtsmythen mit Vorliebe von Anfang und Herkunft. Zum anderen stiften sie ethnische und nationale Identitäten. Oder, mit den Worten von Isaiah Berlin: Eine Nation besteht aus denjenigen Personen, die der gemeinsame Irrtum über ihre Ursprünge eint. Seit Bruno Kreisky die Keltizität seiner Landsleute verkündete, wollen die Österreicher Kelten sein. Dazu bemerkte 1976 Erich Zöllner (1916–1996), die Nachkommen der Kelten »in der Bretagne, Wales und Irland bedrohten eben niemanden mit Anschluss und Krieg. Daher passt die keltische Herkunft ausgezeichnet zur österreichischen Neutralität«, die ebenfalls ein Geschichtsmythos sei. Eine lokale Form des Keltenmythos ist die Behauptung, der Ire Virgil (Frage 43) sei deswegen zum Bischof von Salzburg berufen worden, weil es hier noch Menschen gegeben habe, die Keltisch gesprochen hätten. Eine Annahme, die durch die historischen wie linguistischen Quellen eindeutig widerlegt wird. Vielmehr trafen die germanischen und slawischen Einwanderer in den römischen Donau- und Alpenprovinzen (Frage 13) nur noch auf romanisch sprechende Einheimische. Von Letzteren handelt ein Geschichtsmythos besonderer Hinterhältigkeit, der da lautet, im Jahre 488 seien alle Römer/Romanen aus unserem Land nach Italien »heimgekehrt« (Frage 14). Tatsächlich war die Bevölkerung der römischen Provinzen fast vollständig romanisiert und hier seit langer Zeit zu Hause. Daher macht die Vorstellung von der »Heimkehr« der Römer, die historische Quellen und Ortsnamen (Frage 26) überdies eindeutig widerlegen, alle unliebsamen Einheimischen – gleichgültig ob in Gegenwart oder Vergangenheit – zu Fremden, für die eine andere Heimat konstruiert wird, in die sie gefälligst »heimzukehren« hätten. Aber auch die slawische Vergangenheit des Landes wird mythisiert. Obwohl slawische Ortsnamen außer in Nordtirol und Vorarlberg überall in Österreich vorkommen, hätten Slawen auf österreichischem Boden stets »nur dünn« gesiedelt und sich vor den Bayern »jahrhundertelang in die Berge« zurückgezogen. Man fragt sich, wie ein einzelner Slawe beides schaffte.

Nicht auszurotten ist die schöne Legende, wonach Leopold III., der Heilige (Frage 44), auf dem Kahlenberg seine Residenz errichtet habe, von wo der Wind den Schleier seiner Gemahlin Agnes in die Donauau entführte. Dort ließ das Lüfterl das Tuch auf einen Holunderbusch fallen, damit es der jagende Markgraf finde und an diesem Platz das Stift Klosterneuburg errichte. Es gab aber keine Residenz auf dem Kahlenberg und auch die Gründung Klosterneuburgs geschah als Prozess und nicht auf Knopfdruck. Der Babenberger dürfte vielleicht erst 1113 in den Besitz des Gebiets der ehemaligen römischen Siedlung in der Nähe des Donauufers gekommen sein und eine »Neue Burg« als seine Residenz neben einer bereits bestehenden geistlichen Stiftung errichtet haben. Diese begann er 1114 von Grund auf neu zu bauen und zu gestalten, sodass Leopold III. und seine Frau Agnes als Stifterpaar Klosterneuburgs gelten.

Aber auch Georg Franz Kolschitzky hat 1683 weder für seine Kundschafterdienste die scheinbar nutzlosen Kaffeebohnen verlangt, die das Entsatzheer im verlassenen Türkenlager erbeutete, noch mit diesem Stoff das erste Wiener Kaffeehaus gegründet noch dort die ersten Wiener Kipferl gleichsam als Siegeszeichen über den türkischen Halbmond servieren können. Die Legende vom Maria-Theresien-Orden mag zwar typisch für den Österreicher sein, der seine Obrigkeitshörigkeit mit einer heimlichen Befehlsverweigerung zu kompensieren sucht. Es ist aber dennoch nicht richtig, dass der Orden für kriegerische Erfolge verliehen wurde, die gegen Befehl errungen wurden. Vielmehr stiftete Maria Theresia den Orden am 18. Juni 1757, am Tag der siegreichen Schlacht von Kolin, für eine »besonders herzhafte Tat«, die unter gewöhnlichen Bedingungen nicht zu verlangen war und eine außerordentlich wichtige Entscheidung bewirkte. Und zu *bella gerant alii, tu felix Austria nube* (Frage 9) lässt sich nur sagen, dass keine europäische Großmacht der Neuzeit mehr Erbfolgekriege führte als die Habsburgermonarchie. Schließlich – im Jahre 2009 nicht zu vergessen – der Mythos Andreas Hofer, den Josef von Hormayr gegen den kaiserlichen Willen begründete und der erst verhältnismäßig spät Teil der Tiroler Identität geworden ist.

## 2 Welche Verbindung besteht zwischen der österreichischen und der deutschen Geschichte?

Geschichte ist das menschliche Handeln, das der Erinnerung würdig ist. Während menschliches Handeln in der Vergangenheit abgeschlossen und unveränderbar aufgehoben bleibt, ist dies für die Erinnerung daran keineswegs der Fall. Im Gegenteil, es ist die jeweilige Gegenwart, die die Erinnerung durch neue Erfahrungen und die davon abhängigen Fragestellungen ständig verändert. Die Menschen finden Verschiedenes zu verschiedenen Zeiten, an verschiedenen Orten und unter verschiedenen Namen der Erinnerung für würdig. Daher unterliegt auch die Geschichte in ihren Einzelheiten wie als Ganzes ständigen Veränderungen und muss stets neu geschrieben werden. Die Geschichte und ihre Veränderungen werden durch das Wir-Bewusstsein vor allem einer Nation bestimmt, wie sie sich seit dem europäischen 18. Jahrhundert in ihren vielfältigen, historisch bedingten Formen gebildet hat. Indem die Österreicher heute eine eigene und eigentümliche Nation sind, ist ihre Geschichte, soweit sie sich mithilfe der historischen Wissenschaften zurückerinnern können, eine österreichische. Die Probe aufs Exempel bietet die *Österreichische Geschichte* des Ueberreuter Verlags in ihren 15 Bänden von der Urgeschichte bis in die Gegenwart. Die Reihe entstand in verhältnismäßig kurzer Zeit (Wien 1994–2006), nachdem zahlreiche ältere Versuche gescheitert waren. Ein namhafter Historiker und eindeutiger Vertreter der österreichischen Identität, Jahrgang 1912, nannte dafür auch den Grund: Es bedurfte dazu einer Autoren-Generation, für die Österreich selbstverständlich geworden war.

Die österreichische Geschichte enthält nämlich viele Geschichten, aktuell die der einzelnen Bundesländer (Frage 21), aber auch solche, die in ihr begonnen wurden und zu Ende gegangen sind. Das gilt etwa für die keltische, römische, völkerwanderungszeitliche, alemannisch-bayerische, fränkische, romanische, slawische, ungarische und nicht zuletzt auch für die deutsche Geschichte unseres Landes. Um die erste Jahrtausendwende begannen sich die ostfränkischen Völker gemeinsam als Deutsche zu verstehen, ohne ihre jeweils alemannisch-bayerische, fränkische, sächsische, friesische oder thüringische Identität aufzugeben. Mehr oder weniger wirkten alle diese Völker auch am Werden unseres Landes mit, für dessen unterderennsischen Teil der Name Österreich ebenfalls um das Jahr 1000 zum ersten Mal bezeugt wird (Frage 23). Im österreichischen Raum gab es aber – wie im gesamten römisch-deutschen Reich – auch Romanen und Slawen, die sich nicht als Deutsche fühlten und ihre eigene Identität behaupteten. Für alle diese österreichischen Völker, ob nun deutscher oder nichtdeutscher Herkunft, begann um 1000 die deutsche Geschichte und blieb für viele Jahrhunderte bestimmend. In deren Verlauf ging aber die deutsche Geschichte in nicht wenigen Gebieten des römisch-deutschen Reichs, in der Schweiz und den Niederlanden bereits 1648, zu Ende. Auch in Österreich vollzog sich dieser Prozess, als dessen markante Ereignisse man nennen könnte: die gemeinsame Abwehr der Türken durch die österreichischen Völker und die Reformen Maria Theresias und Josephs II. (Frage 54), beides Geschehen, die den aufkeimenden partikularen Nationalismus zugunsten von multinationaler Solidarität und übergeordneter Staatlichkeit zurückdrängten. Die Niederlegung der Krone des römisch-deutschen Reichs 1806. Die Unmöglichkeit, dieses Reich auf dem Wiener Kongress 1815 wiederherzustellen. Den schwachen Ausweg, dafür den Deutschen Bund zu gründen. Die seit 1800 zunehmende Entwicklung des Begriffes »deutsch« im Sinne eines Nationalismus, den die österreichischen Abgeordneten nicht mittragen konnten, wie ihre Distanzierung von der Paulskirche 1848 (Frage 58) zeigte. Das erzwungene Ausscheiden Österreichs aus dem Deutschen Bund 1867 und dessen Liquidierung zugunsten eines nationalen Deutschen Reichs. Den Untergang der Monarchie 1918 und vor allem die Katastrophen, die unser Land 1934/38 bis 1945 – nicht ohne eigene Schuld – heimsuchten.

Nach 1945 wurde daraus die Lehre gezogen und an frühere, zum Teil sehr alte Bestrebungen und Überzeugungen angeknüpft. Dort, aber nur dort, wo sich das Deutsche vom Reichsdeutschen völlig getrennt hat, besitzt der Begriff auch im heutigen Burgenland, Kärnten und in Südtirol regionale Bedeutung für die Bezeichnung einer von zwei oder drei Sprachgruppen. In diesem Sinne wurde auch in der k. u. k. (Frage 56) Armee zwischen deutschen und ungarischen Regimentern unterschieden. Der Staatsvertrag von 1955 beschleunigte die Entstehung einer fraglos gewordenen österreichischen Nation einschließlich inzwischen lieb gewordener Geschichtsmythen (Frage 1). Die österreichische Nation ist allerdings im Unterschied zu anderen kleinen Nationen in der Nachbarschaft traditionell übernational und in ihrer besten Ausprägung europäisch bestimmt. Daher ist auch die österreichische Geschichte offen genug, den in ihr eingeschlossenen und beendeten Geschichten weder nachzutrauern noch sie zu verleugnen.

## 3 Welche Öffentlichkeit besitzt das österreichische Mittelalter?

Für das österreichische Mittelalter gibt es so gut wie keine gesamtstaatliche Öffentlichkeit; vielmehr ist diese Periode Ländersache. Das burgenländische Mittelalter ist im Ungarischen aufgehoben. Eigenständig wird ein Salzburger, Tiroler, Vorarlberger, Kärntner, ein steirisches und oberösterreichisches Mittelalter vertreten. Das österreichische wird als niederösterreichisches Mittelalter behandelt und umgekehrt. So blieben 1996 die Feiern und Forschungen zu »1000 Jahre Österreich« gleichsam stillschweigend der »mittelbaren Bundesverwaltung« des niederösterreichischen Landeshauptmanns überlassen. Allerdings setzt die Einschätzung des Mittelalters als unbekannte Vergangenheit der Republik Österreich nur eine habsburgisch-monarchische Tradition fort. »Österreichs angewandte Aufklärung« (Grete Klingenstein) wollte das Mittelalter zum Wohle der Gesamtmonarchie überwinden. Maria Theresia meinte, »dass die ständische *per abusum* eingeschlichene allzu große Freiheit an dem Verfall meiner Erblande hauptsächlich die Schuld trage«. Folgerichtig wurden die Länderrechte »zugunsten der Befugnisse der Zentrale beschnitten und der Landespatriotismus (der sich zu Recht auf das Mittelalter berief) als eine Beeinträchtigung der Gesamtstaatsidee betrachtet« (Othmar Hageneder). Dazu kommt, dass die österreichische Öffentlichkeit und ihre Politiker allgemein ein gespaltenes Bild von der Vergangenheit besitzen und sich nur schwer auf eine gemeinsame Geschichte einigen können. Eine Identitätsfigur, wie der gallische Held Asterix, wäre bei uns ebenso undenkbar wie das englische »1066 and all that« von Sellar/Yeatman. Der alte Herr Hofrat Franz Grillparzer, in der Stille des Hofkammerarchivs Aufklärer und aufmüpfiger Beamter seiner Apostolischen Majestät und »wohl der größte Dichter, den Österreich hervorgebracht hat« (Alphons Lhotsky), schreibt: »Abendländische rohe Kraft, in Verbindung gebracht mit einer morgenländischen spitzfindig-asketischen Religion; Brutalität, moderiert durch Absurdität; aus diesem Gesichtspunkte erklärt sich das ganze Mittelalter so bis aufs Kleinste, dass alle weitwendigen [aufwendigen] Forschungen der neuesten Zeit als ein reiner Luxus erscheinen. Damit sind dieser Übergangsperiode nicht alle guten Seiten abgesprochen. Der Mensch ist immer von Gott, aber die Zeit war des Teufels.« Sieht man von *König Ottokars Glück und Ende* ab (Frage 49), widmete sich Grillparzer sehr wohl mittelalterlichen Themen und behandelte in seinem »klassischen« Lustspiel *Weh dem, der lügt* und in seiner *Libussa* Stoffe aus der Frankengeschichte, besser, aus der Kirchengeschichte von Gregor von Tours (gestorben 593/94) und der Böhmenchronik des Cosmas von Prag (gestorben 1125). Dazu kommt *Die Jüdin von Toledo*, und geradezu enthusiastisch wird der Dichter bei der Besprechung von *Rey Bamba*, dem Schauspiel von Lope de Vega über den Westgotenkönig Wamba (672–680): »Die Wunder des Katholizismus und die Großtaten des spanischen Altertums, das Sagenhafte ihrer Geschichte war seinem Publikum so geläufig, dass er [Lope de Vega] anklingen konnte, wo er wollte, und sicher war, in jeder Brust Verständnis und Widerhall zu finden.« Nur scheinbar paradox ist der Widerhall, den das österreichische Mittelalter, das aus dem Schulunterricht so gut wie verbannt ist oder zu Geschichtsmythen (Frage 1) mutierte, unter österreichischen Bildungspolitikern sowie Spitzenbeamten findet. Sie fördern die akademische Mediävistik wie sonst nirgendwo im deutschen Sprachraum. Dieser Widerspruch ist vielleicht nicht Bestandteil der »Österreichischen Seele«, aber sicher der von ihr geschaffenen Realität.

# 4 Wer war Bischof Otto von Freising (1138–1158)?

Otto kam nach 1110 und vor 1115 als dritter Sohn des Markgrafen Leopold III., des Heiligen (1095–1136) (Frage 44), und der Kaisertochter Agnes (Frage 64) zur Welt. Einer seiner zahlreichen Brüder war der erste österreichische Herzog Heinrich II. (1141/56–1177). Der für die geistliche Laufbahn bestimmte Otto wurde bereits 1126 formeller Propst von Klosterneuburg. Er ging 1127 mit ansehnlicher adeliger Begleitung zum Studium nach Paris. Auf dem Heimweg trat Otto mit den Seinen 1132 in das Zisterzienserkloster Morimond ein, wo er anfangs 1138 Abt, jedoch noch im selben Jahr Bischof von Freising wurde. Auf Ottos Betreiben gründete sein Vater zwischen 1133 und 1135 mit Mönchen aus Morimond das Kloster Heiligenkreuz. Die älteste babenbergische Zisterze wurde 1137/38 die Mutter von Zwettl. Gerade Bischof von Freising geworden, traf Otto am 19. Juli 1139 zu Nürnberg seinen Halbbruder König Konrad III. (1137–1152). Ebenfalls anwesend oder vertreten waren die wichtigsten regionalen wie überregionalen Repräsentanten des jungen Zisterzienserordens. Die Versammlung legte die künftige Reichspolitik gegenüber den Zisterziensern fest, wie sie im königlichen Privileg für Zwettl vom Oktober 1139 ihren Niederschlag gefunden hat. Obwohl Otto in seiner Diözese kein Zisterzienserkloster gründete, kann seine Bedeutung für den neuen Reformorden in Österreich nicht überschätzt werden. Die eigentliche Größe des gelehrten Babenbergers bestand jedoch darin, dass er als philosophierender Geschichtsschreiber von keinem anderen mittelalterlichen Historiographen erreicht, geschweige denn übertroffen wurde. Er war der Erste, der Werke des Aristoteles den Deutschen vermittelte, aber auch der Erste, der die Geschichte – entgegen der aristotelischen Tradition – in den Rang einer wissenschaftlichen Disziplin erhob. Sein langjähriger Notar Rahewin bezeichnete Otto, dessen bis 1156 reichenden *Gesta sive Cronica Frederici*, über die Taten Friedrich Barbarossas (1152–1190), er fortsetzte, als »unter den Bischöfen Deutschlands entweder ersten oder unter den ersten«. Die *Gesta Frederici* enthalten die genaueste, obgleich manchen nicht genügend genaue Darstellung der Erhebung Österreichs zum Herzogtum (Frage 46). Ottos literarischer Ruhm und Nachruhm beruhen freilich auf seiner *Historia sive Cronica de duabus civitatibus*, seiner Augustinus interpretierenden Weltgeschichte der beiden Gesellschaften (nicht: Staaten). Demnach erfüllt die Auseinandersetzung der himmlischen mit der irdischen Gesellschaft die Geschichte, die in vier Reichen von der Schöpfung bis zum Jüngsten Tag verläuft. Otto von Freising nahm am zweiten Kreuzzug von 1147/49 teil und starb 1158 in Morimond.

## 5 Wodurch unterscheiden sich Annalen von Chroniken?

Annalen und Chroniken sind die beiden wichtigsten literarischen Quellen des europäischen und daher auch österreichischen Mittelalters. Sie haben einen oder mehrere, bekannte oder unbekannte Autoren, die sie mit der Absicht (Intention) verfassten, Geschichte für die Nachwelt zu schreiben (Frage 1). Wodurch sich Annalen von Chroniken unterschieden, meint jedermann zu wissen, doch wird es ihm schwerfallen, eine inhaltliche Definition zu geben. Kein Wunder, dass man im Mittelalter, das keine festen Buchtitel kannte, beide miteinander verwechselte und Annalen als Chroniken und umgekehrt bezeichnete. Man wird an das Wort des heiligen Augustinus erinnert, er wisse nur, was die Zeit sei, solange ihn niemand frage. Mit der Zeit haben freilich beide Quellen schon vom Wort her zu tun: Die Annalen bieten, wie ihr Name sagt, nach Jahren geordnete Geschichtsschreibung. Die Chronik kommt auf Latein zumeist als sächliches Mehrzahlwort *chronica* vor und leitet sich vom Plural des griechischen Eigenschaftsworts *chroniká* ab, das zu *tà chroniká bíblia*, Zeitbuch, zu ergänzen ist. Demnach wollte ein Chronist die Geschichte einer Epoche mit einem Anfang, und sei er bei Adam und Eva, und mit einem Ende, und sei es das Jüngste Gericht, als ein durchkomponiertes Ganzes bringen. Eine Chronik ist versehen mit einem Vorwort, das die Beweggründe für seine Abfassung mitteilt, und meist mit einem Schlusswort, das »die Moral von der Geschichte« vorträgt. Dazu kommt in vielen Fällen eine literarische Ordnung nach Büchern und Kapiteln. Dagegen ist die Jahreszahl das einzige Merkmal, das ein zumeist von anonymen Autoren verfasstes Annalenwerk gliedert.

Die österreichische Annalistik beginnt in Salzburg und reicht bis ins 8. Jahrhundert zurück. Ihr werden viele wichtige Daten verdankt, darunter die mögliche Erstnennung Wiens im Jahre 881 (Frage 22). Nicht in Österreich entstanden, aber für die Geschichte unseres Landes im 8. und 9. Jahrhundert von Bedeutung sind die Reichsannalen (741–829) und die sogenannten Fuldaer Annalen. Sie bringen vor allem für die zweite Hälfte des 9. Jahrhunderts wertvolle Nachrichten über den Osten Österreichs und die Nachbarländer. Die hochmittelalterliche Klosterannalistik setzte um 1100 im Benediktinerkloster Göttweig ein, erreichte aber an Intensität und Dauer ihre Spitze in Melk, wo Annalen bis ins 16. Jahrhundert geführt wurden.

Die fast 100 000 Verse zählende Steirische Reimchronik verfasste auf

Deutsch der gelehrte und weltgängige Otakar aus der Geul am Beginn des 14. Jahrhunderts. Das Werk diente dem »Buch sicherer Geschichten«, dem *Liber certarum historiarum*, des Zisterzienser-Abtes Johann von Viktring (gestorben 1345/47) als wichtige Quelle. Diese Chronik eines wohl aus dem französisch-deutschen Grenzgebiet Lothringens stammenden Mannes ist eine Glanzleistung der mittelalterlichen Chronistik. Ein sonderbares, aber aus der Zeit verständliches Werk stammt vom Augustiner-Eremiten und Theologen Leopold von Wien, früher mit dem herzoglichen Hofkaplan Stainreuter identifiziert. Er schrieb um 1388/94 in deutscher Sprache eine in fünf Bücher gegliederte *Österreichische Landeschronik der 95 Herrschaften*. Das heißt, der Autor postulierte für Österreich vor den Habsburgern und Babenbergern nicht weniger als 93 Dynastien, um die Altehrwürdigkeit und damit den hohen Rang des Landes zu beweisen. Die geistige Nähe zu den Erfindungen rund um das *Privilegium maius* (Frage 50) ist seit Längerem bekannt, aber ebenso als ein mögliches Vorbild der tschechische *Dalimil*. Diese Fabelchronik entstand zu Beginn des 14. Jahrhunderts am Prager Hof und deutete die böhmischen Ursprünge, die Cosmas von Prag (gestorben 1125) mit einem der Arche Noah entstiegenen Boemus begründete, in eine tschechische Herkunftsgeschichte um, die ihr Autor mit nicht weniger als 80 erfundenen Herrschergenerationen bereicherte. Das 15. Jahrhundert ist das Zeitalter der großen lateinischen Chroniken in Salzburg wie in Österreich. Unter ihren Verfassern befand sich mit seiner *Historia Austrialis* (Frage 25) auch der Humanist Aeneas Silvius de Piccolominibus, in gebräuchlicherer, wenn auch unbelegter Nennung Aeneas Silvius Piccolomini, der spätere Papst Pius II. (1458–1464).

## 6 Worüber geben römische Inschriften Auskunft?

Auf den ersten Blick sind römische Inschriften von ermüdender Eintönigkeit, wegen ihrer zahlreichen Abkürzungen in lateinischer oder griechischer Sprache schwer oder gar nicht zu entziffern und noch weniger zu verstehen. Mit nur einigen Grundkenntnissen in Latein, Griechisch und Epigraphik (Inschriftenlehre) vermitteln die Steine jedoch eine erstaunliche Fülle an Informationen. Die Weiheinschrift auf dem Oberschenkel der Kopie des »Jünglings vom Magdalensberg« gibt Auskunft über die Personen, die intensiven Handel zwischen dem vorrömischen Norikum und Norditalien betrieben. Mit der Errichtung der römischen Provinzialverwaltung ging die Romanisierung der Einheimischen Hand in Hand. Viele von ihnen wurden römische Bürger und folgten der römischen Namensmode. Trotzdem wurden weiterhin keltische Götter und Göttinnen verehrt, lebten keltische Personennamen fort, deren Träger zu Lebzeiten wie Asterix und Obelix Wildschweine gejagt hatten. Freigelassene germanischer Herkunft kamen zu einem bescheidenen Wohlstand, der es ihnen erlaubte, ihren einstigen Herren einen Grabstein zu setzen. Meilensteine mit Entfernungsangaben vermitteln Hinweise auf Stadtbezirks- und Provinzgrenzen. Inschriften, die die Ämterlaufbahn, den *cursus honorum*, von Angehörigen der römischen Hochbürokratie wiedergeben, informieren über die zivile Organisation der Provinzen und darüber, welche Legionen und Hilfstruppen wo und wann stationiert waren. Man erfährt die Namen und den Rang der Statthalter, aber auch von Veränderungen der Organisationsformen. Am Beginn des 4. Jahrhunderts wurde die Provinz Norikum entlang des Alpenhauptkamms geteilt (Frage 13). Den Namen des ersten Statthalters von Binnennorikum kennt man, weil er Kaiser Konstantin dem Großen (306–337) eine Ehreninschrift stiftete. Literarische Quellen berichten von der in Carnuntum abgehaltenen Kaiserkonferenz von 308. Das nach dem freiwilligen Rücktritt Diokletians 305 eingetretene politische Chaos wurde dadurch beseitigt, dass man ihn aus der Pension holte und unter seinem Vorsitz die Kaiserfrage regelte. Danach wurde Mithras, dem Wohltäter des Reiches, *fautor imperii*, ein Altar mit einer Weiheinschrift im Namen der anwesenden wie abwesenden Herrscher errichtet. Inschriftlich ist von einem Bürgermeister aus Iuvavum/Salzburg bekannt, dass er eine regionale Getreideknappheit und die dadurch drohende Hungersnot erfolgreich bekämpfte. Ein Soldat verliert seinen fünfjährigen Sohn, dessen Tod er tief betrauert. In der Grabinschrift tröstet sich der Vater damit, dass der Bub auch keine Mutter mehr hatte, die ihm die Speisen vorgekaut hätte. Keine andere Quelle berichtet so unmittelbar über die Art der römischen Kleinkindernährung. Eine Inschrift aus Ovilava/Wels, ebenfalls von einem Soldaten in Auftrag gegeben, berichtet um 400 von einer 40-jährigen Frau, die im Kindbett starb. Sie hieß Ursa und war die erste »österreichische« Christin, deren Namen überliefert ist. Aus der Gotenzeit, da Binnennorikum noch zu Italien gehörte, stammte die letzte datierte römische Grabinschrift unseres Landes, der Nonnosus-Stein aus Molzbichl unterhalb von Spittal an der Drau. Am 2. September, wohl im Jahr 532, starb der Diakon Nonnosus und wurde am 20. Juli 533 »auf diesem Platz« beigesetzt. »Dieser Platz« muss freilich nicht die frühmittelalterliche Kirche von Molzbichl gewesen sein. Aber die Verbringung des Steines an diesen Ort spricht für eine deutliche Kontinuität, woran eine Klostergründung des 8. Jahrhunderts anknüpfen konnte.

## 7 Worin besteht der Wert der urkundlichen Überlieferung und wie unterscheidet sie sich von den Akten?

Man hat vereinfachend, aber doch nicht zu Unrecht das Mittelalter das Urkundenzeitalter und die Neuzeit das Aktenzeitalter genannt. Die Akten repräsentieren die schriftliche Geschäftsführung einer Behörde, bilden daher stets eine Mehrzahl und dokumentieren die Handlungen, wie ihre deutsche Übersetzung lautet. Sie sind die Grundlage für rechtliche Entscheidungen. Dagegen trägt die Urkunde, die als Einzelstück auftritt, das Recht in sich.

Sie ist ein in bestimmten Formen abgefasstes Schriftstück über Vorgänge rechtlicher Natur und – wie die Akten – eine funktionale Quelle, die nicht in der bewussten Absicht (Intention) entstand, Geschichte zu überliefern. Sofern sie echt ist, verbrieft sie einen tatsächlichen Zustand, ist sie falsch oder verfälscht, einen erwünschten Zustand. Dazu einige Beispiele: Der echte Teil der Gründungsurkunde für Kremsmünster von

777 (Frage 38) überliefert die mit Abstand älteste Nennung des wohl turksprachlich-awarischen Würdenamens Župan. Die einzige bekannte Nennung von awarischen Siedlungen steht in einer Regensburger Urkunde von 808, die das heutige Nordburgenland betraf. In der Nähe von Pöchlarn erwähnten 832 und 853 zwei Königsurkunden je einen Ortsnamen, der längst vor der Karolingerzeit nach den Harlungen benannt wurde. Die Harlungen gehörten zum Sagenkreis um den Ostgotenkönig Ermanerich (gestorben 376), dem sie in tragischer Weise zum Opfer fielen. Harlungennamen kommen im gesamten deutschen Sprachraum vor, an der Erlaufmündung aber befinden sich die – weil urkundlich gesicherten – ersten zeitlich genau datierbaren Erwähnungen. Das Gleiche gilt von der Erstnennung Karantaniens 811 (Frage 29) oder der von Ostarrîchi 996 (Frage 23). Die Gründungsurkunde, die König Konrad III. auf Betreiben seines Halbbruders Leopold IV. (Frage 4) im Herbst 1139 für das Kloster Zwettl ausstellte, ist eines der ersten Zeugnisse für die Politik der Reichsgewalt gegenüber dem jungen Orden der Zisterzienser. Das *Privilegium minus* (Frage 46) ist die Herrscherurkunde, in der 1156 die Umwandlung der Mark in das Herzogtum Österreich festgehalten wurde. Der Fälschungskomplex des *Privilegium maius* (Frage 50) ist ein Musterbeispiel für die Darstellung eines erwünschten Zustandes.

Urkunden und Urkundenbearbeitungen überliefern die ältesten Zeugnisse für die Orts- und Gewässernamen (Frage 26), aber auch Namenmaterial, das auf gesprochenes Romanisch und Slawisch sowie die rechtliche und soziale Stellung ihrer Sprecher schließen lässt. Wer ethnische und verfassungsgeschichtliche Fragestellungen, wie etwa die nach den Völkern auf österreichischem Boden (Frage 26), ja selbst die nach der Entstehung des fränkischen Lehenwesens, bearbeitet, kommt ohne die Urkundenüberlieferung nicht aus. Ungemein reich ist das sozial- und wirtschaftshistorische Quellenmaterial, eine Urkunde von um 850 enthält sogar Bestimmungen zum Schutz der Fischlaichplätze im Wolfgangsee. So sind die Urkunden die wichtigste Quelle für die frühe österreichische Geschichte; ohne sie wäre für diese Zeit keine historische Erzählung möglich.

Die Wappen von Neu-, Alt- und Oberösterreich in der Handregistratur
Friedrichs III. mit AEIOV und Jahreszahl 1446

# 8 AEIOU

Mit den fünf Vokalen hat Friedrich III. (1439–1493, deutscher König 1442, Kaiser 1452), Gegenstände und Gebäude meist in Verbindung mit einer Jahreszahl bezeichnet. Was bedeuten sie?

Auf der ersten Seite seines 1437 begonnenen Notizbuches macht der 22-jährige Herzog von Innerösterreich eine wichtige Angabe (in modernes Deutsch gefasst): »Auf Gebäuden, Silbergeschirr, Kirchengewändern oder anderen Kleinodien, auf welchen a e i o u, der Strich und die fünf Buchstaben, steht, das ist mein, des Herzogs Friedrich des Jüngeren, Eigentum oder ich habe dasselbe erbauen oder machen lassen.« – Also ein Eigentumszeichen und ein Zeichen für Stiftungen ohne jeden politischen Bezug!

Zum ersten Mal begegnet uns dieses Zeichen 1438 auf einem elfenbeinernen Sonnenquadranten mit Monduhr, in den folgenden Jahren im Inneren oder auf Einbänden zahlreicher Bücher, 1446 z. B. auf den silbernen Schließen des für Herzog Albrecht III. (1365–1395) (Frage 17) von Johannes von Troppau illuminierten Evangeliars. Von den kostbaren Gefäßen, die das Vokalsymbol zeigen, gibt ein Deckelpokal, möglicherweise ein Geschenk Herzog Karls des Kühnen von Burgund, zusätzlich eine Deutung. An ihm sind neben Wappen und Hoheitszeichen die fünf Vokale, von Engeln gehalten, angebracht und darüber Spruchbänder mit: *Aquila Eius Iuste Omnia Vincet* (»Sein Adler besiege gerechterweise alle«), eine Auflösung, die als anerkannte zeitgenössische Deutung gelten könnte, aber nicht von Friedrich selbst stammen muss. Friedrich ließ sein Fünfvokalzeichen auch auf einem Objekt anbringen, das an sich schon einzigartig ist, auf dem vergoldeten, mit Wappen geschmückten Aufsatz für den Einzugswagen seiner Gemahlin, der Prinzessin Eleonore von Portugal (Joanneum in Graz). Wie im Notizbuch angekündigt, ließ Friedrich zahlreiche Gebäude bezeichnen, z. B. die Wiener Neustädter Burg an der großen Wappenwand der Georgs-Kapelle, den Grazer Dom am Westportal, das Friedrichstor der Burg zu Linz.

Es ist nicht erwiesen, dass Friedrich mit den fünf Vokalen Initialen eines Sinnspruches festhielt, einer sogenannten Devise, deren Wortlaut er für sich behalten wollte. Zumal eine echte Devise Friedrichs überliefert ist: »*Rerum irrecuperabilium summa felicitas est oblivio*«, was so viel heißt wie »Glücklich ist, wer vergisst ...«

Es scheint, dass Friedrich, rätselhaft wie er war oder sich geben wollte, Deutungen anderer Personen erwartete, von denen manche Lebensweisheiten des introvertierten Habsburgers getroffen haben mögen. Obwohl alle Welt von dem Vokalsymbol des Kaisers wusste und es sah, war es niemandem der Erwähnung wert, auch nicht seinem Sekretär Aeneas Silvius Piccolomini. Kaiser Maximilian I. hat es nie aufgegriffen, ebenso wenig spätere habsburgische Herrscher. Deren Emblematik wurde von den Symbolen des Ordens vom Goldenen Vlies bestimmt. Das spricht dafür, dass man das Vokalzeichen nicht als eine politisch-dynastische Aussage, sondern als eine geheimniskrämerische oder abergläubische Markierung von Eigentum und Urheberschaft ansah.

Erst Petrus Lambeck, Präfekt der Hofbibliothek, gab dem unbeachteten Symbol neue Bedeutung, als er im Jahre 1665 Kaiser Leopold I. bei einem Besuch der Bibliothek das jüngst erworbene Notizbuch Friedrichs III. zeigte und auf eine zweisprachige, wie er meinte authentische Deutung hinwies, die lautete: *Al(le)s Erdreich ist Österreich underthan / Austrie est imperare orbi universo*. Hier begegnet uns das erste und einzige Mal im Umkreis des Hofes eine anspruchsvolle politische Deutung. Sie stammt aber aufgrund textkritischer Untersuchungen des Notizbuches nicht von Friedrich. Und das wäre auch unverständlich, denn als er 1437 in seinem Notizbuch die erwähnte Anwendung seiner Vokale erklärte, konnte selbst er für Österreich nicht den geringsten Anspruch auf die »Weltherrschaft« stellen. Mit Kaiser Siegmund regierte das Haus Luxemburg im Reich, in Böhmen und Ungarn, und das Haus Österreich war in drei Linien geteilt!

Dessen ungeachtet wurde die »Devise Kaiser Friedrichs III.« als beliebig lösbares Rätsel betrachtet und zahlreiche Deutungen wurden versucht, die wenigsten sinnreich, die meisten gequält. Alphons Lhotsky hat 1952 halbwegs vernünftige, 72 in lateinischer und 16 in deutscher Sprache, veröffentlicht. Der Historiker Willy Lorenz hat im Jahre 1970 eine für den Leser dieses Büchleins bedenkenswerte hinzugefügt: *Allen Ernstes ist Österreich unersetzlich.*

## 9 Was weiß man über den Vers *Bella gerant alii, tu felix Austria nube?*

Der Wahlspruch lautet vollständig *Bella gerant alii, tu felix Austria nube. / Nam quae Mars aliis, dat tibi regna Venus.* »Andere mögen Kriege führen, du, glückliches Österreich, heirate. Die Königreiche nämlich, die Mars den anderen gibt, gibt dir Venus.«

Mit Austria ist hier wohl im Hinblick auf die Heiratspolitik der Habsburger das »Haus Österreich« gemeint. Es verschmelzen Land und Herrscherhaus schon in der Zeit Kaiser Maximilians I. (1493–1519) zu einem politischen Begriff, wenn auch erst Maximilians Enkel, Ferdinand I. (1521–1564), den Staat Österreich im modernen Sinn geschaffen hat und der bedeutendste »Österreicher« unter den Habsburgern wurde. Man hat daher von einem »habsburgischen Heiratsdistichon« gesprochen.

Eine geschickt eingefädelte und erfolgreich abgeschlossene Heiratspolitik hat man schon König Rudolf von Habsburg (1273–1291) zugeschrieben, doch kann sich dieser Vers nicht auf ihn beziehen, denn alle mittelalterlichen Dynastien hatten das Ziel, Macht und Herrschaft zu vergrößern: entweder mit Krieg und Friedensschlüssen oder mit Heiraten und Erbverträgen. Naheliegenderweise hat man den Leitspruch auf Maximilian I. und seine Heiratspolitik bezogen, die seine Enkel Karl und Ferdinand, allerdings infolge nicht vorhersehbarer Ereignisse, zu den mächtigsten Herrschern Europas, Karl zum König des spanischen Weltreiches machten.

W. Stirlings *Klosterleben Karls V.* (deutsch Leipzig 1853) (und Büchmann) nennt ohne quellenmäßige Begründung Matthias Corvinus als Verfasser des Distichons. Die Zuordnung wäre an sich nicht unwahrscheinlich, da der ungarische König (gestorben 1490 in Wien) humanistisch sehr gebildet und Zeitgenosse der erfolgreichen Heiratspolitik des von ihm im Kampf besiegten Gegners Friedrichs III. war. Diesem war es geglückt, seinen Sohn Maximilian mit Maria, der Erbin Burgunds, zu verheiraten. Matthias Corvinus hatte hingegen keinen männlichen Erben, war »nur« kriegerisch erfolgreich.

Auch der Versuch, den Vers im historiographischen Werk des Wiener Humanisten und Diplomaten im Dienst Maximilians I. Johannes Cuspinianus zu finden, war vergeblich. Dank intensiver Forschungen über neulateinische Dichtungen am Institut für Klassische Philologie der Universität Wien weiß man, dass *Bella gerant alii, tu felix Austria nube* zum ersten Mal 1654 in einer der im Barock beliebten Sammlung von Sinnsprüchen (sogenannte Devisen) nachweisbar ist, mit ausführlichem Bezug zu den Ehen der Habsburger sogar erst 1680 in einem Werk des krainischen Gelehrten Johannes Ludovicus Schönleben. Es könnte sich also um eine barocke Huldigung an das friedliche Herrscherhaus handeln, ein älteres Vorbild für den habsburgischen Lobspruch ist aber nicht ausgeschlossen. Immerhin hat man festgestellt, dass *felix Austria* erstaunlicherweise bereits 1363 auf einem Siegel Herzog Rudolfs IV., des Stifters (Frage 51), aufscheint. War Österreich schon damals eine »Insel der Seligen«?

Der Anfang der Devise folgt wörtlich Ovids Jugendwerk, *Heroides* (Briefe mythischer Frauen 13, 84), wo es heißt: *Bella gerant alii, Protesilaus amet*. Laodamia fordert den geliebten Protesilaus auf, nicht Kriege zu führen, sondern zu lieben. Protesilaus sprang als erster Grieche aus dem Schiff an den Strand und fiel auch als Erster des Trojanischen Krieges. Der verzweifelten Gattin zum Trost sandten die Götter den Gefallenen aus der Unterwelt für drei Stunden zurück. Nach der Vereinigung brach Laodamia das Herz und beide gingen gemeinsam in die Unterwelt, um dort auf ewig miteinander vereint zu sein. Wie doch alles wiederkehrt: »Make love – not war.«

# 10 Wozu braucht man einen Stammbaum?

Wer etwas gelten wollte in der adeligen Welt, benötigte einen glorreichen und vielgliedrigen Stammbaum. Die Nennung einer bedeutenden Herkunft vermittelte Schutz und Legitimität. Wer die 24 Vorfahren der großen keltischen Heiligen Brigit aufsagen konnte, war damit vor den Nachstellungen des Teufels, aber auch vor irdischen Feinden für den Tag und die Nacht gefeit. Der Langobardenkönig Rothari stellte 643 der Veröffentlichung seines Gesetzeswerks die Namen seiner zehn, mit Skandinaviern beginnenden Vorfahren voran. Nicht nur der Stammbaum der Ynglingar, der Svear-Könige von Uppsala, enthielt einst weit über 20 Namen, sondern auch ein Gasthaus nördlich der Stadt ist heute noch im Besitz einer Familie in der 22. oder 23. Generation. An der Peripherie konnten sich ehrwürdige Traditionen offenkundig ungestörter erhalten als in den Zentren. Der Stammbaum des großen Frankenkönigs Chlodwig (481–511) reichte nur bis zum Urgroßvater zurück, ob dieser nun ein göttlicher Stier war oder nicht. Kein Wunder, dass die katholisch und römisch gewordenen Franken sich nach besseren und mehr Vorfahren umzusehen begannen. Dafür boten sich vor allem zwei Möglichkeiten an, die sich auch kombinieren ließen: Entweder man begann mit Noah und seinen 72 Nachfahren oder mit dem trojanischen König Priamos.

Dieser hatte nicht weniger als 50, von den Griechen zu Reisenden gemachte Söhne, unter denen sich leicht ein Francus finden ließ, der – vielleicht in Pannonien – die Franken zeugte und so mit den Römern und deren trojanischer Herkunft gleichziehen konnte. Noch von der Mutter Kaiser Konrads II. (1024–1039), einer Urururgroßmutter Ottos von Freising (Frage 4), hieß es, sie stamme von diesen fränkisch-trojanischen Königen ab. Die trojanischen Ursprünge hatten selbstverständlich in der vergilischen *Aeneis* ihr Vorbild. Der *pius Aeneas*, der Sohn der Göttin Venus, kam nach dem Untergang Trojas nach Latium und begründete mit seinem Sohn Iulius die Herkunftsgeschichte Roms sowie seines vornehmsten Geschlechts, der Iulier, deren größter Vertreter C. Iulius Caesar war, der den Kaisern ihren Namen gab.

Wie anderen Dynastien wurden auch den Habsburgern (Frage 66) von gut bezahlten Hofgenealogen Stammbäume konstruiert, die mit Osiris, Cham und Noah begannen und auch Caesar vereinnahmten, nur musste dieser seinen Spitzenplatz nicht wie in der englischen Königsgenealogie mit Wodan teilen. Caesars Stammbaum führte dagegen ohne Schwierigkeiten zum Trojaner Aeneas und über dessen Mutter Venus bis zu Jupiter zurück. Maximilian I. war an der Erforschung der Abstammung seiner Familie besonders interessiert. Die Arbeiten seiner Hofgenealogen und Künstler bestätigten seine Überzeugung »von der Auserwähltheit unseres Hauses«.

Auch die Habsburger vertrauten auf die staatsbildende und machtstützende Kraft der Ehe unter Mitgliedern auserwählter Fürstenfamilien, die von Generation zu Generation enger verwandt wurden. Ebenbürtigkeit war daher Ziel der Heiratspolitik, denn sie garantierte die Fortpflanzung »königlichen Blutes«, ein Gedankengut der germanischen Völker.

Die europäische Politik, die zur Ausbildung der heutigen Staatenwelt führte, baute auf den germanischen Stammesherrschaften in und an den Grenzen des Weströmischen Reiches auf, die sich infolge der Völkerwanderung im Laufe des 6. Jahrhunderts konsolidiert hatten. In allen Reichen Zentral-, West- und Südeuropas übten die Mitglieder bzw. Nachkommen der germanischen Königssippen (*stirpes regiae*) fast ein Jahrtausend lang die Macht aus. Sie schlossen nur mit Blutsverwandten die Ehe, wobei männliche und weibliche Nachkommenschaft völlig gleichrangig war.

Die Ahnentafeln fast aller Fürstenhäuser Europas beweisen die Wirksamkeit ungeschriebener Normen einer erblich, blutmäßig abgesonderten europäischen Herrenschicht. Im christlichen Europa lebte die heidnische Vorstellung von den »Göttersöhnen« weiter und griff vom Mythischen ins Staatsrecht hinüber. Ihre enge Verwandtschaft erscheint nicht weniger phantastisch als die Konstruktionen der Hofgenealogen. Der Stammbaum des heiligen Königs Ludwig von Frankreich (1226–1270) zeigt in der achten Generation mit einer Reihe von 128 Ahnen nur einen mit nicht germanischer Abstammung. Der hl. Ludwig aber kommt als Vorfahre König Heinrichs IV. (1589–1610) mehr als 100-mal vor, bei seinem heute lebenden Nachkommen, dem Chef des ehemals regierenden französischen Königshauses, mehr als 10 000-mal, und derselbe Graf von Paris hat Kaiser Maximilian I. 700-mal im Stammbaum!

Liest man, dass Karl V., weil er fast ausschließlich von Spaniern, Portugiesen und Franzosen abstammte, kein Deutscher, sondern ein Romane gewesen sei, so ist das irreführend. Diese seine Vorfahren sprachen zwar nicht Deutsch, aber sie waren keine Romanen, sondern Nachkommen der germanischen Königssippen der Westgoten, Langobarden, Burgunder, Franken und Normannen.

## 11 Was erzählen die Wappen der österreichischen Bundesländer?

Wappen haben ihre Geschichte. In den Landesgesetzen, die das Aussehen der Wappen bestimmen, werden auch politische Verhältnisse dargelegt, wodurch neue Geschichten entstehen.

Das Burgenland bestimmte 1922 sein Landeswappen, indem es die Wappen der beiden wichtigen mittelalterlichen Geschlechter der Grafen von Mattersdorf-Forchtenstein und Güssing-Bernstein kombinierte, deren Farben aber änderte: Man bestimmte Rot und Gold als Landesfarben in dem absurden Glauben, dass die Vandalen, die im 4. Jahrhundert in Südwestungarn siedelten, einen goldenen Drachen auf rotem Grund als Wappen geführt hätten.

So wurde aus dem schwarzen Adler der Mattersdorfer ein roter, aus dem roten Felsen ein schwarzer, aus den zwei kleinen roten Kreuzchen in den oberen Ecken schwarze, aus dem silbernen Schild ein goldener. Auf der Brust des Adlers liegt das dreimal gespaltene Wappen der Güssinger mit zwei roten Streifen und zwei Streifen aus hellem Pelzwerk (»Kürsch«).

Kärnten führt das Wappen des letzten Herzogs Ulrich III. aus dem Hause der Spanheimer. Dieser durfte erwarten, 1246 das Erbe der Babenberger anzutreten, da er Sohn einer Babenbergerin und in erster Ehe mit der Witwe des letzten Herzogs Friedrich des Streitbaren, in zweiter mit dessen Großnichte verheiratet war (alle drei hießen Agnes). Er ersetzte das alte Wappen, einen schwarzen Panther auf Silber, durch drei schwarze schreitende Löwen auf Gold, das Wappen des Bruders seiner Mutter, Heinrichs von Mödling, und kombinierte es mit dem halben Bindenschild. Gut vorbereitet, ging er dennoch leer aus, schloss aber mit Přemysl Otakar (Frage 49) einen Erbvertrag, der 1269 ebenfalls zugunsten des Böhmenkönigs ausging. Dieser legte als Herzog von Kärnten das Pantherwappen wegen der Gleichheit mit Steiermark endgültig ab und behielt das Wappen Ulrichs III. bei. So blieb es bis heute.

Das Wappen von Niederösterreich mit den fünf goldenen Adlern in einem blauen Schild erscheint erstmals 1330/35 auf Glasscheiben im Stift Klosterneuburg und dort ist es wohl auch als Phantasiewappen des hl. Leopold entstanden. Denn im Stift wird eine größere Anzahl von Stücken eines blauen Seidenstoffes mit gestickten goldenen Vögeln bewahrt, Reste des »Markgrafenornats«, in dem einst der Landesfürst empfangen wurde. Und dieser Stoff wurde mit einem Gewand Leopolds des Heiligen in Verbindung gebracht. Das Fünfadlerwappen wurde seit etwa 1360 als »Alt-Österreich« meist zusammen mit »Neuösterreich«, dem tatsächlich älteren Bindenschild, geführt und beide als Wappen des Hauses und des Landes Österreich aufgefasst. Erst 1804 wurde der Bindenschild Hauswappen, das Fünfadlerwappen allein Wappen des Erzherzogtums unter der Enns. Um 1500 erklärten Humanisten die Vögel als Lerchen und bezogen sie auf die X. Römische Legion, mit dem Beinamen *alaudarum*, Lerchenlegion. Ein Unsinn, der 300 Jahre lang in den Köpfen der Heraldiker spukte.

Oberösterreich hat sein Wappen ebenfalls einer alten Familie des Landes, den Herren von Machland, zu verdanken. Deren Adler wurde um 1380 von Silber zu Gold aufgewertet, vermutlich, um wie die rot-weiß-roten »Pfähle« an die auf die Babenberger zurückgehenden Wappen von Alt- und Neuösterreich zu erinnern. Und darauf könnte es Herzog Albrecht III. angekommen sein.

Steiermark: Der prachtvolle silberne »rotgehörnte« und »rotbewehrte« Panther in grünem Schild ist um 1160 auf einem Siegel des steirischen Markgrafen Otakar III. nachzuweisen (nicht in Farben, versteht sich), er wurde von den Babenbergern als Wappen und Banner weitergeführt; die Farben sind seit 1246 überliefert und bis heute unverändert.

Der einköpfige Adler Tirols kommt schon um 1200 auf Siegeln der Grafen von Tirol vor, seine rote Farbe erkennen wir um 1270 auf einem Fresko in der Burgkapelle von Schloss Tirol und die Flügelspangen auf Münzen dieser Zeit. Das grüne Ehrenkränzl wird erst 1678 so benannt und, obwohl italienischen Lorbeerkränzen nachempfunden, geschätzt als Unterscheidung vom Brandenburgischen Adler. Der Tiroler Adler liegt auf einem silbernen Schild, schwebt mitunter auch frei in den Lüften, was ein Wappenadler gar nicht tun darf, doch er tut es wie der Reichsadler.

Vorarlberg ist seit alters her ein freies Land, war aber verwaltungsmäßig bis 1752 dem Gubernium in Innsbruck, dann der vorderösterreichischen Regierung in Freiburg im Breisgau (»vor dem Arlberg«, vom Westen gesehen!) unterstellt.

1864 verlieh ihm der Kaiser ein Wappen, das aus jenen von neun Grafschaften, Städten, Märkten und Gemeinden zusammengesetzt war. Sein Herzschild wurde das heutige Landeswappen: das rote Gerichtsbanner, das die Herren von Montfort, auch »Herren von der Fahne« genannt, seit 1181 nachweisbar als Wappen führten.

Als das geistliche Fürstentum Salzburg 1816 endgültig an Österreich kam, nahm es das erzbischöfliche Wappen mit, dessen aufgerichteter Löwe eine starke ikonographische Verwandtschaft zu dem alten schwarzen Panther aufweist, den Kärnten zugunsten der drei babenbergischen Löwen abgelegt hat. Das lässt vermuten, dass es auf Erzbischof Ulrich (1246–1256) aus dem Herzogshaus der Spanheimer zurückgeht, obwohl wir es erst von einem Friesacher Pfennig des Erzbischofs Rudolf von Hohenegg (1284–1290) kennen. Es könnte aber auch der staufische Löwe mit dem babenbergischen Bindenschild kombiniert worden sein, wodurch die hohe politische Bedeutung der beiden eng verwandten Geschlechter für Salzburg und Österreich zum Ausdruck käme.

Das alte Siegelbild der Stadt Wien war der einköpfiger Adler, was mit der Verleihung des Stadtrechtes (Frage 48) 1221 in Zusammenhang stehen dürfte. In den Siebzigerjahren des 13. Jahrhunderts taucht auf »Wiener Pfennigen« der Kreuzschild auf, den das heutige Stadtwappen in Rot und Silber zeigt. Dieses Wappenbild ist identisch mit der Sturmfahne des Reiches. Erklären lässt sich diese Änderung mit der 1278 erfolgten Erhebung Wiens zur Reichsstadt durch König Rudolf I. Andere Grenzgebiete des Reiches führen ebenfalls die Reichsfahne im Wappen, z. B. die Schweiz, Savoyen oder Dänemark. Kaiser Friedrich III. verlieh 1461 Wien als neues Wappen den goldenen kaiserlichen Doppeladler in Schwarz. Mit dem Kreuzschild auf der Brust blieb es, mancherlei Änderungen unterworfen, das Wappen der »Kaiserstadt« bis 1925. Als republikanisches Bundesland kehrte die Stadt zum Kreuzschild zurück.

# RÄUME UND LÄNDER

## 12 Was ist über Österreichs Grenzen zu sagen?

Abgesehen von den Karnischen Alpen und Karawanken und seit dem 11. Jahrhundert der March, sind die modernen Außengrenzen unseres Landes jung. Alte Grenzen von großer Beständigkeit verlaufen dagegen innerhalb Österreichs. Fährt man von der niederösterreichischen Landeshauptstadt St. Pölten zum Wallfahrtsort Mariazell, erreicht man nach der Überquerung des St. Ägyder Gscheids bei Terz die Steiermark. Hier liegen einander auch heute noch ein Gasthaus zur steirischen und eines zur österreichischen, nicht niederösterreichischen, Grenze gegenüber, so als wäre es gestern und nicht 1192 gewesen, dass die Reichsgewalt die babenbergischen Herzöge von Österreich auch mit der Steiermark belehnte (Frage 47).

Das slawische Wort *Granica* bezeichnete im 13. Jahrhundert die durch Grenzbäume klar definierte Linie, die das Gebiet des Deutschen Ordens vom Königreich Polen schied. Als diese neue Grenzvorstellung allgemein wurde, verdrängte das Fremdwort – unterstützt durch Martin Luthers Bibelübersetzung – die germanische Mark. Diese war ein breiter öder Grenzraum gewesen, den – wie der Name verrät – ein Grenzwald oder Grenzberg gebildet hatte. Ortsnamen wie Mitte(n)wald (Grenzwald) und Predil/Pretul (slawisch für »Grenzberg«) erinnern an diese Frühzeit, mögen sie noch heute Grenzorte sein oder nicht. Der Alpenhauptkamm stellte dagegen niemals eine »natürliche«, gleichsam »heilige« Grenze dar, wie dies die fatale Irrlehre des 19. und frühen 20. Jahrhunderts behauptete. Der Vinschgau, das Wipptal und das Pustertal überqueren jeweils die kontinentale Wasserscheide, sodass die Zerreißung Tirols 1920 auch diese drei alten Kulturlandschaften durch neue internationale Grenzen zerschnitt. Ebenso ist die heutige österreichisch-bayerische Grenze an Salzach und Inn das Produkt des Aberglaubens an die natürlichen Grenzen. Allerdings können nasse Grenzen, wie die March, von Dauer sein.

Auch markierten die verhältnismäßig schmalen Flüsse Leitha und Lafnitz jahrhundertelang die österreichisch-steirische Ostgrenze. Seit 1920/21, als das Burgenland zu Österreich kam, bilden die beiden Flüsse die Westgrenze des neuen Bundeslandes. Besonders zäh hält sich die Ennsgrenze. Wer über die Enns nach Osten ging, kam einst zu den »Hunnen«. Ob nun zum Volk Attilas oder zu den danach benannten Awaren und Ungarn, der Reisende zog wie Kriemhild und die Nibelungen in eine fremde, unheimliche, von Schamanen-Zauber gefangene Welt. Aber auch für die Pannonier begrenzt die Enns das Land der Menschen und westlich von ihr beginnen Chaos und Verlassenheit. Mit ihrer Überschreitung wurde die Enns nur zu oft ein Fluss ohne Wiederkehr. So ereignet sich das »Es war einmal« des ungarischen Märchens »hinter dem Glasberg, hinter dem obderennsischen Meer« oder einfach *túl, túl, Encián túl,* »jenseits, jenseits, jenseits der Enns«. Was bedeutet aber die wundersame Vorstellung, wonach im Oberösterreich unserer Tage der magyarische Ozean des Märchens beginnt? Der verhältnismäßig kurze Süd-Nord-Lauf, den die Enns zwischen dem Gebirge und ihrer Mündung in die Donau zurücklegt, bildete seit eineinhalb Jahrtausenden eine stets wiederkehrende Grenze. Bereits Attilas Hunnenreich scheint die Enns begrenzt zu haben; um 700 und um 800 bildete sie einen »sicheren Limes« zwischen Bayern und Awaren. Um 900 nahmen die Ungarn das Gebiet östlich des Flusses zum ersten Mal in Besitz; sie kehrten unter Friedrich III. und Matthias Corvinus wieder. Aber wie sie kamen auch die Türken des 16. und 17. Jahrhunderts nicht wesentlich über die Enns hinaus. Und noch von 1945 bis 1955 verlief an diesem Fluss die amerikanisch-russische Demarkationslinie, war die alte Grenze wiederauferstanden.

## 13 Wie sah die römerzeitliche Ordnung unseres Landes aus?

Entsprechend der antiken Geographie lag das Gebiet nördlich der Donau in (Groß-)Germanien. Davon waren das Mühlviertel und das

Waldviertel wenig bis gar nicht, das Weinviertel dagegen teilweise dichter als heute besiedelt. Südlich der Donau hatte unser Land Anteil an den drei Römerprovinzen Rätien, Norikum und Pannonien. Diese bestanden aus verhältnismäßig großen Stadtbezirken, die an Umfang die heutigen Bezirkshauptmannschaften meist übertrafen. Der Vorarlberger und Tiroler Westen zählte zur Provinz Rätien. Das Zentrum zwischen dem bayerischen Innbogen und dem Wienerwald bildete samt Teilen des nordöstlichen Sloweniens, der Štajerska, bis zur Save die Provinz Norikum. Niederösterreich östlich des Wienerwaldes sowie das Burgenland waren pannonisch. In der rund 500 Jahre dauernden Römerzeit ist diese Ordnung jedoch weder auf Knopfdruck entstanden noch untergegangen noch nach ihrer Errichtung bis zu ihrem Ende unverändert geblieben.

Mit dem Alpenfeldzug des Kaisers Augustus im Sommer 15 v. Chr. begann die weitgehend friedliche Annexion des keltischen *Regnum Noricum*, das erst unter Kaiser Claudius (41–54) als Provinz eingerichtet wurde. Die norische Hauptstadt wurde Virunum auf dem Zollfeld nördlich von Klagenfurt. Hatte der Alpenfeldzug Norikum nur am Rande gestreift – bloß die Pinzgauer/Ambisontier zählten zu den Unterworfenen –, befanden sich die Räter und Vindeliker 15 v. Chr. unter den Hauptangriffszielen. Erst nach geraumer Zeit unter militärischer Verwaltung wurde das eroberte Gebiet als reguläre Provinz Rätien eingerichtet. Über einen viel längeren Zeitraum und unter wesentlich dramatischeren Vorzeichen vollzog sich die Eingliederung Pannoniens. Die Völker zwischen Save, Drau und Donau wurden in den Jahren 13 bis 9 v. Chr. unterworfen. Im Jahre 6 n. Chr. brach plötzlich der illyrisch-pannonische Aufstand aus, der die römische Herrschaft aufs Schwerste erschütterte. Erst in den Sechzigerjahren ist eine Provinz Pannonien nachzuweisen. Bereits um 106 n. Chr. wurde sie entlang einer Linie geteilt, die vom Donauknie zum Plattensee und von dort nach Süden führte. Von nun an gab es eine *Pannonia superior*/Oberpannonien, die den Südosten des heutigen Österreich umfasste, und eine *Pannonia inferior*/Unterpannonien, die außerhalb davon lag.

Am Beginn des 4. Jahrhunderts entstanden die fünf unser Land betreffenden Kleinprovinzen *Raetia I* und *II*, *Noricum ripense* (Ufernorikum) und *Noricum mediterraneum* (Binnennorikum) sowie *Pannonia I (superior)*. Das Arlberggebiet und die Münstertaler Alpen teilten die *Raetia I* mit der Hauptstadt Curia/Chur von der *Raetia II*, deren nördlichen alpinen Teil das Inntal mit dem vermutlichen Vorort Teriolis/Zirl (Frage 21) bildete. Die *Raetia II* reichte am rechten Innufer bis zur Zillermündung, wo Ufernorikum begann, während das linke Ufer des Inns bis zur Mündung die rätische Ostgrenze markierte. Der alpine Süden der *Raetia II* bestand aus der Brennerfurche, das heißt aus dem Sill- und Wipptal sowie aus dem Eisacktal oberhalb von Kollmann/Sublavione, und grenzte in der Mühlbacher Klause oberhalb von Neustift bei Brixen an das binnennorische Pustertal. Ufernorikum umfasste das östliche Nordtirol, das gesamte Bundesland Salzburg mit Ausnahme des Lungaus, Oberösterreich südlich der Donau zusammen mit dem steirischen Ennstal und dem niederösterreichischen Mostviertel. War zunächst Ovilava/Wels die ufernorische Hauptstadt, übte Lauriacum/Lorch diese Funktion spätestens zur Severinszeit (Frage 14) aus. Binnennorikum bestand aus dem Südtiroler Pustertal, aus Osttirol und Kärnten, aus dem Lungau, aus der Steiermark ohne das Ennstal sowie aus der slowenischen Štajerska/Untersteiermark. Virunum blieb zunächst die binnennorische Hauptstadt, doch hatte Teurnia/Tiburnia/St. Peter in Holz (bei Spittal an der Drau) zur Severinszeit diese Funktion inne. Die *Pannonia I (superior)*, die sich über das südöstliche Niederösterreich und das Burgenland erstreckte, hatte ihren Vorort in Savaria/Steinamanger/Szombathely.

Diese Ordnung war durch eine enge Verbindung mit Italien gekennzeichnet. Sie wurde im 5. Jahrhundert durch die Herrschaft der Hunnen gestört und von König Odoaker (476–493) 488/89 aufgegeben. Der Ostgotenkönig Theoderich der Große (493–526) erneuerte sie für etwas mehr als eine Generation. Seine Nachfolger verzichteten jedoch darauf 536/37 zugunsten der Franken und beendeten damit die antike Geschichte unseres Landes.

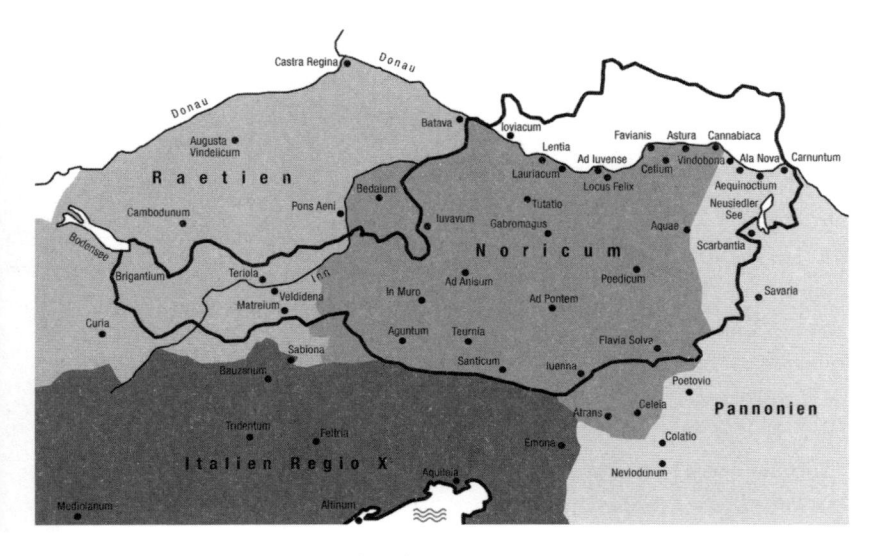

Der österreichische Raum zur Römerzeit

# 14 Wie endete die Römerzeit in Donauösterreich?

Vom Ende der Römerzeit in Donauösterreich wäre ebenso wenig wie aus anderen Gebieten des Römerreichs bekannt, gäbe es nicht die *Vita Severini*, die Eugippius im Jahre 511 in Lucullanum bei Neapel verfasste. Das Gebiet, in dem Severin persönlich wirkte, war vornehmlich Ufernorikum. Hier kümmerte er sich um die Aufrechterhaltung der öffentlichen Ordnung, führte als Erster den biblisch begründeten Zehent ein, organisierte die Lebensmittel- und Kleiderversorgung, besorgte die Aufbringung und Verteilung von Hilfsgütern, den Freikauf von Verschleppten, baute einen Nachrichtendienst auf und nahm militärische wie diplomatische Aufgaben wahr. Bei seiner Tätigkeit unterstützten Severin die letzten römischen Beamten, einige Barbarenkönige, aber auch die kirchliche Hierarchie. Das einstige Legionslager Lauriacum war wohl die letzte zivile Hauptstadt Ufernorikums und bewahrte danach seinen Vorrang als einzige Bischofsstadt an der Donau. Die Erinnerung an das Bistum Lauriacum riss niemals ab; seine Tradition ermunterte die späteren Passauer Bischöfe nicht bloß, gewaltige kirchenpolitische Ansprüche zu stellen, sondern bewirkte auch, dass die *Vita Severini* im mittelalterlichen Österreich unvergessen blieb. Die einheimischen Römer waren im Unterschied zu den arianischen Rugiern und Goten katholische Christen – heidnische Praktiken galten als Normbruch – und sprachen ein regionales Latein, das zwar nicht die Hochsprache Severins erreichte, aber doch alles Keltische längst verdrängt hatte (Frage 1). Die Menschen, die bei Severin Heilung, Trost und Rat suchten und in seiner Nähe bleiben wollten, kamen mitunter von weit her, aus dem Barbaricum ebenso wie aus der Metropole Mailand. Hohe italienische Flüchtlinge fanden politisches Asyl in der Severin-Gemeinschaft, die aber auch Anhänger der jeweiligen Regierungspartei aufnahm. Hier trafen einander die Leute des Orestes, des von Odoaker getöteten Vaters von Romulus Augustulus, und Befürworter des Königtums Odoakers.

Die römische Bevölkerung hatte ehemalige Militärlager wie ihre Städte zu befestigten Siedlungen ausgebaut. Bürger und Soldaten waren in gleicher Weise zu deren Verteidigung verpflichtet. Neben den Burgstädten gab es auch unbefestigte Ansiedlungen, deren Bewohner aber völlig schutzlos der barbarischen Willkür ausgeliefert waren. Doch drohten auch Naturkatastrophen wie Heuschrecken, Erdbeben oder das Zufrieren der Donau, sodass die nötigen, aber auch möglichen Getreidelieferungen aus der *Raetia II*, dem heutigen Niederbayern, blockiert waren. Gekocht und beleuchtet wurde mit Olivenöl, und man erwartete wie selbstverständlich, dass die Versorgung durch Fernhändler sichergestellt werde. Selbst um 480, als dieses Produkt an der Donau nur schwer zu erhalten war, blieb die Bevölkerung noch ganz auf die römisch-mittelmeerische Kochsitte eingeschworen. Gern gingen die Römer zu den laut der *Vita Severini* »häufig besuchten Wochenmärkten« der Rugier. Man erreichte den Handelsplatz vom römischen Ufer aus zu Schiff, sodass dessen Standort zwischen Krems und der Kampmündung gewesen sein muss. Auf dem Wochenmarkt wurde mit Lebensmitteln, aber auch mit menschlicher Ware gehandelt.

Die *Vita Severini* vermittelt ein zwiespältiges Bild vom Leben der einheimischen Bevölkerung, die einerseits versuchte, einen schwierigen Alltag traditionell zu bewältigen, andererseits aber ständigen Bedrohungen an Leib und Leben ausgesetzt war. Diese kamen von Alemannen, Thüringern, Herulern, Rugiern, Goten und räuberischen Kapuzenmännern, die *Scamarae* genannt wurden. Kein Wunder, dass Severin die Lage der ufernorischen Römer mit der ägyptischen Gefangenschaft des auserwählten Volkes verglich.

## 15 Wie sah die frühmittelalterliche Ordnung unseres Landes aus und wie wirkte sie weiter?

Nachdem sich die Karolinger als Herren des Frankenreichs durchgesetzt hatten, zielte ihre Politik auf die Errichtung einer unmittelbaren fränkischen Herrschaft über den alemannisch-bayerischen Donau- und Alpenraum. Den Abschluss dieser Expansion bildete 788 der Sturz des Bayernherzogs Tassilo III. (Frage 63). Nach der Eingliederung Bayerns eroberte Karl der Große um 800 das pannonische Awarenreich (Frage 30). Die karolingische Expansion vereinte den gesamten österreichischen Raum zum ersten Mal in seiner Geschichte, und zwar in einer fünffachen Untergliederung: Vier der fünf Räume zählten zum bayerischen Herzogtum und unterstanden kirchenrechtlich seit 811 nördlich der Drau dem Erzbistum Salzburg, südlich des Flusses dem Patriarchat von Aquileia.

Das fünfte Gebiet bestand im Westen aus den alemannisch-romanischen Tallandschaften Vorarlbergs und des westlichen Tirols nördlich wie südlich des Reschen und zählte zum alemannischen Herzogtum, dem Churrätien im 9. Jahrhundert unterstellt wurde. Die für diesen Raum zuständigen Bistümer Chur, Konstanz und Augsburg zählten zum Erzbistum Mainz.

Östlich schloss das Tiroler Bergland nördlich wie südlich des Brenners an. In diesem Gebiet war während des 8. und 9. Jahrhunderts vor allem das Salzburg unterstehende Isarbistum Freising tätig. Das zuständige Salzburger Suffraganbistum Säben war zunächst schwach und erhielt durch die Reichsgewalt erst knapp vor 900 die nötige Unterstützung. Im Jahre 901 wurde der Königshof Brixen erworben, wohin das Bistum in der zweiten Hälfte des 10. Jahrhunderts dauerhaft verlegt wurde. Ab der ersten Jahrtausendwende stieg Brixen zum Tiroler Bistum nördlich wie südlich des Brenners auf – noch heute heißt die Südtiroler Diözese Bozen-Brixen – und erlangte wie sein südlicher Nachbar Trient weltliche Herrschaftsrechte. Diese bildeten im 13. Jahrhundert die wichtigste Grundlage, worauf Meinhard II. (um 1238–1295) sein Landesfürstentum, die Grafschaft Tirol, errichtete (Frage 21).

Sowohl im geographischen Zentrum wie zeitlich an der Spitze der historischen Entwicklung stand drittens Salzburg. Der päpstliche Legat Bonifatius gründete hier 739 ein Bistum, das Papst Leo III. 798 auf Wunsch Karls des Großen zur bayerischen Metropole erhob. Salzburg bildete den Mittelpunkt des kirchlichen Lebens an Salzach und Inn und übte darüber hinaus großen Einfluss auf den gesamten Südosten des Frankenreiches aus. Dieser Raum würde heute Oberbayern östlich des Inns, das nordöstliche Nordtirol und Osttirol, Oberösterreich, Steiermark, Kärnten, Niederösterreich und das Burgenland sowie das ungarische Transdanubien und Teile der Slowakei umfassen. Salzburg missionierte die Karantanen (Frage 29) und pannonischen Slawen (Frage 15). Im Unterschied zu den beiden Tiroler Bischöfen gelang es den Salzburger Erzbischöfen, auch Landesfürsten zu werden. Diesen Status verloren sie erst 1803.

Das vierte Gebiet bestand aus dem alpenslawisch-karantanischen Fürstentum (Frage 29), das sich um 750 der Salzburger Mission öffnete und zugleich Teil des Herzogtums Bayern wurde. Das karantanische Kärnten bewahrte diese Zugehörigkeit bis 976, die Steiermark löste sich endgültig erst 1180 von Bayern, als das alte Land seine Rolle als gentiles Herzogtum endgültig ausgespielt hatte.

Um 800 schuf Karl der Große das bayerische Ostland (Frage 24), um als fünften Raum die eroberten awarisch-slawischen Gebiete (Frage 30) unterhalb der Ennsmündung zu erfassen, und verband es mit Karantanien und dem (oberösterreichischen) Traungau. Diese überaus große Verwaltungseinheit wurde als fränkisch-bayerische Mark organisiert, konnte aber dem Ungarnsturm um 900 nicht standhalten. Erst nach dem Ungarnsieg Ottos I. 955 wurden Teile davon durch die karantanische Mark im Süden und die Mark der Babenberger östlich der Enns in stark verkleinerter Form wiederhergestellt. An der Donau begann die österreichische Geschichte im engeren Sinn, und zwar spätestens 1156 mit der Trennung von Bayern und der Umwandlung der Mark in ein Herzogtum (Frage 46).

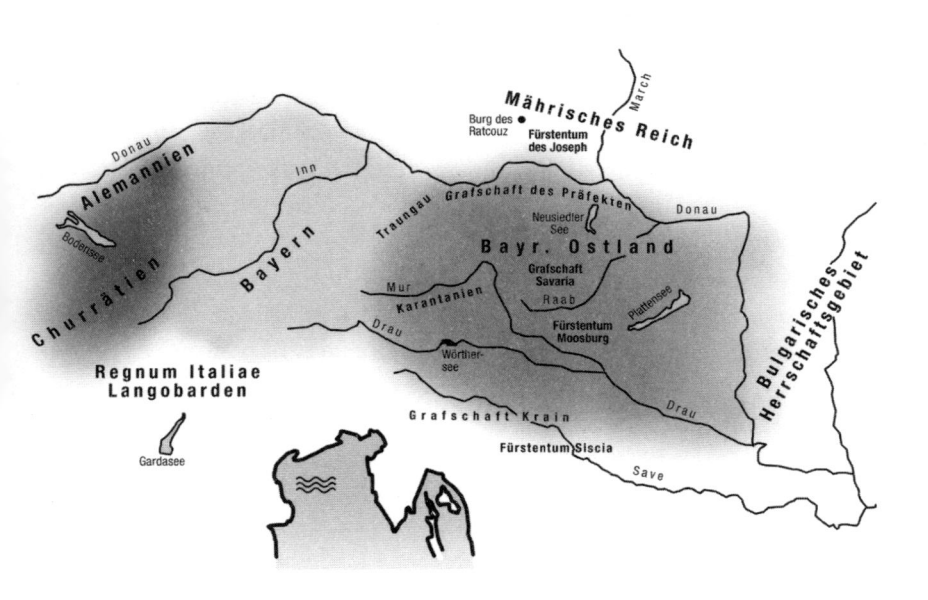

Das bayrische Ostland im 9. Jahrhundert

## 16 Wurde das heutige österreichische Staatsgebiet bereits im Spätmittelalter vorbestimmt?

Am 23. September 1949 fand in Wien der Erste Österreichische Archivtag nach dem Krieg statt. Alphons Lhotsky (1903–1968), Professor für Österreichische Geschichte an der Universität Wien, wurde gebeten, über den »Stand der österreichischen Geschichtsforschung und ihre nächsten Ziele« zu referieren. Eine seiner grundsätzlichen Aussagen lautete: »Schon während des Ersten Weltkriegs hat Alphons Dopsch (1868–1953) in einer kleineren Arbeit darauf hingewiesen, dass die sogenannten österreichischen Erblande, wie sie in der Zeit um 1500 unter Maximilian I. bestanden, das natürliche Hauptresultat der mittelalterlichen Entwicklung gewesen seien – eine Einheit, die sich mit verhältnismäßig geringen Korrekturen durch alle die späteren Jahrhunderte hindurchgerettet habe. Spinnen wir diesen Gedanken weiter aus, so erscheinen uns die vierhundert Jahre Großmacht im Verein mit Böhmen und Ungarn von 1526 bis 1918 als ein Zwischenspiel, an dessen Ende neuerdings jenes natürliche Ergebnis des Spätmittelalters, im Großen und Ganzen räumlich ähnlich, zutage trat und damit seine in sich selbst zurücklaufende echte Wesenhaftigkeit bewiesen hat. Liegt es da nicht nahe, die nähere Erkenntnis der historischen Substanz unseres gegenwärtigen Staates zunächst aus dem spätmittelalterlichen Staatsbildungsprozesse zu gewinnen? So wird die Erforschung des österreichischen Mittelalters als Ganzes eine der wichtigsten Aufgaben nicht nur der um ihrer selbst willen arbeitenden wissenschaftlichen, sondern auch der der staatsbürgerlichen Erziehung dienenden Geschichtsforschung sein.« Lhotskys Überlegungen haben mit Recht, allerdings erst posthume, Kritik erfahren, weil der spätmittelalterliche Länderkomplex des »Hauses Österreich« und die Republik Österreich sich tatsächlich keineswegs decken. Das spätmittelalterliche Österreich umfasste weder Salzburg noch das Burgenland, andererseits zählten Gebiete dazu, die nicht mehr zur Republik Österreich gehören. Auch würde man heute einen historischen Prozess nicht »natürlich« nennen und ihm auch keine »echte Wesenhaftigkeit« zuschreiben. Aber zumeist übersehen die Kritiker, worum es Lhotsky ging. Er wollte den endgültig auf einen Kleinstaat festgelegten Österreichern Mut machen, indem er ihnen eine bereits in der mittelalterlichen Geschichte der einzelnen Bundesländer begründete Identität verhieß. Der Abschied von Großstaatlichkeit und Reichszugehörigkeit war nämlich nach 1945 trotz aller schrecklichen Erfahrungen der jüngsten Vergangenheit keineswegs selbstverständlich, wie etwa Texte in Schulbüchern noch der Siebzigerjahre beweisen. Fazit: Lhotskys Übernahme und Ausbau der Thesen von Alphons Dopsch ist aus der Zeit nach 1945 zu erklären, wird aber durch die historische Realität nicht gestützt.

## 17 Wann teilten die Habsburger im Spätmittelalter die »Herrschaft zu Österreich«?

Es gab mehrere solche Teilungen, zwei im Spätmittelalter, 1379 und 1411, und eine dritte 1564. Sie sind als Elemente des bis heute ausgeprägten Föderalismus Österreichs zu erkennen. Hingegen hatte die Teilung zwischen Karl V. und Ferdinand I. im Jahre 1522 eine welthistorische Dimension, die allerdings das Bewusstsein der Zusammengehörigkeit der österreichischen Länder stärkte.

Teilungen widersprachen dem dynastischen Grundsatz der Unteilbarkeit, der auch in der Belehnung der habsburgischen Brüder Albrecht I. und Rudolf II. mit Österreich, Steiermark, Krain und der Windischen Mark durch ihren Vater, den deutschen König Rudolf I., zu Weihnachten 1282 zum Ausdruck kam.

Diese erfolgte »zur gesamten Hand«, in einer in der Praxis schwer zu erfüllenden Rechtsform. König Rudolf nahm diese Bestimmung schon im folgenden Jahr zurück und verfügte in Rheinfelden eine Hausordnung, die seinem ältesten Sohn und dessen Nachkommen in männlicher Linie das Herrschaftsrecht zusprach. Mit Herzogstitel und Länderwappen waren aber beide Brüder gleichgestellt. Rudolf sollte entschädigt werden, dazu kam es bis zu seinem Tod 1290 nicht. Sein Sohn Johann hat, großjährig geworden, seinen Anteil gefordert, wiederum vergeblich, und deshalb 1308 Albrecht I. ermordet.

Die Frage, wie Herrschaft und Einkünfte verteilt werden sollten, sorgte auch in der nächsten Generation für Spannungen zwischen den Brüdern. Und doch hat Rudolf IV., der Stifter, in seiner Hausordnung die Unteilbarkeit der inzwischen um Kärnten und Tirol vergrößerten »Herrschaft zu Österreich« verfügt. Demzufolge übernahm nach seinem Tod 1365 der ältere seiner Brüder, der 16-jährige Albrecht III., die Regierung des Hauses, der jüngere Leopold III. fügte sich zunächst. Doch stellten sich Zwistigkeiten ein. 1373 wurde die Hausordnung aufgehoben und vorerst die Verwaltung der Länder geteilt. Der tatendurstige Leopold ließ zur Erinnerung an diesen »Erfolg« auf der Höhe des Wienerberges eine Lichtsäule errichten, die bis heute volkstümlich »Spinnerin am Kreuz« genannt wird. Obwohl sie nach außen die Einheit des Hauses demonstrierten, beschlossen die Brüder am 25. September 1379 in Neuberg an der Mürz die Realteilung. Die Bestimmungen der Hausordnungen und des *Privilegium maius* wurden völlig ignoriert.

Albrecht III. erhielt das Herzogtum Österreich ob und unter der Enns mit Steyr und dem einträglichsten aller Gebiete, dem Salzkammergut. Alles Übrige fiel an Leopold III., und das war viel: die Herzogtümer Steiermark (mit Wiener Neustadt in Niederösterreich!), Kärnten und Krain, die Windische Mark, die Besitzungen in Oberitalien und Istrien, die Grafschaft Tirol mit den Vorlanden, die sich über den Bodensee nach Schwaben und bis in das Elsass erstreckten.

Die streitbaren Brüder waren nur mehr nominell »ein« Haus Österreich. Albrechts ruhiges politisches Handeln galt dem Reich, den Nachbarländern Böhmen und Ungarn und seiner Residenzstadt Wien, die ihm die Neugründung der Universität verdankt. Leopold, der eine Mailänderin heiratete, orientierte sich nach Süden – er erwarb 1382 Triest – und Westen. In der Schlacht bei Sempach gegen die Eidgenossen verlor er 1386 sein Leben. Albrecht übernahm die Vormundschaft über die vier Söhne Leopolds, und bis zu seinem Tode 1395 war somit der Teilungsvertrag von Neuberg praktisch außer Kraft gesetzt. Dann folgten jahrelange chaotische Kämpfe um Vormundschaft, Nachfolge- und Teilungsbegehren, durch die die Habsburger jeden Einfluss auf das politische Geschehen im Reich verloren, sich selbst sozusagen »aus dem Rennen« nahmen. Nachdem die beiden älteren Söhne Leopolds III., Wilhelm und Leopold IV., gestorben waren, einigten sich die jüngeren durch Vermittlung des deutschen Königs Sigismund im Jahre 1411 auf eine neuerliche Teilung der leopoldinischen Linie in einen steirischen und einen Tiroler Zweig. Ernst erhielt die Herzogtümer Steiermark, Kärnten, Krain (»Innerösterreich«), regierte in Graz und führte ab 1414 den Titel Erzherzog (Frage 51). Friedrich IV. »mit der leeren Tasche« regierte in Innsbruck Tirol und die Vorlande.

Als Erbe der Albertinischen Linie, die 1457 erlosch, und durch Kauf der Tiroler Länder von seinem Vetter Sigismund dem »Münzreichen« vereinte schließlich der »steirische« Maximilian I. 1493 alle Länder des Hauses Österreich in seiner Hand.

# 18 Wozu brauchte der Mensch den Wald?

Zwei Arten von Wald umgaben das inselgleiche Kulturland, das an den großen Flüssen, an Seen und alten Straßen lag: der innere gute, nutzbare Wald, die *silva bona*, und der Urwald, die *heremus*. Dort, wo der gute Wald zu Ende ging, begann die dämonische Wildnis. Hier hausten diejenigen, die sich entweder keinem Gesetz unterwerfen wollten oder auf andere Weise die »Heimat«, das Erbgut im Dorf, verloren hatten: Wegelagerer und Räuber, die zum Waldgang verurteilten politischen Verbannten, die wirtschaftlich und politisch Ruinierten, die seit jeher die »Flucht in den Wald« als Zeichen der Verweigerung wie des Widerstandes gesetzt hatten, religiöse Einzelgänger wie ganze Gruppen, von den Sektierern bis zu radikalen Kloster- und Ordensgründern. Die Griechen und nach ihnen die Lateiner verstanden den Urstoff als Wald, *hyle, silva*. Silva waren die »rohen Hinterwäldler«, die Christus als seine Jünger berief, die Urmaterie, die zu allem Körperhaften den Stoff lieferte, woraus alles entstehen konnte, die Heiden, die Heiligen, die guten und bösen Werke. Im Bregenz des Jahres 610 erhielt der Ire Columban rechtzeitig die göttliche Weisung, die geplante Slawenmission zu unterlassen. Der Engel des Herrn entfaltete vor den Augen des Heiligen eine Weltkarte und gab ihm zu verstehen, dass die heidnische Wildnis der Slawen noch unmissionierbar sei. Erst der Untergang des Awarenreiches (Frage 30) öffnete die *Sclavinia* der christlichen Mission (Frage 37).

Das riesige Waldgebiet, das als kontinentale Wasserscheide die Täler der Donau und der Moldau voneinander trennte, wurde vom 9. bis ins 12. Jahrhundert der Nordwald genannt. Als aber die Österreicher von Süden und die Böhmen von Norden her begannen, diesen Urwald in Besitz zu nehmen und zum guten Wald zu machen, konnte hier der König 1179 die Grenze zwischen Böhmen und Österreich ziehen lassen. Die Herrschaft über den Wald stand nämlich in der Nachfolge der römischen Imperatoren den Königen und ihren Vertretern zu. Sie konnten den Wald, der »außerhalb«, *foris*, des besiedelten Landes lag, zum »Bannwald«, zum Forst, erklären und den einfachen Menschen verschließen. Das positive Forstrecht der Herren kam dem Naturrecht all derer in die Quere, die aus und von dem Wald lebten, ja auf ihn so sehr angewiesen waren, dass sie ohne ihn nicht überlebt hätten. Weidegang, Schweinemast, Imkerei, Holzschlag und Brennholzsammeln bildeten aber unaufgebbare Bestandteile des bäuerlichen Wirtschaftens. Im Wald »wuchs« der Honig, der einzige Süßstoff, den es gab. Das Gesetz der Bayern (Frage 27) schließt mit den rechtlichen Bestimmungen über die Bienen. Im 8. Jahrhundert lobte man das Bayernland mit den Worten: »Honig und Bienen waren wahrlich in reicher Menge vorhanden.« Abweichend von Vorlage und traditioneller Form erhält das Bistum Freising in der Ostarrîchi-Urkunde (Frage 23) lokale *zidalweidun*, Bienenweiden.

Der Wald dürfte in den französisch-deutschen Niederungen zu mehr als 80 Prozent ein Laubwald gewesen sein. Im österreichischen Bergland ergaben jüngste Pollenuntersuchungen das Verhältnis 68:32 zugunsten der Nadelhölzer, was jedoch immer noch einen gegenüber heute starken Bestand an Buchen und Eichen bedeutet. Davon stammte das Futter für die Schweine, die – beginnend mit 1. September – in die Wälder getrieben wurden. Groß war die Bedeutung des Schweins. Die Königstochter des Märchens, die dem Schweinehirten ihre Hand reichte, hat sicher eine bessere Partie gemacht, als sich dies die Gebrüder Grimm träumen ließen. Die Schweinehirten mussten starke Männer sein, wenn sie selbst in den dichten Urwäldern am Rand der Hölle Gelegenheit für reiche Schweinemast suchten.

Aus dem Wald gewann man Harz und Pech sowie das Holz. Dieser Baustoff wurde gebraucht, um Häuser, aber auch Befestigungsanlagen, ja selbst Burgen zu errichten. Die Toranlage der slawischen Burg bei Gars-Thunau, die als Beispiel einer »experimentellen Archäologie« rekonstruiert wurde, benötigte 100 mittlere Baumstämme. Trotz dieses großen Materialaufwandes stand der Bedarf an Bauholz in keinem Verhältnis zu den enormen Mengen, die man für Hausbrand, Metallgewinnung und für die Salzerzeugung verfeuerte.

Wildfrevel galt nicht als Diebstahl, sondern als Missetat und wurde an Leib und Leben bestraft. Die hohe Jagd auf Bär und Eber, Rothirsch, Wisent und Ur zählte zu den Vergnügungen, um derentwillen die Grafen auf die Abhaltung des Gerichtstages und die Bischöfe auf ihre geistlichen Pflichten vergaßen. Daher war der Jagd- und Reitunfall auch eine der häufigsten Todesursachen der hohen Herren und Damen: Arbo, den Markgrafen im spätkarolingischen Donauland (Frage 15), tötete nach 909 ein Wisent. Herzog Ernst I. von Schwaben, einen Sohn Leopolds I. (Frage 64 und 65), erschoss irrtümlich 1015 ein Jagdgefährte, und das noch dazu am dafür kanonisch verbotenen Pfingstdiensttag. Der fromme Markgraf Leopold III. wurde 60-jährig auf der Jagd getötet, und zwar am 15. November 1136 (Frage 44). Der Böhmenkönig Wenzel I., der Vater Přemysl Otakars II. (Frage 49), starb am 22. September 1253 auf der Jagd. Die schwangere Maria von Burgund, die Gemahlin Maximilians I. (Frage 69), stürzte 1482 auf der Jagd vom Pferd und starb.

# 19 Wozu brauchte der Mensch das Wasser?

Selbstverständlich benötigte der Mensch gutes Wasser für Mensch und Vieh. Wer Fische und Getreide hatte, lebte gut. Bayerns Seen und Flüsse seien von Fischen übergegangen, heißt es im 8. Jahrhundert. Im mittelalterlichen Ostalpenraum war das Wasser der mit Abstand wichtigste Energieträger und betrieb alle Arten von Mühlen: zum Mahlen des Getreides, für Sägen, Wäschereien und Lodenwalkereien (Stampfen zur Erzeugung wasserdichter Stoffe), für Schmiedehämmer und zur Gold- und Salzgewinnung. Dazu wie zur Entsorgung von Unrat und Abfällen waren Vorarbeiten zu leisten, die tief in den natürlichen Verlauf der Bäche und Flüsse eingriffen. Salzburg (Frage 37 und 38) stand auch auf diesem Gebiet an der Spitze der Entwicklung. Die Abtei St. Peter und das Salzburger Domkapitel wendeten gemeinsam enorme Mittel auf, um zwischen 1136 und 1160 einen 370 m langen Stollen durch den Mönchsberg zu schlagen und durch ihn Wasser aus dem Rosittenbach in die Stadt zu leiten. Dazu musste dieses Wasser vom Fuße des Untersbergs mit Holzröhren durch das Untersberger Moor bis zum Mönchsberg gebracht werden. Im späteren 13. Jahrhundert stieg der Wasserbedarf, sodass die Königsseeache oder Alm durch einen 4,5 km langen Kanal angezapft wurde. Dieser Almkanal fließt immer noch in und durch die Stadt, wo er sich in mehrere unterirdische Stollen verzweigt. Nur bei der Pfisterei (Bäckerei) von St. Peter rauscht das Wasser für jedermann sichtbar vorbei.

In vorrömischer Zeit wurde das Steinsalz im Haselgebirge »trocken« abgebaut, wie dies in Hallstatt und in seiner »Filiale« Dürrnberg bei Hallein mit beispielhaftem Erfolg geschah. Als der hl. Rupert (Frage 42) um 700 nach Salzburg kam, war eine völlig andere, aber ebenfalls gut eingespielte Organisation der Salzproduktion in Übung. Die aus dem Untersberg bei Reichenhall austretende Sole war zu etwa sieben Prozent gesättigt und wurde mit »Galgen«, mit Geräten, die den uns vertrauten Puszta-Brunnen ähnlich sahen, in Pfannen gepumpt. Hier reicherte man die Sole bis über 20 Prozent an, um sie dann mithilfe von Öfen zu versieden. Der Arbeitsvorgang folgte den Erfahrungen bei der Meersalz-

Gewinnung und dürfte von den Römern um Christi Geburt ins Land gebracht worden sein. Die Produktion lief von Mitte Mai bis zum Martinstag am 11. November und bedurfte ungeheurer Holzmengen (Frage 18), die die Flüsse heruntergeschwemmt und auf eigenen Plätzen gestapelt wurden. Obwohl die mittelalterliche Salzproduktion im Salzkammergut erst verhältnismäßig spät bezeugt ist, kam im 12. Jahrhundert von dort abermals eine radikale Änderung der Salzgewinnung nach Salzburg. Im Jahr 1147 verlieh der steirische Markgraf Otakar III. (Frage 11) den Zisterziensern von Rein zwei Salzpfannen, die wohl in Altaussee arbeiteten. Die Verpflichtung der Zisterzienser, die auch sehr bald von den Salzburger Erzbischöfen eingesetzt wurden, hatte weitreichende Folgen. Dieser – heute würde man sagen – international vernetzte Orden hatte eine neue Methode der Salzgewinnung, den »nassen« Abbau, entweder entwickelt oder an seiner Entwicklung maßgeblich mitgewirkt. Seit etwa 1200 sandte man das Wasser in den Berg, laugte das Salzgestein aus und brachte die bereits gesättigte Sole durch Rohrleitungen in günstig gelegene Sudwerke. Eine Folge war, dass Reichenhall seine Bedeutung verlor und sich die Salzproduktion wieder auf den Dürrnberg und nach Hallein an die Salzach verlagerte.

Wasser war aber auch das wichtigste Transportmittel. Wenn irgendwie möglich, fuhr man zu Schiff. Dass in unserem Raum die Salzach als einziger Fluss dieser Größe einen germanischen und noch dazu sprechenden Namen besitzt, beweist ihre Bedeutung für den Salztransport. Die »rechtmäßigen Schiffe für den Salztransport«, die auf der Donau flussabwärts fuhren, kamen sowohl von Reichenhall über Saalach, Salzach und Inn als auch die Traun herab. Ihre Besatzung bestand aus drei Männern. Sie brachten das Salz für gewöhnlich nach Mautern bei Krems, doch waren auch andere Salzmärkte möglich, wie etwa der »Markt der Mährer«, vielleicht nahe dem heutigen Korneuburg. Salz war bei den Mährern so sehr Mangelware, dass man damit nicht nur gute Geschäfte, sondern auch Politik machen konnte. Im Jahre 892 versuchte König Arnulf, die Mährer mit einem Salzembargo in die Knie zu zwingen.

Auf der Donau reisten der hl. Severin (Frage 41) von Passau nach

Mautern und der hl. Rupert (Frage 42) von Regensburg nach Lorch, brachte man die Leiche des hl. Emmeram nach Regensburg, schwammen bayerische Kriegsflotten 791 gegen die Awaren (Frage 30) und 872 gegen die Mährer oder 899 gegen Mautern, wo ein unbotmäßiger Großgraf saß. Wegen der Bedeutung der Donau wollte Karl der Große die Altmühl und die Rednitz miteinander verbinden, um zwischen Regensburg, Würzburg und Frankfurt ohne Unterbrechung zu Schiff reisen zu können. Erst in unseren Tagen wurde dieses Projekt als Rhein-Main-Donau-Kanal verwirklicht. Gut Ding braucht eben Weile.

# DIE NAMEN UND IHRE GESCHICHTE

## 20  In welcher Bedeutung überlebten Rätien, Norikum und Pannonien die Antike?

Die drei Provinznamen (Frage 13) überlebten das Römerreich, änderten aber ihre Bedeutung. Rätien wurde auf Churrätien oder Churwalchen beschränkt. Der Schweizer Kanton Graubünden wird im Osten durch den R(h)ätikon begrenzt und von der rot gestrichenen R(h)ätischen Bahn pünktlich durchfahren. Zu den Geschichtsmythen (Frage 1) mancher Vorarlberger zählt die Berufung auf die »uralte« rätische Freiheit als prägendes Merkmal des Ländles. Während sich der Name im Nördlinger Ries volkssprachlich erhielt, verschwand er im übrigen außeralpinen Rätien, das seit etwa 500 von den Bayern (Frage 27) besiedelt wurde.

Bald nach 800 begannen Urkunden schreibende Kleriker, die Bayern Noriker zu nennen, wahrscheinlich weil das auf altnorischem Boden gelegene Salzburg 798 die Metropole Bayerns wurde. Folgerichtig wurde *Ager Noricus* von den Gelehrten nicht als Norikerland, sondern als *Peigirolant*, Bayernland, in die Volkssprache übersetzt. In der Karolingerzeit galt der Brenner als wichtigster Teil der *Alpes Noricae*. Hochmittelalterliche Geistliche machten einen Norix zum Gründerheros der bayerischen Stammessage. Und noch Albrecht Dürer signierte sein Allerheiligenbild als *Noricus*. Wenn sich aber am Beginn des 9. Jahrhunderts ein Sterzinger Romane als Noriker bekannte, verwendete er keinen antikisierenden, sondern einen bodenständigen Namen. Ebenso lag der Bischofssitz Säben in der *vallis Noric(an)a*, wurde dieses Norikertal spätestens im 10. Jahrhundert zum althochdeutschen Nurihtal und gab als Norital noch lange danach einer wichtigen Grafschaft den Namen, die vom Pustertal über das Eisacktal und den Brenner bis ins Inntal reichte. Im

Großteil (Binnen-)Norikums trat das vorrömische Karantanien (Frage 15) an die Stelle des keltisch-römischen Namens; doch war man sich noch am Beginn des 9. Jahrhunderts dieser Kontinuität bewusst.

Ufernorikum war in den Stürmen der Völkerwanderungszeit untergegangen, wurde aber in der ersten Hälfte des 12. Jahrhunderts von den Schriftkundigen wiederentdeckt, um die Verselbstständigung Österreichs gegenüber den Noriker-Bayern zu unterstützen. Man berief sich auf (*Noricus*) *Ripensis* als »uralte« Bezeichnung des werdenden Landes.

Nach dem Ersten Weltkrieg verbanden die Siegermächte die Kriegsschuldfrage mit dem Namen Österreich. Um das Land davon zu befreien, schlug der Völkerrechtslehrer und letzte Ministerpräsident der österreichischen Reichshälfte, Heinrich Lammasch, vor, »Österreich« durch »Norische Republik« zu ersetzen (Frage 61). Die Anregung wurde im Parlament nicht ernsthaft diskutiert. Dafür wurde nach dem Zweiten Weltkrieg versucht, Österreich etymologisch von Norikum abzuleiten, um die deutsche Herkunft des Namens zu widerlegen (Frage 2).

Der Name Pannoniens blieb aus drei Gründen lebendig. Zum einen wurde Pannonien mit dem Awarenland gleichgesetzt. Daher umfasste seine frühmittelalterliche Bedeutung im Westen altnorisches Gebiet bis zu den Fischbacher Alpen und zur Enns, sodass *Pannonia superior* noch als alter Name des hochmittelalterlichen Österreichs galt. Zum anderen fiel Pannonien nach der fränkischen Eroberung samt der alten kaiserlichen Hauptstadt Sirmium/Sremska Mitrovica an Karl den Großen und legitimierte mit den anderen Reichshauptstädten in seinem Besitz den Anspruch, Kaiser zu werden. Zum Dritten spielte die pannonische Tradition für die päpstliche Politik eine wichtige Rolle im Streit zwischen Methodios (Frage 37) und der bayerischen Kirche. Heute hat das Burgenland die pannonische Tradition übernommen und den aus Pannonien stammenden heiligen Martin zum Landespatron gewählt. Zu seinem Fest am 11. November, einem alten Zins- und Abgabentermin, lässt sich auch schon erkennen, wie gut der heurige Wein und die Gänse geworden sind.

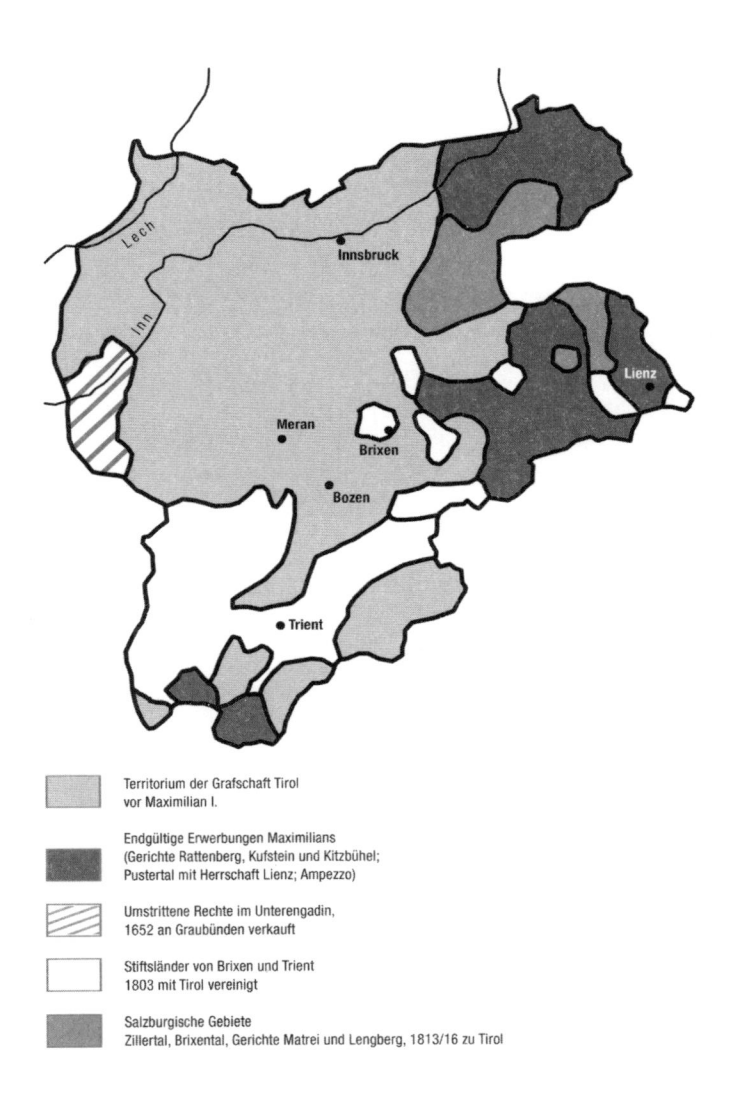

Territorium der Grafschaft Tirol
vor Maximilian I.

Endgültige Erwerbungen Maximilians
(Gerichte Rattenberg, Kufstein und Kitzbühel;
Pustertal mit Herrschaft Lienz; Ampezzo)

Umstrittene Rechte im Unterengadin,
1652 an Graubünden verkauft

Stiftsländer von Brixen und Trient
1803 mit Tirol vereinigt

Salzburgische Gebiete
Zillertal, Brixental, Gerichte Matrei und Lengberg, 1813/16 zu Tirol

Das Werden Tirols

## 21 Wann sind die heutigen österreichischen Bundesländer zum ersten Mal als Länder bezeugt und was bedeuten ihre Namen?

Sechs der neun österreichischen Bundesländer, nämlich Ober- und Niederösterreich, die Steiermark, Kärnten, Tirol und Salzburg, stehen in der Tradition hochmittelalterlicher Länder. Ein solches Land hatte ein eigenes Landrecht, zu dessen Exekution sich Landesfürst und Landesadel (= das Land) zu gemeinsamen Gerichtstagen trafen. Diese hießen Landtaidinge, wenn sie an bestimmten dafür vorgesehenen Orten, Hoftaidinge, wenn sie am landesfürstlichen Hof abgehalten wurden. Durch sein Erscheinen und seine aktive Mitwirkung an den Taidingen bekundete der Adel seine Zugehörigkeit zum Land. Den drei anderen Bundesländern fehlen diese mittelalterlichen Voraussetzungen. Erst nach 1750 begannen Maria Theresia und Joseph II. ihre Herrschaften vor dem Arlberg in einem Land Vorarlberg mit einheitlicher Verwaltung und Rechtsordnung zu organisieren. Das Burgenland wurde mit Bundesverfassungsgesetz vom 1. Oktober 1920 zum ersten Mal als österreichisches Bundesland genannt, das von Niederösterreich getrennte Wien erhielt sein Landesstatut mit 1. Januar 1922.

Der Name Burgenland soll anlässlich eines Empfangs entstanden sein, den Staatskanzler Karl Renner für eine deutsch-westungarische Delegation am 6. September 1919 in Paris gab. Die Grundlage dafür bot die Tatsache, dass das vorwiegend deutschsprachige Westungarn an den drei Komitaten Wieselburg (Moson), Ödenburg (Sopron) und Eisenburg (Vas) Anteil hatte. Obwohl das als Hauptstadt (Frage 22) vorgesehene Ödenburg aufgrund einer Volksabstimmung bei Ungarn blieb, wurde der Name Burgenland beibehalten.

In Kärnten lebt Karantanien (Frage 15 und 29) fort. Der Name, der 811 erstmals datierbar erwähnt wird, ist keltischer Herkunft, bedeutet »Land der Stein- und Felsenleute« und wurde von den einheimischen Romanen an die Alpenslawen übermittelt, die sich wohl schon vor 750 Karantanen nannten. Im Jahre 976 wurde Karantanien/Kärnten ein Herzogtum des Deutschen Reichs und damit das älteste mittelalterliche Land auf österreichischem Boden.

Das Grundwort der Namen Niederösterreich und Oberösterreich leitet sich von *Ostarrîchi* ab (Frage 23), sodass dessen Bedeutung wie die datierte Erstnennung am 1. November 996 auch für die beiden Bundesländernamen gilt. Ihre Bestimmungswörter haben dagegen eine unterschiedliche Entwicklung genommen. Die Mark Österreich, die sich hauptsächlich über Niederösterreich erstreckte, galt bereits 1125 als eigenes Land und wurde 1156 Herzogtum (Frage 46). Der Name Niederösterreich tauchte zum ersten Mal gemeinsam mit Oberösterreich 1262/69 auf; doch dürfte deren gemeinsamer Grenzfluss damals, sicher jedoch 1264, die Ybbs gewesen sein. Dagegen wurde bereits 1268 der Adel zwischen Enns und Hausruck zu einem, dem ersten »oberösterreichischen«, Landtaiding einberufen.

Im ausgehenden Mittelalter und der frühen Neuzeit bezeichneten Oberösterreich und Niederösterreich die politische Gliederung der habsburgischen Erbländer. Niederösterreich bestand aus den Ländern Österreich ob und unter der Enns, der Steiermark, Kärnten, Krain und dem Gebiet an der Adria mit der Hauptstadt Wien; Oberösterreich aus Tirol und den habsburgischen Herrschaften vor dem Arlberg, in Schwaben und im Elsass mit der Hauptstadt Innsbruck. Zwischen 1564 und 1665 bildeten die Länder Steiermark, Kärnten, Krain und die Gebiete an der Adria Innerösterreich mit der Hauptstadt Graz (Frage 22).

Die Steiermark (Frage 47) hat ihren Namen nach der 985/91 erstmals genannten *Stirapurhc,* der Burg Steyr an der Mündung des gleichnamigen Flusses in die Enns. Der keltische Name der Steyr bedeutet »die Aufstauende«. In den Jahren 1050/55 erbte Otakar I., Graf im Chiemgau, nicht bloß Steyr und andere Gebiete im Traungau, sondern auch die angrenzende Grafschaft im steirischen Ennstal und die Mark an der mittleren Mur. Er wurde 1056 erstmals Markgraf von Steyr genannt. Als Geburtsstunde der Steiermark gilt das Jahr 1122, als Otakars Enkel Leopold der Starke auch die Grafschaften und Herrschaften entlang der oberen Mur und der Mürz erbte und mit dem otakarischen Besitz vereinigte. Im

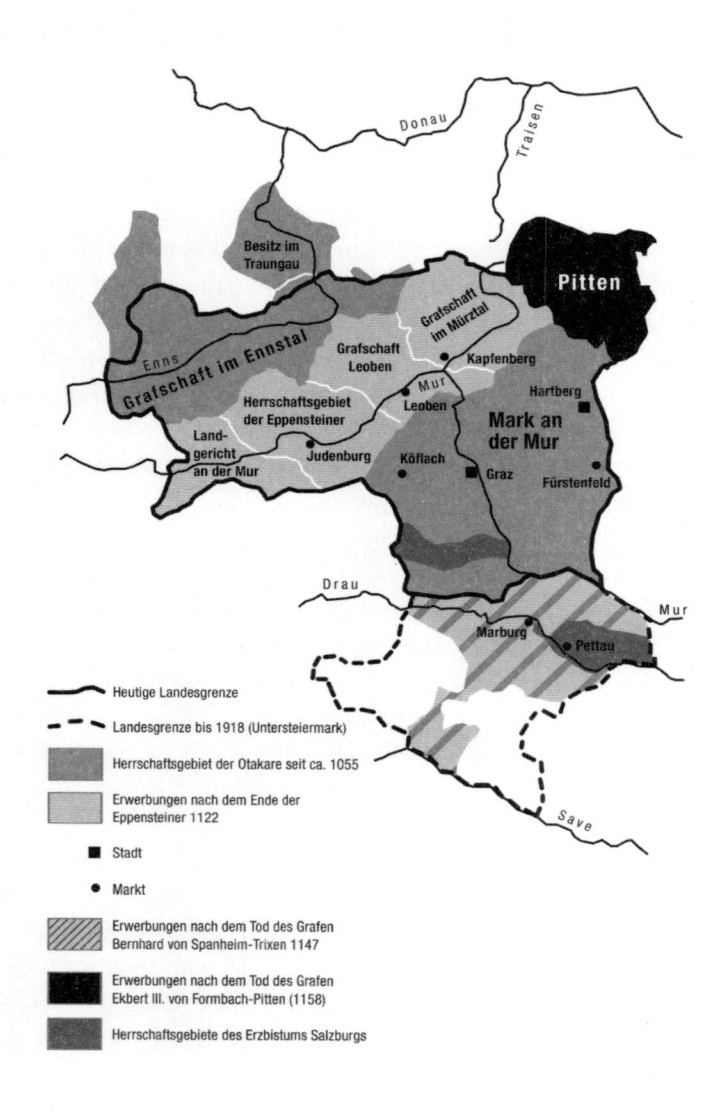

Das Werden der Steiermark

österreichischen Interregnum (Frage 49) wurde der Traungau mit Steyr ein Teil des Landes ob der Enns.

Das Land des Erzbischofs von Salzburg, erstmals 1342 bezeugt, ist nach der Stadt (Frage 22) benannt.

Der Name Tirol ist »mit sehr hoher Wahrscheinlichkeit nicht keltisch, sondern älter (rätisch?)« (Helmut Birkhan), und könnte verwandt mit dem lateinischen Wort *terra* oder dem keltischen *tír* für Land, Gegend, sein. Der Name leitet sich von der gleichnamigen Stammburg der Grafen von Tirol bei Meran ab, deren Erstnennung aus der Zeit zwischen 1140 und 1147 stammt. Das Nordtiroler Gegenstück ist Zirl, das als Teriolis am Beginn des 5. Jahrhunderts ein römischer Militärstützpunkt war und am 28. Oktober 799 in der bayerischen Lautung *Cyreolu* bezeugt ist. Das Land Tirol hat Graf Meinhard II. (um 1238–1295) (Frage 15) geschaffen, der in seinem Todesjahr erstmals diese Bezeichnung verwendete.

Vorarlberg ist das Gebiet *enhalb des Arls*, in dem die Habsburger 1363 durch den Kauf der Reichsherrschaft Neuburg (Koblach am Rhein) erstmals Fuß fassten. Der Standpunkt der Namengeber lag demnach einst (Reich, Habsburger, Schweizer) nicht wie heute im Osten, sondern im Westen des 1218 erstmals erwähnten Arlbergs. Dieser ist nach der Arl(e)/Arula benannt, wie die Latsche, *pinus montana*, im Romantschen heißt. Der Landesname Vorarlberg kommt dagegen erst nach 1750 auf.

## 22 Wann sind die Namen der österreichischen Landeshauptstädte zum ersten Mal bezeugt und was bedeuten sie?

Bregenz ist die älteste der österreichischen Landeshauptstädte. Der griechische Geograph Strabo erwähnt um Christi Geburt *Brigantion*, den Vorort der keltischen *Brigantii*. Ihr Name könnte gegenständlich mit den Gipfeln und Spitzen der umliegenden Gebirgslandschaft zusammenhängen und als Gebirgsbewohner gedeutet werden. Da die Bodensee-Brigantier aber Namensvettern in Nordengland und Irland hatten, wo auch die mächtige Heilige Brigit zu Hause war, scheint die Deutung »die Erhabenen« wahrscheinlicher zu sein. Noch am Beginn des 5. Jahrhunderts war Bregenz ein römischer Kriegshafen. Für die lokale Kontinuität spricht, dass Bregenz 610/11 nach dem Ende des Römerreichs als erster »österreichischer« Ort wieder bezeugt ist, und zwar an einer Grenze zwischen Heiden und Christen, zwischen Alemannen und Romanen. Bereits 802 dürfte das Castrum Bregenz eine Vorrangstellung im Amtsbereich des zuständigen Grafen eingenommen haben.

Eisenstadt wurde 1373 erstmals genannt, doch gab es den Ort schon 1264 als Kapelle des hl. Martin; ein Name, der in Kismarton (Kleinmartin), der ungarischen Bezeichnung der Stadt, bis heute fortlebt. Die 1118/19 erwähnte »Burg, die die Eiserne heißt«, meint wohl das bereits einige Jahre zuvor bezeugte Eisenburg/Vasvár.

Graz (von slawisch *gradec*) bedeutet die kleine Burg und entstand auf dem Schlossberg wohl bald nach dem Sieg König Ottos I. 955 über die Ungarn, um den Murübergang zu sichern. Um 1100 muss es zwei Burgen auf dem Schlossberg gegeben haben, weil sich zwei Adelsfamilien als »von Graz« bezeichnen. Gesichert wird 1150 ein Kaufmann »von Graz« genannt, und 1164 ist Graz eine *urbs*.

Innsbruck verdankt seine Entstehung den (Mark-)Grafen von Andechs(-Meranien), die nach 1133 am linken Innufer einen Markt errichteten, durch eine Brücke mit dem rechten Ufer verbanden und 1180 vom Kloster Wilten das Gebiet südlich des Flusses erwarben. Zwischen 1167 und 1183 datiert die älteste Bezeichnung *de Inspruk*. In Wilten lebt der Name des um 300 erstmals überlieferten römischen Kastells Veldidena fort, der wohl vorkeltischer (rätischer?) Herkunft ist (Frage 26).

Obwohl es eine romantischere Erklärung des Namens in Verbindung mit der Lindwurmsage gibt, bedeutet Klagenfurt wohl »Furt über den Fluss Glan«. Den ersten Ausbau verdankt der Ort, 1192–1199 als Markt, 1252 erstmals als Stadt bezeugt, dem Kärntner Herzog Bernhard II. (1202–1256); doch blieb St. Veit an der Glan Kärntens Herzogsstadt, bis 1518 Maximilian I. Klagenfurt den Kärntner Ständen schenkte, die den Ort zur Hauptstadt des Landes machten.

Linz wird am Beginn des 5. Jahrhunderts als *Lentia* erwähnt, ist aber keltischer, wenn nicht älterer Herkunft und meint die starke Krümmung, der hier der Lauf der Donau folgt. Gleichzeitig mit der Martinskirche wird auch die Burg von *Linzę* am 20. Juni 799 in bayerischer Lautung erwähnt. Diese Erstnennung erfolgte in einer Weise, die auf eine bereits längere Existenz der beiden Einrichtungen schließen lässt, und steht in einer Urkunde (Frage 7), die in *Treisma* ausgestellt wurde. Wenn man diesen Ort nicht mit Traismauer nahe der Traisenmündung, sondern mit St. Pölten identifiziert, gewinnt man auch den Erstbeleg der niederösterreichischen Landeshauptstadt. *Treisma* leitet sich vom keltischen Flussnamen *\*Tragisama* (= die sehr schnell Fließende) ab und lebt im modernen Fluss- und Ortsnamen Traisen fort. St. Pölten hat seinen Namen vom Kloster des heiligen Hippolytus und wurde noch vor 800 von Tegernsee gegründet. Eine Königsurkunde vom 22. Juli 976 verbrieft die Schenkung von *Treisma monasterii sancti Ypoliti* an den Bischof von Passau und ist damit die älteste unzweifelhafte Nennung von St. Pölten.

Salzburg (Frage 37 und 42) an der Salzach hat wie der Fluss seinen Namen vom Salz. Beide Namen werden um 800 erstmals als volkssprachliche Bezeichnungen bezeugt. Daneben wurden aber die antiken Bezeichnungen des Ortes Iuvavum/Ivavo und des Flusses *I(u)varus* (Erstnennungen für beide 1. Jahrhundert n. Chr.) verwendet. Beide wurden vom selben unbestimmbaren Wortstamm gebildet und waren vorrömischer Herkunft. Mit der Erhebung zum Erzbistum beanspruchte Salzburg nach 798 kurzfristig *Petena* als »alten« Namen. Dieser bezog sich auf das istrische Bistum Pedena/Pićanj und sollte wohl eine kanonische Sukzession herstellen. Damit bestand aber die Gefahr, dass der Patriarch von Aquileia (Frage 15) daraus die Abhängigkeit Salzburgs ableiten würde, weshalb der Name rasch wieder verschwand.

Der Name Wien stammt vom gleichnamigen Fluss und hat nichts mit dem keltisch-römischen Vindobona (Gut des Kelten Vindos = des Weißen) zu tun. Wien ist vorkeltischer Herkunft und als ein keltisch, romanisch, germanisch (?) und slawisch vermitteltes *\*Veidinia* (= Waldbach) ins Deutsche gekommen. Die mögliche Erstnennung stammt aus der Mitte des 10. Jahrhunderts und bezieht sich auf das Jahr 881, als es *ad Weniam* zu einem Kampf mit den Ungarn kam. Die erste sichere Nennung Wiens handelt ebenfalls von einem Krieg gegen die Ungarn. In den Annalen eines bayerischen Klosters liest man zum Jahre 1030: »Kaiser Konrad (II.) ... kam von Ungarn zurück ohne Heer und ohne etwas ausgerichtet zu haben, weil das Heer von Hunger bedroht in Wien von den Ungarn gefangen genommen wurde.«

## 23 Wie kam Österreich zu seinem Namen?

Österreich ist die moderne Form von *Ostarrîchi*. Der Name ist bereits für das Ostfrankenreich des 9. Jahrhunderts nachzuweisen und bedeutete den östlichen Teil eines Reichs oder Landes: Otfrid, Mönch des elsässischen Klosters Weißenburg (gest. um 875), widmete sein rheinfränkisch geschriebenes Evangelienbuch wohl dem Ostfrankenkönig Ludwig dem Deutschen (817–876). Auf Latein nennt ihn Otfrid den König der *orientalia regna*, der »östlichen Reiche«, in der Volkssprache jedoch den Herrn von *Ostarrîchi al*, des ganzen Ostreiches oder Ostlandes. Dies entsprach der offiziellen Bezeichnung des Ostfrankenreichs, die seit Oktober 833 urkundlich (Frage 7) als *regnum in orientali Francia* bezeugt ist. Eines der »östlichen Reiche« Ludwigs des Deutschen war Bayern, für dessen Ostland bereits um 800 eine eigene Administration eingerichtet wurde, ohne beide Einheiten völlig voneinander zu trennen (Frage 15). Für das bayerische Ostland des 9. Jahrhunderts sind zwar nur lateinische Namen, wie *plaga orientalis*, *oriens* oder *partes orientales*, überliefert. Einen Teil des Ostlandes bildete jedoch Karantanien (Frage 29), das sowohl als *regnum Carentanum* als auch als *Charentarîche* bezeichnet wurde. In Analogie dazu und in Analogie zur allgemeinen Bezeichnung eines Ostlandes als *Ostarrîchi* nimmt man an, dass dieser Name auch der des bayerischen Ostlandes des 9. Jahrhunderts war. Dieses verlor nach 900 ungefähr die Hälfte seines Umfangs, als die Ungarn Pannonien besetzten. Im Jahre 976 wurde Karantanien zum Herzogtum erhoben und von Bayern unabhängig. So blieb nach der Zurückdrängung der Ungarn vom einstigen bayerischen Ostland nur mehr der schmale Streifen zwischen der Donau und den niederösterreichisch-steirischen Kalkalpen, die bereits zu Karantanien zählten. Daher reduzierte sich der politisch-geographische Begriff *Ostarrîchi* auf die bayerische Mark an der Donau, die allerdings schon in der Karolingerzeit das Herzstück der Grafschaften des Ostland-Präfekten gebildet hatte (Frage 15). Die mit 1. November 996 datierte Kaiserurkunde Ottos III. lokalisierte zum ersten Mal einen »österreichischen« Ort, nämlich Neuhofen an der Ybbs, in *Ostarrîchi*. Wie die Wortwahl des Diploms zeigt, war dieser Name keine Neuerung, sondern bildete eine dem Volk vertraute und von ihm gegebene Bezeichnung.

## 24 Warum bezeichnen die Tschechen und Slowaken ihre österreichischen Nachbarn als Raabser?

Karl der Große ging nach der Absetzung des Bayernherzogs Tassilo III. im Frühsommer 788 in die bayerische Hauptstadt Regensburg. Hier blieb der Herrscher mit Unterbrechungen die nächsten drei Jahre, um Bayern neu zu organisieren. Spätestens bei seiner Abreise bestellte der Frankenkönig 791 seinen Schwager Gerold I., einen mächtigen alemannischen Grafen, zum Präfekten Bayerns. Nach dessen Tod am 1. September 799 teilte der Frankenkönig das riesengroß gewordene Bayern in ein bayerisches Binnenland und ein bayerisches Ostland (Frage 15) und setzte für beide Regionen Präfekten ein. Unter der Leitung dieser Obergrafen standen sowohl andere fränkisch-bayerische Grafen mit ihren Leuten als auch die Fürsten mehr oder weniger abhängiger Völker. Zu Letzteren zählten die Mährer. Ein fränkisch-bayerischer Beauftragter hieß Ra(t)couz, der eine Burg befehligte, die am Zusammenfluss von deutscher und mährischer Thaya errichtet und so die funktionale wie namensgebende Vorläuferin von Raabs wurde. Für die benachbarten Mährer waren Ra(t)couz und seine Leute die Rakousi. Dieser Name muss aus sprachlichen Gründen noch im 9. Jahrhundert in die Frühform des Tschechischen gekommen sein. Daraus entstand die noch aktuelle tschechische und die von dort übernommene slowakische sowie sorbische Bezeichnung der Österreicher als Rakušané, ins Deutsche übersetzt als Raabser oder die Leute hinter Raabs.

## 25 Gibt es wirklich keine Kängurus in Austria?

Natürlich gibt es keine Kängurus in freier österreichischer Wildbahn. Aber ihre Heimat Australia hatte ursprünglich wirklich etwas mit Austria zu tun. Die Verwechslung der beiden Namen durch anglophone Touristen ist daher nicht ganz abwegig. Lange vor seiner Entdeckung war man schon von der Existenz eines Südkontinents überzeugt, den man lateinisch korrekt *Australia* (*auster* = Südwind, Süden) nannte. *Austria* ist dagegen eine Hybridbildung aus dem germanischen Wort *austara/ostara* (= Osten) und einer lateinischen Endung. Bereits seit dem 6. Jahrhundert wurden die östlichen Franken als *Austrasii* und ihr Land als *Austria/Austrasia* bezeichnet. Im Langobardenreich des 8. Jahrhunderts war *Austria* der Name für die östliche Poebene. Wie *Ostarrîchi* (Frage 23) wurde auch *Austria* für unser Land nicht erfunden, sondern gefunden; allerdings erst als sich die Babenberger in der Mitte des 12. Jahrhunderts klassisch gaben, um in der Welt, die auch Byzanz hieß, anerkannt zu werden.

Im Spätmittelalter entstand der Name *domus Austriae*, Haus Österreich, als Bezeichnung für die Familie und Dynastie der Habsburger (Frage 66) samt deren Besitz- und Herrschaftsrechten. In Spanien bildeten daher die Habsburger die *Casa de Austria*. Am 30. April 1606 meinte der Spanier Pedro Fernandez de Quiróz den Südkontinent gefunden zu haben und benannte seine Entdeckung nach dem spanischen Herrscherhaus, indem er aus *Australia* ein *Austrialia* machte. Als aber die Holländer und nach ihnen die Engländer Australien in Besitz nahmen, hatten sie für das österreichische »i« keine Verwendung mehr.

# DIE VÖLKER UND IHRE SPRACHEN

## 26 An welche Völker erinnern die österreichischen Orts- und Gewässernamen?

Die österreichischen Orts- und Gewässernamen wurden entweder von der deutschen Mehrheitsbevölkerung (Vorwort) gegeben oder sind durch sie übernommen und dabei mehr oder weniger stark verändert worden. So heißt das Salzburger Eugendorf nicht nach einem Eugen, sondern war das Dorf eines Romanen Iubinianus. Die Mehrheitsbevölkerung bestand vor allem aus Bayern und Alemannen (Frage 27 und 28), doch wurden auch Siedlungen nach Franken, Sachsen, Thüringern (?), Schwaben und Juden (Frage 31) benannt. Nichtdeutsche Namen erinnern an Romanen, an Slawen allgemein sowie an Böhmen und Kroaten im Besonderen, an Bulgaren (Pulgarn, Steyregg), Awaren (in Kärnten) und Ungarn. Ein Name mit nichtdeutschem ethnischem Zusatz ist jedoch keine Selbstbezeichnung, sondern eine deutsche Fremdbezeichnung. Daher kennt Österreich keine Romanen-, Slawen-, Tschechen- und Magyar-Siedlungen, dafür aber Unger(n)dörfer, Böheim/Beham-, Walchen- und Windisch-Orte. Wie in unserem Raum 763 bzw. 832 erstmals bezeugt, bezeichneten nämlich die Deutschen die Romanen traditionell als Walchen oder Welsche (im Slawischen Vlahi) und die Slawen als Winden oder Windische. Die Kroaten-Namen zählen sowohl zu den ältesten als auch zu den jüngsten Namen nicht nur Österreichs. So erinnert das niederösterreichische Dürnkrut an die frühmittelalterlichen Kroaten, deren namenkundliche Spuren von Sachsen bis auf den Balkan reichen. Von diesen, vielleicht ursprünglich nichtslawischen Kroaten sind die slawischen Zuwanderer aus Kroatien und Slawonien zu unterscheiden. Diese Kroaten wurden im 16. Jahrhundert zur Wiederbesiedlung der verödeten Dörfer Westungarns, des östlichen Niederösterreich bis Südmähren angeworben, woran noch die Kroaten/isch/Chorvátská-(Ves-)Orte erinnern. Im 14. und 15. Jahrhundert erschlossen die Walser alpine Gebiete, die vom italienischen Aosta-Tal bis in westliche Tirol reichten (Frage 28).

Das System der Fremdbezeichnungen bestimmt auch die Unterscheidung von benachbarten oder von namengleichen Orten. Am Salzburger Wallersee grenzt ein Bayerham (Dorf der Bayern) an ein Seewalchen (bei den Romanen am See). Ebenso gibt es Baier- und Deutsch-Orte in windischer oder romanischer Umgebung. Im Spätmittelalter nannte man Graz (Frage 22) Bayerisch-Graz im Unterschied zum untersteirischen Windischgraz/Slovenj Gradec. Im Burgenland werden Deutsch-Orte von Kroatisch-Orten unterschieden. Ebenso gibt es die niederös-terreichischen Orte Deutsch-Wagram und Kroatisch-Wagram (heute Wagram an der Donau). In Oberösterreich befindet sich Deutsch-Hörschlag diesseits, Böhmisch-Hörschlag/Český Heršlák jenseits der Grenze. Entlang der alten Reichsgrenze sind Deutsch-Orte am niederösterreichischen Ufer der Leitha zu finden. (Bad) Deutsch-Altenburg entspricht einem Ungarisch-Altenburg/Magyaróvár. In Südtirol liegt Deutschnofen (romanisch Nova = Rodung der Deutschen) westlich von Nova Latina (Rodung der Ladiner), das im Deutschen zu Welschnofen wurde.

In Österreich sind die Namen auf folgende Weise verteilt: Im Westen schieben sich alemannische Namen in die Romania vor. Allerdings entwickelten die Romanen noch in der ersten Hälfte des 9. Jahrhunderts eine erstaunliche Widerstandskraft. So entstand auf der Hochebene östlich von Vinomna das romanisch benannte, aber alemannisch besiedelte Rankweil. Und die Straße, die von Vinomna/Rankweil in den alemannischen Norden führte, hieß der »Weg zu den Barbaren«. In Vorarlberg und Westtirol haben vielfach erst die Walser (Frage 28) deutsche Namen eingeführt.

Zwischen dem Lechtal und dem Zillertal sowie in Südtirol kamen zu den einheimischen romanischen Namen die Namen von vorwiegend bayerischen Zuwanderern hinzu. Diese bayerischen Ortsnamen bilden im übrigen Österreich sowohl südlich als auch vor allem nördlich der

Alpen die überwiegende Mehrheit. Die slawischen Namen häufen sich im Süden und Osten unseres Landes, und zwar südlich der Alpen bis Innichen, nördlich davon bis ins Gasteinertal und zum Ennspongau. Das höchste Alter haben die romanischen Namen, hinter denen sich nicht selten keltische oder »voreinzelsprachliche« Vorläufer (= indogermanische Namen, die man keinem bestimmten Volk zuordnen kann) verbergen. Dieses Namensgut kommt im Westen Österreichs sehr häufig vor, in Niederösterreich steht jedoch ein romanisch-keltischer 20 slawischen Namen gegenüber. Die frühesten bayerischen Namen dürften im Salzburger Flachgau und in Oberösterreich südlich der Donau um oder wenig nach 600, die ältesten slawischen Namen in Karantanien (Frage 29) ungefähr gleichzeitig entstanden sein.

Schließlich noch ein Hinweis für den Hausgebrauch. Fehlinterpretationen sind nicht immer zu vermeiden. Den besten Schutz bieten, soweit vorhanden, gute Ortsnamensbücher, die sich auf die ältesten Urkundennennungen (Frage 7) stützen.

# 27 Wer waren die Bayern?

Die erste sichere Erwähnung der Bayern datiert von 551, doch könnte eine ältere Erwähnung aus der Zeit zwischen 510 und 530 stammen. Die Entstehung der Bayern dürfte die Schutzherrschaft des Ostgotenkönigs Theoderich des Großen (493–526) (Frage 28) ermöglicht haben. Die Bayern sind das Produkt einer Vereinigung zahlreicher Völker germanischen wie nichtgermanischen Ursprungs, von Zuwanderern und germanisch-romanischen Einheimischen. Ihr Name *Bai(o)-varii* bedeutet »Leute aus Böhmen« und ist eine Fremdbezeichnung, womit eine germanisch sprechende, südlich der rätischen Donau bodenständige Mehrheit eine zugewanderte Minderheit ehemals territorialer Zugehörigkeit benannte. Das Prestige der Fremden muss jedoch derart groß gewesen sein, dass die benennende Mehrheit in der benannten Minderheit aufging. Wahrscheinlich setzten sich die Zuwanderer mehrheitlich aus

Langobarden und Thüringern zusammen, die sich in Böhmen von ihren Völkern getrennt hatten. Für diese Annahme spricht erstens, dass auf dem frühmittelalterlichen Kontinent bloß langobardische und bayerische Adelsfamilien alte Namen trugen. Zweitens gelang es nur wenigen Völkern, darunter vor allem den Langobarden, geringe Zahl mit hoher Attraktivität und besonderem Prestige zu verbinden. Drittens entstanden beim Zusammenschluss von abgespaltenen Gruppen alter Völker häufig neue Einheiten, die die alten Namen gegen solche des jüngeren Typus auf *-varii*/Leute austauschten. Obwohl sich die Entstehung der Bayern vornehmlich in der Provinz Rätien mit den Schwerpunkten Regensburg und Augsburg vollzog, wurden sie ab dem Beginn des 9. Jahrhunderts Noriker genannt (Frage 20).

Das untergehende Ostgotenreich trat Rätien und Norikum 536/37 an die Franken ab, sodass die Bayern von den Merowingerkönigen abhängig wurden. Diese gestanden den Agilolfingern zu, »auf ewige Zeiten« die Herzöge der Bayern zu sein. Karl der Große brach mit dieser Politik, als er 788 seinen Vetter Tassilo III. (Frage 63) absetzte und das Herzogtum unter seine unmittelbare Verwaltung nahm. Um 560 wird der Lech erstmals als bayerische Westgrenze bezeugt. Um 600 sind die Bayern in Südtirol und Osttirol anzutreffen. Bald darauf wird ein bayerischer Graf von Bozen genannt. Spätestens um die Mitte des 7. Jahrhunderts dürfte die bayerische Ostgrenze die Enns gebildet haben, wo sie um 700 und 800 als solche eindeutig bezeugt ist. Mit der Umwandlung des karantanischen Fürstentums 828 (Frage 29) in eine fränkische Grafschaft begann die vermehrte bayerische Einwanderung, die auch das heutige Niederösterreich besonders südlich der Donau erfasste. Nach 907 ging das Gebiet bis zur Enns an die Ungarn (Frage 33) verloren. Die Mark der Babenberger gewann das Land bis zur Mitte des 11. Jahrhunderts für die Bayern zurück; March und Leitha bildeten die Ostgrenze Bayerns, ab 1156 Österreichs und des Reichs, dem sie jeweils angehörten. Für die Sprachgeographie sind die österreichischen Dialekte östlich von Arlberg und Lech Teil des Bairischen.

# 28 Wer waren die Alemannen?

Alemannen werden erstmals um die Mitte des 3. Jahrhunderts im heutigen Südwestdeutschland bezeugt. Sie bestanden aus vielen, besonders suebischen Völkern, die erst nach ihrer Niederlassung an Rhein, Main und Donau Alemannen wurden. Die notorisch neidischen Nachbarn bezeichneten sie als ein »zusammengewürfeltes Mischvolk«, für sie selbst waren sie jedoch »die echten, die Vollmenschen«. Von etwa 250 bis 500 beherrschten die Alemannen den Raum rechts und bald auch links des Oberrheins, bis im 6. Jahrhundert im späteren Südwestdeutschland der Sueben-Name »wieder« auftauchte, der dem der Alemannen zunächst gleichgesetzt wurde und ihn schließlich verdrängte. So gab es im Hochmittelalter ein Herzogtum Schwaben, während erst die romantische Literatur die Alemannen wiederentdeckte.

Auf heute österreichischem Boden ließen sich Alemannen nicht vor Beginn des 6. Jahrhunderts nieder. Die von den Franken 506 geschlagenen Alemannen nahm Theoderich der Große (493–526) in seinen Schutz. Während das Gros der alemannischen Völker nördlich des Bodensees zurückblieb und mit dem Ostgotenkönig einen Vertrag schloss, wurden andere Gruppen südlich des Bodensees auch im nördlichen Vorarlberg angesiedelt. Eine dritte Gruppe zog durch Norikum, um sich südlich der Alpen niederzulassen. Als die Ostgoten 536/37 auf die rätisch-norischen Gebiete zugunsten der Franken verzichteten (Frage 13 und 27), gerieten auch die dort ansässigen Alemannen unter deren Oberherrschaft. Eine alemannische Ausbreitung ins inneralpine Rätien wurde jedoch durch die fränkische Anerkennung des romanischen Kirchenstaates von Chur verhindert. Erst als die Karolinger begannen, die churrätische Eigenständigkeit zugunsten der von ihnen eingesetzten Grafen abzubauen, kam es am Beginn des 9. Jahrhunderts auch zu einer gezielten Verdrängung der Romanen im Vorarlberger Unterland. Die vollständige Alemannisierung Vorarlbergs und des westlichen Tirols war jedoch erst das Ergebnis der spätmittelalterlichen Wanderbewegung der Walser. Diese stammten aus dem alemannischen Teil des Wallis und waren auf die Bewirtschaftung alpiner Regionen spezialisiert. Die Walser wurden im 14. und 15. Jahrhundert von weltlichen wie geistlichen Herrschaften gerufen, um bis dahin nahezu menschenleere Hochgebirgszonen in Norditalien, Graubünden, Vorarlberg und im westlichen Tirol zu besiedeln. So entstanden Walsersiedlungen im Tiroler Paznauntal, im Vorarlberger Großen und Kleinen Walsertal und am Tannberg im oberen Lechtal, wo im »Dörfchen Anger« 1400 eine Kirche errichtet wurde. Aus einer statistischen Untersuchung des Jahres 1841 erfährt man, dass die Walser Gemeinde Lech aus 407 Einwohnern und 98 Häusern bestand und von Stuben nur auf einem »äußerst beschwerlichen Bergweg über den hohen Flechsen« zu erreichen sei. Allerdings besaß Lech nicht nur die Pfarrkirche und eine Schule in Anger, sondern auch je eine Expositurkirche und Schule in Bürstegg und Zug. Schließlich wird der »Gegend ein sehr freundliches und lebendiges Ansehen« bescheinigt. Heute ist die Pro-Kopf-Steuerleistung Lechs die höchste in Österreich.

## 29 Wer waren die Karantanen?

Aus den Slawen, die unter awarischer Oberhoheit (Frage 30) um 600 in Binnennorikum eingewandert waren und die einstige römische Provinz zum »Land der Slawen« gemacht hatten, entstanden um etwa 700 die Karantanen, die in mehrfacher Hinsicht die »Ersten« in der Geschichte unseres Landes waren. Sie waren das erste frühmittelalterliche Volk, das zum Großteil auf dem Boden des heutigen Österreich entstand. Sie waren das erste slawische Volk, das – spätestens seit dem Beginn des 8. Jahrhunderts – eine monarchische Herrschersippe besaß, deren Angehörige namentlich bekannt sind. Entsprechend dieser westlichen Herrschaftsordnung waren die Karantanen auch das erste slawische Volk, das erfolgreich, weil von oben nach unten, christianisiert wurde. Sie waren unter den ersten Slawen, die ihre Identität gegen die Awaren errangen und bewahrten. Die Karantanen hinterließen mit dem Fürstenstein das älteste erhaltene Herrschaftszeichen Mitteleuropas.

Der Fürstenstein – nicht zu verwechseln mit dem Herzogsstuhl auf dem Zollfeld – ist die umgedrehte Basis einer römischen Säule und wird seit März 2006 im Wappensaal des Klagenfurter (Frage 22) Landhauses aufbewahrt. Obwohl das Denkmal erst um 1160 und auch das nur mittelbar erwähnt wurde, dürfte der Fürstenstein bereits im 8. und 9. Jahrhundert bei der Einsetzung der karantanischen Fürsten verwendet worden sein. Die ersten drei bekannten Karantanenfürsten waren Vater, Sohn und Brudersohn: Nach dem Frühjahr 741 und vor dem Sommer 743 versuchten die wiedererstarkten Awaren, die Karantanen zu unterwerfen. Boruth, »der Kämpfer« (vor 740 bis um 750), versicherte sich erfolgreich der Hilfe der Bayern. Dafür musste er deren Oberhoheit anerkennen und sein Land der christlichen Mission öffnen, die unter seinem Brudersohn Cheitmar nach 752 von Bischof Virgil von Salzburg (746/47–784) begonnen wurde. Ungefähr drei Generationen lang blieb Karantanien ein abhängiges Fürstentum innerhalb Bayerns und überlebte auch den Sturz des Bayernherzogs Tassilo III. (748–788) (Frage 63). Danach gab es nacheinander noch vier einheimische Fürsten, bis Kaiser Ludwig der Fromme (814–840) Karantanien 828 in die älteste Grafschaft des bayerischen Ostlandes umwandelte, dessen Kernland es bildete. Karantanien baute diesen institutionellen Vorsprung im Jahre 976 aus, da es zum Herzogtum erhoben und als erstes Herzogtum des Donau- und Ostalpenraums von Bayern getrennt wurde.

Die Karantanen bewohnten ein Gebiet, das im 8. und 9. Jahrhundert mehr als ein Drittel des heute österreichischen und etwa 10 bis 15 Prozent des slowenischen Staatsgebiets umfasste. Nach gegenwärtigen Begriffen bestand Karantanien aus dem Bundesland Kärnten, aus Osttirol, dem Salzburger Lungau und Enns-Pongau, der Steiermark ohne die Oststeiermark und aus dem Süden von Ober- und Niederösterreich bis zum Austritt der Flüsse ins Alpenvorland. Dazu kam die slowenische Untersteiermark (Štajerska) bis ins Savetal, jedoch ohne Poetovio/Pettau/Ptuj.

Die Karantanen bestanden aus mehreren Völkern. Zu ihnen zählten Kroaten (Frage 26), die im Raum von St. Veit an der Glan siedelten. An der Mur bei Radkersburg dürfte eine Kleingruppe von Dudlěben gesiedelt haben, das heißt, Angehörige eines slawischen Volkes, dessen Hauptsitze in Südböhmen und am ukrainischen Bug lagen. Romanen hinterließen ihre Spuren in Ortsnamen wie Irschen (von Ursus) und Läschitz (von Vlahi, Frage 26). Auch blieben die Zentren des römischen Kärntens, das Zollfeld und das Lurnfeld, die karantanischen Herrschaftsmittelpunkte. Bayern sind als karantanische Grundbesitzer erst seit etwa 820 nachzuweisen, doch sind bayerische Missionare bereits mehr als zwei Menschenalter früher ins Land gekommen. Sie wurden von Alemannen, dem einen oder anderen Angelsachsen und einem vereinzelten Iren unterstützt.

# 30 Wer waren die Awaren?

Obwohl die Awaren fast ein Vierteljahrtausend weite Gebiete Mitteleuropas, darunter auch zeitweise die Hälfte Österreichs beherrschten, sind sie die großen Unbekannten in unserer Geschichte geblieben. Die Awaren bildeten einen Verband aus vielen Völkern, der Gepiden, Bulgaren, Kutriguren und vor allem Slawen neben den anderen *Gentes* des Karpatenbeckens umfasste. Ungewöhnlich stark ist der Awarenname an die Verfassung des Khaganats gebunden. Fast immer ist der Khagan der Heerführer, stets das religiöse Zentrum seiner Völker. Awaren, die das Heidentum aufgaben und Christen wurden, verloren bald auch ihre ethnische Identität. Wenig ist von der gentilen Verfassung der Awaren bekannt. Der Jugurrus, Kapkhan, Tudun sowie der Canizauci werden erst am Ende des Awarenreichs genannt. Die Frau des Khagans führte den türkischen Würdenamen Catuna (= Frau). Die awarische Westwanderung stand im Zusammenhang mit der türkischen Expansion; stets betrachteten die Türken die Awaren als entlaufene Sklaven. Tatsächlich wurde das Juan-juan-Reich, das als awarisch gilt, 552/55 von den Türken zerstört. Bereits 558/59 erschien eine erste awarische Gesandtschaft im Konstantinopel Justinians I. Kurze Zeit später waren die Völker der pontischen Steppenzone unterworfen, 562 standen die Awaren an der unteren Donau. Die awarische Niederlassung in Pannonien fand ihren Abschluss, als ihr Khagan 582 die alte pannonisch-westillyrische Hauptstadt Sirmium einnahm.

Dürftig sind die Nachrichten über das »awarische Österreich« vor dem karolingischen Angriffskrieg (Frage 15). Vor und nach 600 standen die Awaren »ihren« Slawen bei, die mit den Bayern (Frage 27) an der oberen Drau zusammenstießen; doch waren es gerade diese Alpenslawen, die eine Generation später die awarische Oberhoheit abschüttelten und zu Karantanen (Frage 29) wurden. Um 711/12 überschritten die Awaren unvermutet die Enns und zerstörten Lorch und sein Umland. Nach diesem teilweise erfolgreichen Vorstoß versuchten die Awaren um 740 die karantanische Selbstständigkeit zu brechen und erlitten dabei gegen die vereinigten bayerisch-alpenslawischen Heere eine entscheidende Niederlage. Seither hatten sie aufgehört Angreifer zu sein und fielen schließlich selbst der karolingischen Aggression zum Opfer (Frage 15). Man war so lange Aware, als man Herr sein konnte, gleichgültig, ob man Türkisch, Slawisch, Germanisch oder Romanisch sprach oder sonst ein Idiom verwendete. Hörte das Herrendasein auf, wurde man christlicher Slawe, Bayer oder Walche (Frage 26). Wer aber sein Herrendasein retten wollte, gab sein Awarentum auf und ging rechtzeitig zum äußeren Feind über. Den Verlust der awarischen Identität hielt das altrussische Sprichwort fest: »Sie verschwanden wie der Obor-Awar, der weder Sippen noch Nachkommenschaft kennt.«

## 31 Seit wann leben Juden nachweisbar in Österreich?

Juden werden zum ersten Mal 799 genannt, als der Salzburger Erzbischof Arn (785/98–821) das römische Karfreitagsgebet für die »Erleuchtung der Juden« synodal verfügte. Damit traf der neue Salzburger Metropolit eine Anordnung, die kürzlich bedenkliche Aktualität gewann, als Papst Benedikt XVI. mit dem lateinischen Ritus auch dieses Gebet wieder zuließ. Die nächste Nennung stammt von Erzbischof Liupram (836–859), der einen Grafen des bayerischen Ostlandes (Frage 24) bat, ihm einen jüdischen, unter Slawen lebenden Arzt zu senden. Dieser habe schon früher einen seiner Bischöfe erfolgreich behandelt. Der Hilfe des kunstfertigen Arztes bedurften nun sowohl der Salzburger Oberhirte als auch sein bereits behandelter Amtsbruder. Die Raffelstettener Zollordnung, die 903/06 an der Donau westlich von Enns aufgenommen wurde, schließt mit der Bestimmung, »die Kaufleute, das heißt die Juden und die sonstigen Kaufleute, müssen, woher sie auch kommen, aus diesem oder einem anderen Land, den rechtmäßigen Zoll sowohl von Sklaven wie anderen Gütern zahlen«. Demnach gab es nicht nur ausländische, sondern auch in Bayern heimische Juden, die beide den christlichen Kaufleuten gleichgestellt waren.

Im 12. Jahrhundert trugen die Juden wesentlich zur wirtschaftlichen und kulturellen Entwicklung des Landes bei. Sie besaßen reiche Kenntnisse in den im Orient überlieferten antiken Wissenschaften wie Medizin, Astronomie, Zeitmessung und Gartenbau. Als Fernhändler mit umfangreichen Sprachkenntnissen unterhielten die Juden ausgedehnte Beziehungen zum Mittelmeerraum und darüber hinaus. Wegen des ursprünglichen Zinsverbots für die Christen hätten die Landesfürsten ohne die Juden keine Geldgeschäfte abwickeln und keine Kredite aufnehmen können. Für die Ausprägung des Silbers, das Herzog Leopold V. (Frage 65) für die Freilassung des englischen Königs Richard Löwenherz erhalten hatte, berief er Schlom, den ersten in Österreich namentlich erwähnten Juden, als Münzmeister. Orte wie Judendorf oder Judenau weisen auf Niederlassungen jüdischer Kaufleute hin, also auf Judendörfer außerhalb der entstehenden Märkte und Städte, in denen sie sich später niederließen. Sie bedurften wie alle Fremden des königlichen oder landesfürstlichen Schutzes. Seit der Karolingerzeit wurden Schutzprivilegien verliehen, die freilich die Sonderstellung der Juden zugleich betont und bewusst gemacht haben. Wie auch anderswo im Deutschen Reich bestimmten im mittelalterlichen Österreich mehrere Faktoren die rechtlich-politische Lage der Juden: Nach kirchlicher Lehre hatten sie in Jesus den

Messias nicht erkannt, ja seinen Tod am Kreuz verlangt und damit eine »ewige« Blutschuld auf sich geladen. Diese wurde ihren, obwohl schuldlosen Nachkommen, immer angerechnet, zumal sie zur Bekehrung nicht bereit waren. Die Juden unterschieden sich vielmehr von den Christen durch ihr »Gesetz«, ihren Glauben, ihre religiös bestimmte Lebensweise und folgerichtig durch ihre Absenz von dem alles beherrschenden christlichen Festtagsleben. Dazu kamen Misstrauen gegenüber einer fremden Minderheit, abergläubische Vorstellungen von geheimen Fähigkeiten der gebildeten, schriftkundigen Juden und Neid der ärmeren Bevölkerung in den seit dem 12. Jahrhundert wachsenden Städten, die bis dahin unbekannte soziale Spannungen erlebten. Trotzdem wirken die Anlässe für die durch Jahrhunderte immer wiederkehrenden Judenverfolgungen (Frage 32) völlig irrational und willkürlich.

Im Jahre 1196 ermordeten Kreuzfahrer in Wien den landesfürstlichen Münzmeister Schlom und seine ganze Familie (16 Menschen). Herzog Friedrich I. (Frage 65) ließ zwei der Mörder hinrichten, eine Vorgangsweise, die kein zeitgenössisches Gegenstück kannte. Herzog Friedrich II. erließ 1244 ein Schutzprivileg, das die Beschädigung von Synagogen oder Friedhöfen unter Sanktionen – bis zur Androhung der Todesstrafe – stellte.

König Otakar II. Přemysl hat dieses Schutzprivileg mehrmals bestätigt, auch für Böhmen übernommen und die judenfeindlichen Bestimmungen von Konzilien und regionalen Synoden ignoriert. König Rudolf von Habsburg bestätigte 1277 das babenbergische Judenprivileg. Trotzdem setzten sich auch in der Kirchenprovinz Salzburg, zu der die habsburgischen Herzogtümer gehörten, diskriminierende Bestimmungen durch, wie das Tragen des Judenhutes, das Liebesverbot zwischen Christen und Juden, der Hausarrest in der Karwoche und an christlichen Feiertagen. Immerhin blieben die Juden noch bis zu Beginn des 14. Jahrhunderts von allgemeinen Verfolgungen oder Bedrückungen verschont. Es gab keine Zwangspredigten wie in Westeuropa. Die Aktivitäten der Dominikaner und Franziskaner, die nicht nur die Ketzer bekämpften, sondern auch die Juden zu missionieren suchten, hielten sich noch in Grenzen. Gegen die zuerst in

Frankreich erhobene Beschuldigung, die Juden würden Christenknaben ermorden, um ihr Blut für rituelle Handlungen zu verwenden (Ritualmordlüge), schritt Kaiser Friedrich II. (1216–1250) – ein erklärter Gegner der Franziskaner – ein und verbot 1236 derartige Anschuldigungen. Von den habsburgischen Herzögen wurden die Juden für finanzielle Transaktionen oder Bürgschaften herangezogen, setzten doch erst sie die moderne Geldwirtschaft durch. Die großen jüdischen Gemeinden befanden sich folgerichtig in den Orten mit Münzstätten: neben Wien und Neustadt in Krems, Friesach, Graz und Salzburg. Seit 1314 hoben die Herzöge eine allgemeine Judensteuer ein, stellten sich aber weiterhin schützend vor die Juden. Albrecht II. musste sich deshalb gefallen lassen, ein »Judenknecht« geschimpft zu werden. Doch um die Mitte des 14. Jahrhunderts gingen die halbwegs friedlichen Zeiten zu Ende (Frage 32).

## 32 Wann gab es in Österreich Judenverfolgungen vor der Shoah?

Die erste große Verfolgungswelle erreichte von England und Frankreich aus, um 1290 auch Österreich; Herzog Rudolf III. konnte sie rasch unterbinden und gegen die Schuldigen eines Pogroms wegen Hostienschändung und Ritualmordes in Krems, Laa und St. Pölten vorgehen.

1305 wurde in Korneuburg wiederum der Vorwurf der Hostienschändung erhoben, 30 Jahre später in Pulkau. Die angebliche Korneuburger Schändung ist durch die Untersuchung der bischöflichen Instanzen in Passau als Erfindung eines Priesters entlarvt worden, der Korneuburg zu einem Wallfahrtsort machen wollte, was ihm auch gelang. Nach Pogromen in Retz, Znaim, Horn und Eggenburg warf Herzog Albrecht II. dem Volke vor, sich nur von Habgier treiben zu lassen, musste aber den Bürgern Wiens zugestehen, dass der Zinssatz nur noch 65 Prozent betragen dürfe.

Die Katastrophe brach über die deutschen Juden durch die »Große Pest« herein, die 1348 über Bayern und Salzburg Österreich erreichte.

Mitimportiert wurde der zuerst in Frankreich erhobene Vorwurf der Brunnenvergiftung. Er lief der Pest sogar voraus und diente in den großen Städten am Rhein als Vorwand für fürchterliche Pogrome, die rein wirtschaftliche Gründe hatten. In Österreich konnte Albrecht II. mit Erfolg eine allgemeine Hysterie unterdrücken. In Krems wurden dennoch zahlreiche Juden überfallen, beraubt und in ihren Häusern verbrannt. Der Herzog ließ drei der Rädelsführer hängen. Seine Söhne folgten in der Judenpolitik aber dem westeuropäischen Beispiel. Schon König Ludwig der Bayer hatte einen Umschwung im Verhalten des Reichsoberhauptes zu den Juden signalisiert, indem er 1315 den Nachlass einer Kapitalschuld bei Juden verordnete.

1371 befahlen die österreichischen Herzöge, um ihrer Geldnot abzuhelfen, die Juden in den landesfürstlichen Städten gefangen zu nehmen und erst gegen Bezahlung enormer Lösegelder wieder freizulassen. In einer ähnlichen Situation ging Albrecht V. 1420 den entscheidenden Schritt weiter, er enteignete die reichen Juden und ließ 200 von ihnen auf der Erdberger Lände in Wien verbrennen, die armen aber verwies er des Landes. Die meisten fanden in Ungarn bei König Sigismund Aufnahme, andere in Innerösterreich bei Friedrich V. (als Kaiser Friedrich III.). Er war aus Gerechtigkeitsgefühl den Juden wohlgesinnt, was der Gemeinde von Neustadt besonders zugute kam. Gegen Ende des Jahrhunderts aber waren aus wirtschaftlichen Gründen und infolge pseudo-theologischer Traktate alle Judengemeinden der österreichischen Länder ausgelöscht. Erst Ferdinand I. erließ 1536 eine Judenordnung für eine kleine Gemeinde in Wien und gestattete die Anlage des Friedhofes in der Roßau. Aus den Ausnahmeregelungen entwickelten sich Einzelprivilegien für vermögende Wiener Juden, die der Hofkammer unterstellt waren, sonst galt ein Aufenthaltsverbot.

Die »hofbefreite Judenschaft« war noch unter Kaiser Ferdinand II. privilegiert, weil sie ihn während des Dreißigjährigen Krieges finanziell unterstützte, wurde aber 1624 erstmals nach dem Vorbild Venedigs und Roms in ein Getto gezwungen, in dem sie eingeschränkt wie in einem kleinen Staat lebte.

Unter dem Druck der Kirche, der städtischen Obrigkeit und der Wiener Geschäftsleute, wobei alle stereotypen Vorwürfe wie Brunnenvergiftung und Ritualmord aufgezählt wurden, entschied sich Leopold I. im Jahre 1669 für die Ausweisung der Juden. Die meisten flohen nach Böhmen, Mähren und in andere Länder des Reiches. Von Mähren zogen viele weiter nach Westungarn, ins heutige Burgenland, wo sie vom Fürsten Esterházy aufgenommen wurden, und es kamen zu den drei alten vier neue jüdischen Gemeinden, die »Siebengemeinden«. Wenige Jahre später stellte die Hofkammer die großen Nachteile fest, die durch Steuerverluste und ausbleibende Verdienstmöglichkeiten für Wien entstanden waren. Das Fehlen der jüdischen Kaufleute, Altwarenhändler und Handwerker kommentierte die Hofkammer mit den Worten: »... dann bei denen Christen und sonderlich den Wienern die Faulheit gar zu groß ist, sich um etwas solches anzunehmen«. Das Kreditwesen brach zusammen. Die Vertreibung war dennoch endgültig.

Einzelne jüdische Persönlichkeiten wie der Armeelieferant Samuel Oppenheimer oder der Hofbankier Samson Wertheimer genossen bei Leopold I. hohes Ansehen; von Oppenheimer kann man sagen, dass er sein Vermögen und letzten Endes sein Leben für den Kaiser und den Sieg der christlichen Truppen im Türkenkrieg opferte. Das Toleranzpatent für die Wiener Juden, das Kaiser Joseph II. 1782 gewährte, brachte eine allerdings immer überschätzte Verbesserung, erst die Gesetze unter Kaiser Franz Joseph eine Abschaffung aller Beschränkungen für die Ansiedlung jüdischer Staatsbürger in Österreich.

## 33 Wer waren die Ungarn, als sie nach Europa kamen?

Blutrünstige, schreckliche Skythen waren diese Ungarn, die rohes Fleisch fraßen, Blut tranken und »die in Stücke zerteilten Herzen ihrer Gefangenen« als Medizin einnahmen. Sie brachten alle Männer und alte Frauen um, trieben die jungen Frauen wie das Vieh zusammen und schleppten sie mit sich fort. Sie waren hervorragende Pfeilschützen und handhabten mit großer Kunst ihre Reflexbögen. Kahl geschoren, saßen sie zu allen Zeiten auf ihren Pferden; ihre Weiber waren ebenso wild wie sie selbst. Wer zu ihnen gehören wollte, musste ihre Haartracht annehmen, was sich offenkundig auch einige Mährer einreden ließen. Die Ungarn heulten wie die Wölfe und verwendeten Wolf oder Hund als Totem, über dem sie Eide schworen. Sie waren die wiederauferstandenen Awaren und Hunnen. Wenn sie aber Hunnen waren, dann wusste man um ihre Herkunft Bescheid. Ihre Mütter waren gotische Hexen und ihre Väter die Geister der Steppe ...

Woher die Ungarn kamen und wer sie wirklich waren, ist wie jede Herkunftsgeschichte kaum zu beantworten. Sie bestanden aus vielen Völkern, wie die Vielfalt ihrer Namen lehrt. Die Byzantiner nannten sie Türken, der lateinische Westen, der sie 862 zum ersten Mal registrierte, Ungarn, und sie selbst bezeichneten sich als Magyaren. Die Träger des Magyarennamens, wohl ein finnisch-ugrischer Stamm aus dem Gebiet der mittleren Wolga, verbanden sich im Laufe des 7. und 8. Jahrhunderts mit den Wolgabulgaren. Während sich die werdende Völkerlawine durch den Steppengürtel bewegte, schlossen sich nomadische Turkvölker an. Die Magyaren passten sich in der Lebedia, in der Steppenzone am Schwarzen Meer, wo sie gegen 830 auftraten, an ihre nomadische Umwelt an, wurden aber von dort durch die Petschenegen vertrieben. Die Flüchtlinge fanden Aufnahme im Etelköz zwischen Dnepr, Karpaten und Donaudelta, wo sie unter die Oberhoheit der Khazaren gerieten und viel von deren Herrschafts- und Lebensformen annahmen: Bis kurz nach 900 gab es einen ungarischen Sakralfürsten, der Kende hieß und damit den Namen des dritthöchsten khazarischen Würdenträgers führte. Das stimmt mit der Nachricht überein, wonach Árpád von den Khazaren als Herrscher der Ungarn eingesetzt wurde. Ungefähr zur selben Zeit schloss sich das khazarische Teilvolk der Kabaren den Magyaren an. Beide kämpften 881 bei Wien (Frage 22) und Pöchlarn zum ersten Mal gegen die Bayern.

Der Ostfrankenkönig Arnulf setzte im Jahre 892 »Awaren, die nun

Ungarn heißen«, gegen Mähren ein. Bereits 894 verwüsteten sie »ganz Pannonien« und daher auch das Gebiet ihrer Verbündeten von 892. Der nun folgende Ungarnsturm wurde daher König Arnulf und seinen Beratern zum Vorwurf gemacht. Nachdem die Ungarn 899/900 in großem Stil die Poebene geplündert hatten, überschritten sie noch im Herbst 900 die Enns und verwüsteten »fünfzig Meilen weit« den Traungau. Danach sind sie nach Pannonien, »woher sie gekommen waren, heimgekehrt«. Spätestens 906 wurde das Mährerreich erobert, im Juni 907 der bayerische Heerbann bei Pressburg vernichtet und die Enns wieder die Ostgrenze Bayerns (Frage 12). Die Niederlage, die König Otto I. (936–973) den Ungarn am 10. August 955 auf dem Lechfeld zufügen konnte, beendete ihre Beutezüge, und sie wurden Ungarn in Ungarn. Nun begannen die Bayern, die Verluste östlich der Enns und der Fischbacher Alpen wieder wettzumachen und ihrerseits offensiv vorzugehen. Im Jahre 991 »triumphierte Herzog Heinrich (II. von Bayern) über die Ungarn«. Das ungarische Herrscherhaus der Arpaden musste daher zu einer Annäherung an den westlichen Nachbarn finden; noch zu Lebzeiten seines Vaters heiratete der 994/95 getaufte Stephan I. (der Heilige) Gisela, die Tochter jenes Bayernherzogs Heinrich und Schwester dessen gleichnamigen Sohnes, des späteren Kaisers Heinrich II. (1002–1024). Mit Gisela kamen nicht nur christliche Missionare, sondern auch ein stattliches Gefolge ins Land. Der Einfluss dieser »Gäste« reichte von militärischen Belangen bis zum Urkundenwesen und der Gesetzgebung. Im Einvernehmen zwischen Papst, Kaiser und Bayernherzog erfolgten die Anerkennung Ungarns als christliches Königreich und die so gut wie gleichzeitige Einrichtung der ungarischen Kirchenprovinz in Gran, nachdem Stephan I. um 1000/01 zum ersten christlichen König der Ungarn gekrönt und gesalbt worden war. Die Ungarn hatten das Wunder vollbracht, anders als ihre reiternomadischen Vorgänger Hunnen und Awaren (Frage 30) trotz schwerer Niederlagen in Europa sesshaft zu werden und hier bis heute heimisch zu bleiben.

# 34 Was bedeutete Burgund?

»*Uns ist in alten maeren wunders viel geseit / von helden lobebaeren und grôzer arbeit. / Von frôuden hochgezîten von weinen und von klagen, / von küener recken strîten muget ir nu wunder hoeren sagen.*« Um 1200 hat an der österreichischen Donau ein unbekannter Dichter mit diesen Worten sein Nibelungenlied eingeleitet. Dieses großartige Epos erzählt von »alten herrlichen Geschichten« und der »Burgunden Not«. Dem Dichter und seinem ebenfalls unbekannten Auftraggeber sowie dem adeligen Publikum muss daher »Burgund« nicht bloß etwas, sondern viel bedeutet haben. Als die Dichtung entstand, waren nahezu sieben Jahrhunderte vergangen, seitdem der letzte Burgunderkönig fränkischer Übermacht zum Opfer gefallen war, und fast acht Jahrhunderte, seitdem das Königsgeschlecht der Gibikungen (Nibelungen?) seinen Untergang gefunden hatte. Burgund wurde 534 Teil des fränkischen Merowingerreiches und blieb eines seiner drei Kernlande, in denen sich der Aufstieg der Karolinger zum Königtum vollzog. Als die späten Karolinger ihrerseits den Weg der merowingischen Vorgänger gingen und die Herrschaft an Stärkere abgeben mussten, teilten sich nicht nur das karolingische Imperium, sondern auch die burgundische Tradition und das burgundische Territorium: Das kleinere Herzogtum Burgund mit der Hauptstadt Dijon bildete eines der »territorialen Fürstentümer« des westfränkisch-französischen Königreichs. An der Rhône und der Saône breitete sich dagegen ein selbstständiges Königreich Burgund aus, das zwischen 888 und 1032 seine alte Staatlichkeit als Alternative zwischen West und Ost fortzusetzen suchte. Unter Kaiser Konrad II. 1032 das dritte Königreich des mittelalterlichen Imperiums geworden, reichte Burgund vom Rheinknie bei Basel bis zur Mündung der Rhône ins Tyrrhenische Meer.

Das mittelalterliche Reich konnte Burgund gegen die französische Krone nicht behaupten. Der Glanz Burgunds verblasste deswegen noch lange nicht. Im Gegenteil: Im 14. Jahrhundert ging sein Stern über dem französischen Herzogtum auf, das die jüngeren Valois zum Mittelpunkt eines Herrschaftskomplexes zwischen dem Reich und Frankreich machten. Das spätmittelalterliche Burgund verlagerte seinen Schwerpunkt von der Bourgogne in die Niederlande und stand ebenso für wirtschaftlichen Fortschritt und Reichtum wie für die Schaukelpolitik im Hundertjährigen Krieg zwischen Frankreich und England. Burgund hieß glanzvolles Rittertum und dessen Untergang in den Schlachten von Crécy 1346 und Azincourt 1415, hieß Goldenes Vlies (Frage 78) und Auslieferung der »Hexe« Jeanne d'Arc an die Engländer. Burgund war aber auch das Traumland, in das der junge Theuerdank Maximilian (Frage 68) zog, um seine Braut Maria, die Tochter Karls des Kühnen, des letzten burgundischen Valois, zu freien und gegen die Mächte der (französischen) Finsternis zu schützen. Und nicht zuletzt bestimmte Burgund die Politik des Maximilian-Enkels Karl V., der in vier langen Kriegen die Entlassung Flanderns aus der französischen Lehenhoheit erreichte und damit die Entstehung der habsburgischen Niederlande erkämpfte, die in den Benelux-Staaten bis heute fortleben.

Burgund ist in seltener Weise Traum und Wirklichkeit europäischer Geschichte gewesen. Aber die machtpolitischen Grundlagen dieser Geschichte wirken erstaunlich schwach. Kann sein, dass die Beständigkeit der burgundischen Tradition gerade darin lag, dass ihre Träger innerhalb Galliens eine glaubwürdige Alternative verkörpern mussten, um den mächtigeren Reichen in West und Ost zu widerstehen. Und so mag es mehr als ein Zufall sein, dass Österreich sich als Erbe Burgunds verstand, dessen glanzvolle Zeugen heute noch die Wiener Schatzkammer zieren, in einem der ersten Museen der Hauptstadt eines Landes, in dem man wie in Burgund unter zwei Möglichkeiten die dritte zu wählen gelernt hat.

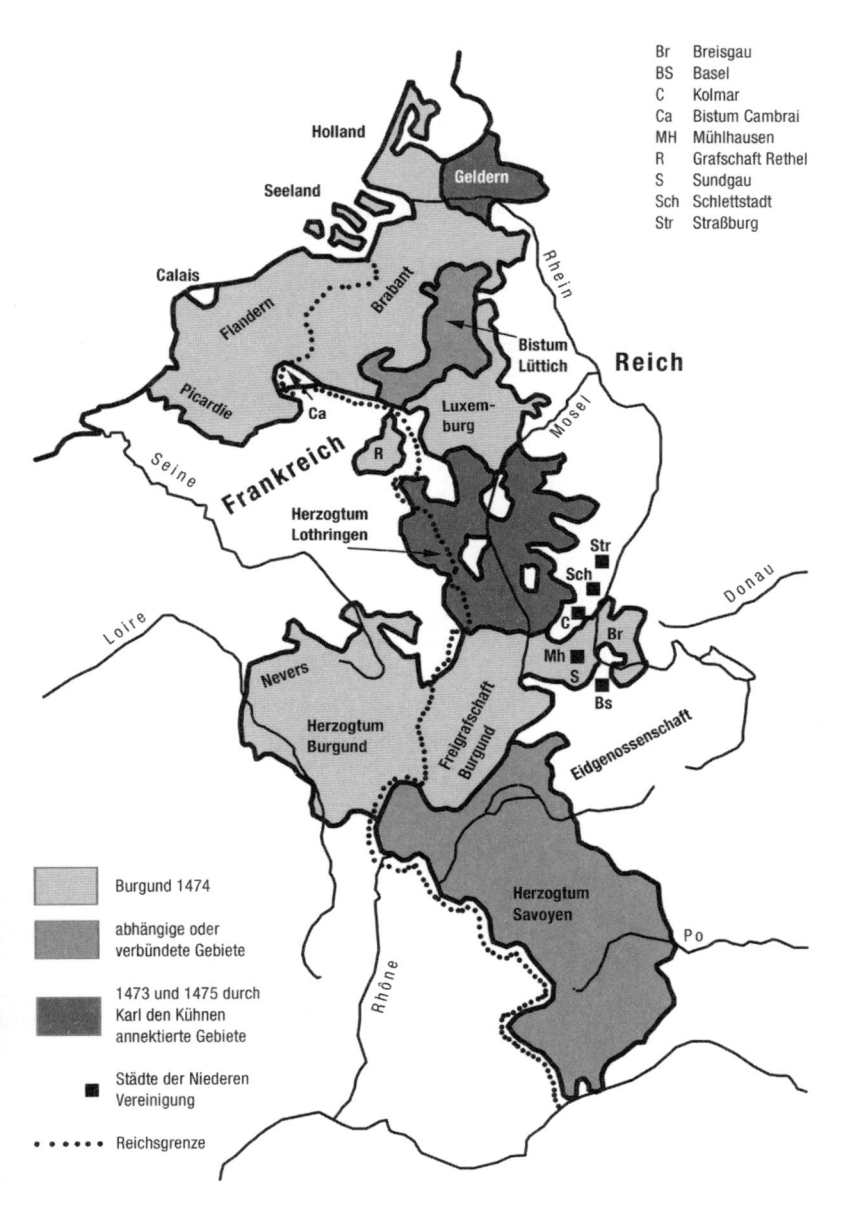

Burgund im Jahre 1477

## 35 Welche Sprache sprechen die Wiener?

Die Wiener leben in einer Stadt, deren gehobene Umgangssprache sowie Schriftsprache vornehmlich Deutsch ist. Das lässt sich schon daran erkennen, dass die Fahrzeugtüren der Wiener Verkehrsbetriebe »selbsttätig« öffnen, obwohl jeder normale Wiener dazu automatisch »automatisch« sagen würde. Aber bleiben wir bei der gehobenen Umgangssprache der Wiener: Die Franzosen, Spanier und Portugiesen bezeichnen sie als Alemannisch, die Skandinavier auch als Sächsisch, Engländer, Russen und Griechen als Germanisch, die Ungarn auch als Schwäbisch oder Sächsisch, die Sorben in der Lausitz als Bayerisch oder wie die Tschechen und Slowaken als die Sprache der Leute von Raabs an der Thaya (Frage 24), und für die meisten anderen Slawen sind die Wiener *němci*, schlicht und einfach stumm. Für die Italiener sind die Wiener zwar nicht stumm, aber *il tedesco* ist die unverständliche Volkssprache der aus dem Norden über die Alpen gekommenen, nicht selten betrunkenen Fremden. Im Neapolitanischen heißt der Trunkenbold folgerichtig *il todesco*. Die *tedeschi* selbst haben nicht einmal eine Heimat *Tedeschia*, sondern müssen in der *Germania* leben, sofern sie es nicht wenigstens nach *Vienna* und *Austria* geschafft haben. So weit, so unverständlich. Es kommt aber noch schlimmer: Sprechen die Wiener Dialekt, kommt ihr Idiom anderen Deutschsprachigen völlig spanisch vor (Frage 36) oder ist Griechisch für die Angelsachsen. Daher bleibt als Antwort auf die gestellte Frage nur die Gegenfrage: »Welche Sprache sprechen die Wiener?«

## 36 Was kommt den Österreichern spanisch vor und was wurde in Österreich offiziell als spanisch bezeichnet?

Das kommt uns spanisch vor, wird von einer Sache gesagt, die befremdlich, unerwartet oder unangenehm wirkt. Das ist allgemeiner deutscher

Sprachgebrauch. Viele Völker verwenden Namen oder Sprachen anderer Völker in ähnlicher Weise.

In Deutschland wurde »spanisch« zu einem geflügelten Wort, nachdem Karl V. im Jahre 1519 zum römisch-deutschen König gewählt und in Aachen gekrönt worden war. Offiziell war er als Erzherzog von Österreich und Herzog von Burgund zur Wahl angetreten, seit 1516 war er aber auch König von Spanien. Somit herrschte in Deutschland erstmals ein König, der von der französischen Kultur Burgunds und der spanischen Kastiliens geprägt war.

Wie sein Bruder Ferdinand nach Österreich brachte auch Karl viele spanische Höflinge, Berater und Heerführer zu den Reichstagen nach Deutschland mit, deren Sitten und Moden, nicht zuletzt die religiöse Grundhaltung, für die Deutschen unbekannt, vielleicht unerhört, jedenfalls »spanisch« waren. Aber das Verhältnis der Menschen zu den Mächtigen ihrer Zeit ist immer ambivalent. Und so sagt man von jemandem, der voll Genugtuung auf seine Leistung oder Stellung blickt, er sei stolz wie ein Spanier.

Im Jahre 1548 schrieb Karl V. trotz dringlicher Einwände spanischer Höflinge ein Hofzeremoniell nach burgundischem Vorbild und eine feierliche schwarze Hofkleidung vor. Ihr Schnitt ist uns von frühen Bildnissen des Kaisers bekannt und galt damals in Italien als »spanische Mode«. Tatsächlich ist sie dem seit Maximilian I. zum modischen Kunstwerk stilisierten Reiterharnisch nachgebildet, den auch Karl V., Ferdinand I. oder später Philipp II. bei offiziellen Gelegenheiten als repräsentative Herrscherkleidung trugen. War das Hofkleid kostbar aus golddurchwirktem Stoff angefertigt, so war darüber ein kurzer schwarzer Mantel zu tragen. Die schwarze Kleidung haben die Deutschen als streng und abweisend empfunden.

Jedes Zeremoniell verlangte von den ihm unterworfenen Personen strenge Verhaltensregeln, die Hofkleidung ein konformes Auftreten, auch vom Monarchen. Ihm aber gab das spanische Hofzeremoniell mehr an Bedeutung und Macht als die politische Wirklichkeit.

Nach der Teilung des habsburgischen Herrscherhauses in eine spanische und eine deutsche Linie wurde das spanische Hofzeremoniell auch an den Höfen in Wien und Prag beibehalten. Die häufigen wechselseitigen Heiraten zwischen Mitgliedern des Hauses Österreich und der *Casa de Austria* stärkten das Bewusstsein, einer Familie anzugehören. Da richtete man sich nach den älteren und reicheren Vettern in Madrid.

Bis zu seiner Abschaffung durch Joseph II. im Jahre 1770 war das kostbare »Spanische Mantelkleid« am Wiener Hof die einzige zugelassene Kleidung für den Herrn. Nur kaiserlichen Offizieren wurde schon 1751 gestattet, in Uniform bei Hof zu erscheinen. Stolz distanzierten sich die Habsburger von dem verschwenderischen Hof von Versailles.

Die Menschen in den zahlreichen deutschen Fürstentümern, aber auch die Bürger der Freien Reichsstädte hatten zu beiden Höfen ein ambivalentes Verhältnis. Man verurteilte das unmoralische und eitle Leben von Versailles, bewunderte aber den französischen Geschmack und die Mode. Der kaiserliche Hof erschien hingegen arrogant, bigott und inquisitorisch, was man auf den spanischen Einfluss zurückführte. Tatsächlich sprach man am Wiener Hof Deutsch (mit den Lakaien), Italienisch (mit den Malern und Musikern) und Deutsch, Italienisch oder Spanisch mit den deutschen, italienischen oder spanischen Müttern und Gattinen, Schwägerinnen und Schwiegertöchtern.

Auf die Abgrenzung des Wiener Hofes von den anderen europäischen waren die Wiener aber durchaus stolz. Bei dem gerne begafften Schauspiel des öffentlichen Auftretens des Hofes bei kirchlichen und staatlichen Feierlichkeiten bewunderten sie die spanischen Pferde, mit denen die goldenen Karossen bespannt waren und die »spanischen Livreen« der Kutscher und Lakaien aus Samt und Seide.

Spanisch war nicht nur ein Wort für die unerreichbar fernen Menschen da oben, sondern auch für höchste Kultur. Diese ahnte man oft nur, denn wer wusste schon, was Tag für Tag hinter den Mauern der Winterreitschule vor sich ging? Man arbeitete dort mit den Hengsten des Spanischen Stalls, der kaiserlichen Reitschule. Die Wiener nannten sie »Spanische Hofreitschule«.

# DAS CHRISTENTUM UND SEINE HEILIGEN

## 37 Was weiß man von den Anfängen des Christentums in Österreich und wie war es organisiert?

Während der Markomannenkriege Mark Aurels sollen christliche Soldaten 172 n. Chr. nördlich der Donau ein das Heer rettendes Regenwunder bewirkt haben. Die ersten namentlich bekannten norischen Christen sind der »St. Pöltner« Florian und die »Welserin« Ursa. Der hl. Florian (Frage 40) fiel der diokletianischen Verfolgung 304 n. Chr. zum Opfer. Aus der Zeit um 400 blieb in Wels ein Grabstein erhalten, auf dessen Inschrift ein noch (?) heidnischer Soldat seine verstorbene Frau Ursa eine »gläubige Christin« nennt. Für die zweite Hälfte des 5. Jahrhunderts entwirft die Lebensbeschreibung des hl. Severin (Frage 14 und 41) das Bild eines christlichen Donau- und Ostalpenraums. Hier gelten heidnische Praktiken als Normbruch, gibt es Gemeindekirchen mit reichlichem Personal und gut ausgestattete Klostergemeinschaften mit eigenen Kirchen, werden Bischofswahlen abgehalten und Bischofssitze genannt, die, wie Teurnia/St. Peter in Holz und Lauriacum/Lorch, wohl zum aquileischen Metropolitanverband gehören. Die bischöfliche Kontinuität riss allerdings in Ufernorikum und Pannonien nach 500, in Binnennorikum nach 600 ab, nachdem sie in der außeralpinen *Raetia II* bereits im 5. Jahrhundert abgebrochen war. Bischöfe amtierten weiterhin nur in Trient und im rätischen Chur und wohl auch in Säben. Das Christentum ging aber selbst im Herrschaftsbereich der heidnischen Awaren nicht unter. Der kleine Weiler Kršna Vas/Kristendorf am Fuße des unterkärntnerischen Hemmaberges erinnert heute noch an romanische Christen in Karantanien (Frage 29). Lange Zeit dürfte unter Bayern und

Alemannen ein christlich-heidnischer Synkretismus geherrscht haben. In der Nähe von Bregenz hoben um 610 Heiden und Christen gemeinsam den Bierhumpen zu Ehren Wodans. Aber auch das Christentum war gespalten, und das nicht bloß, weil die Mission gotisch-langobardischer Arianer ihre Spuren hinterlassen hatte. So verwenden die bayerisch-österreichischen Mundarten noch heute Ergetag/Irchtag für Dienstag und Pfinztag für Donnerstag. Geht der Ergetag auf einen griechisch-gotischen Ares-Tag zurück, kommt Pfinztag vom griechischen »fünften Tag, *pempti hemera*«.

Das Bistum Chur und die Gründung des Columban-Schülers St. Gallen unterstützten ab der Mitte des 7. Jahrhunderts die Bemühungen der Merowingerkönige, mit der Gründung des Bistums Konstanz und vielleicht auch von Augsburg das Christentum im alemannisch-romanischen Grenzbereich und damit auch im heutigen Vorarlberg neu zu beleben und zu organisieren. Das Gleiche taten die Bayernherzöge im ersten Drittel des 8. Jahrhunderts. Sie brachten mehrere fränkische Bischöfe und Glaubensboten ins Land und stellten zugleich beste Beziehungen zu Rom her, wo zumindest zwei dieser Männer die Bischofsweihe empfingen. Nachdem der Plan gescheitert war, 716 eine bayerische Kirchenprovinz zu gründen, errichtete der päpstliche Legat Winfried/Bonifatius 739 die Bistümer Salzburg, Freising, Regensburg und Passau. Mit diesen vier bayerischen Bistümern, Säben und einer bald wieder abgetrennten sechsten Diözese bildete Rom auf Wunsch Karls des Großen 798 den Salzburger Metropolitanverband.

Um 750 beurteilte Virgil von Salzburg (Frage 43) das Salzburger Wirken seines mittelbaren Vorgängers Rupert (Frage 42) als »Frühzeit des Christentums«, erwähnte aber keine bayerischen, sondern nur slawische (karantanische) Heiden.

Gab es schon im 7. Jahrhundert unausgegorene Pläne, diese samt ihren awarischen Herren zu bekehren, wurde die schließlich erfolgreiche Salzburger Karantanenmission (Frage 29) eine von Virgils Großleistungen. Seine Nachfolger setzten sein Werk fort, dehnten die Mission auch auf das heutige Weinviertel, Mähren, Ungarn und die Slowakei aus. Erzbischof Adalram, der die slawische Sprache gelernt hatte, weihte 827/28 eine Kirche zu Neutra/Nitra. Bereits 852 bescheinigte eine Mainzer Synode den von der bayerischen Kirche abhängigen Mährern ein »rohes Christentum«. Die Mährerfürsten strebten jedoch nach der Errichtung einer eigenen Kirchenprovinz. Ihre Bitte nach »Bischöfen und Christenlehrern« erfüllte jedoch erst der byzantinische Kaiser Michael III., indem er 863 die Brüder Konstantinos/Kyrillos und Methodios nach Mähren sandte. Mit der slawischen Volkssprache des Umlandes ihrer Vaterstadt Thessaloniki bestens vertraut, waren die Brüder zugleich hochgebildete griechische Gelehrte und Administratoren. Sie brachten eine slawische Schrift mit, die Glagolica, die auf einem vornehmlich aus dem Griechischen abgeleiteten Alphabet beruhte und sich für die Einführung einer slawischen Liturgie und eines slawischen Kirchenrechtes bestens eignete. Als die Brüder ihr Wirken auch auf das salzburgische Pannonien ausdehnten, fanden sie – gegen den Widerstand der bayerischen Kirche – die Unterstützung Roms, wo Konstantinos als Kyrillos am 14. Februar 869 starb. Sein Bruder Method setzte ihr gemeinsames Werk, zuletzt von 880 bis 885 als Erzbischof von Mähren, unter ständigen Auseinandersetzungen mit den »Lateinern« fort. Als Gegenstand des Streits gilt bis heute die slawische Liturgie. Aber der Zeit noch wichtiger war die Frage des *Filioque*. Das Erste Ökumenische Konzil von Nikaia hatte 325 festgelegt, dass der Heilige Geist vom Vater ausgehe. Am Ende des 6. Jahrhunderts hatte die spanische Kirche dem nicänischen Glaubensbekenntnis das Wort *Filioque*, »und vom Sohne«, hinzugefügt. Während der Westen diesen Zusatz annahm, blieben sowohl Rom als auch Konstantinopel auf dem Boden des Konzils von Nikaia. Daher trat Rom jedes Mal an Methods Seite, wenn ihn seine fränkisch-bayerischen Gegner einer trinitarischen Häresie beschuldigten. Method starb am 6. April 885 und wurde in seiner Metropolitankirche, die an der March in Staré Město oder Mikulčice gewesen sein dürfte, bestattet. Method stand für eine Mission, die eine ungeteilte, im Wortsinn katholische Kirche trug. Methods Gegner behielten die Oberhand und damit Spaltung und Entfremdung zwischen den beiden Zentren der Christenheit. Trotzdem darf der byzantinische Einfluss selbst noch auf das hochmittelalterliche »Oberpannonien« (Frage 20) Österreich nicht unterschätzt oder gar geleugnet werden. Aber das Lateinische – groß in seiner uniformierenden Kraft wie Unduldsamkeit – blieb Sieger.

## 38 Wann entstanden die ältesten österreichischen Klöster?

Die ältesten österreichischen Klöster entstanden noch in der Agilolfingerzeit, und zwar St. Peter in Salzburg, das älteste aktive Männerkloster im deutschen Sprachraum (vor 700), Nonnberg in Salzburg, das älteste aktive Frauenkloster der Welt (712/15), Mondsee (748, aufgehoben 1791), Innichen (769), Kremsmünster (777), Mattsee (vor 784). Als Bischof Rupert (Frage 42) um 700 nach Salzburg kam, dürfte er St. Peter zwar nicht völlig neu gegründet, aber doch eine entscheidende Neuordnung samt beachtlicher wirtschaftlicher Ausstattung des Klosters durchgeführt haben. Gegründet hat Rupert jedenfalls den Frauenkonvent Nonnberg und dort seine Verwandte Erintrudis als erste Äbtissin eingesetzt. St. Peter wurde 739 der Sitz des Bistums Salzburg und war zwischen 798 und 987 auch der des Erzbistums. Nach der Trennung der beiden Gotteshäuser ging die bisherige Abhängigkeit Nonnbergs von St. Peter auf das Erzbistum über.

Mondsee verdankte seine Entstehung dem Zusammenwirken von Herzog Odilo (Frage 37 und 63) und Bischof Virgil (Frage 43), obwohl man im 12. Jahrhundert glaubte, eine Gründung von Monte Cassino zu sein. Mondsees erster wie auch sein letzter Abt hießen Op(p)ortunus. Bald nach dem Sturz Tassilos III. (Frage 63) wurde eine der berühmtesten Mondseer Handschriften, der Psalter von Montpellier, in den Westen verschleppt. Vielleicht hatte dafür der bischöfliche Beauftragte gesorgt, den Karl der Große 788 nach Bayern sandte, um die Herzogstochter Cotani ins gallische Klosterexil zu bringen. Mondsee war das reichste der ältesten Klöster und wurde unter Karl dem Großen ein Eigenkloster des Bistums Regensburg. Mondsee überlebte Joseph II., aber nicht den Josephinismus. Am 5. November 1791 wurde es feierlich aufgehoben, weil sein Dotationsgut der neu gegründeten Diözese Linz versprochen war. Diese verlor den Besitz bald darauf an Napoleon, der seinen Feldmarschall Wrede damit beschenkte.

Innichen/India entstand im Einflussbereich des Bistums Freising an einem Ort, der »seit alten Zeiten als leer und unbewohnbar« galt und von den einheimischen Romanen *Campo Gelau*, Eisfeld, genannt wurde. Die Stiftung erhielt von Herzog Tassilo III. (Frage 63) viel Land an der Slawengrenze und den Auftrag, »das ungläubige Geschlecht der Slawen (= Karantanen) auf den Weg der Wahrheit zu führen«. Unter Karl dem Großen kam Innichen an Salzburg; doch stellte dessen Sohn Ludwig der Fromme die alten Besitzrechte Freisings wieder her. Von hier aus hat das Isar-Bistum seine Interessen in Karantanien und in der Krain wahrgenommen.

Kremsmünster darf als ureigenste Stiftung Tassilos III. gelten. Es waren wohl Mönche aus Mondsee, die das Salvatorkloster im »oberen«, linksufrigen Traungau mit Abt Fater, dem herzoglichen Kaplan, besiedelten. Im 10. Jahrhundert geriet die Abtei in Abhängigkeit von Passau, konnte sich aber daraus befreien und das vornehmste Benediktinerkloster Oberösterreichs werden.

Mattsee hatte so viel mit dem älteren Mondsee gemeinsam, dass es dessen Tochterkloster sein könnte. Mattsee ist vielleicht schon in den Siebzigerjahren des 8. Jahrhunderts aus kleinen Anfängen entstanden, galt aber bereits unter Ludwig dem Frommen als wirtschaftlich ebenso stark wie Kremsmünster.

Keines der genannten Gotteshäuser wurde als Benediktinerkloster gegründet; auch Nonnberg verstand sich als ein adeliges Damenstift. Erst nach der Klosterreform von 819 setzte sich die Benediktinerregel – beginnend in Mondsee – allmählich durch. Mattsee wurde jedoch im 11. Jahrhundert, Innichen 1141 durch Otto von Freising (Frage 4) in weltliche Kollegiatstifte (Gemeinschaften weltlicher Priester) umgewandelt. Mattsee wurde so das älteste Kollegiatstift Österreichs.

Mondsee, Kremsmünster und Mattsee lagen in der Diözese Passau, und so blieb es noch bis in die Neuzeit. Dagegen dürfte diese Zuordnung kaum schon für das 8. Jahrhundert gegolten haben. Sicher übte der Salzburger Ordinarius keine Diözesanrechte im Mattiggau und Traungau aus. Aber auch der Bischof von Passau ist in diesen Landschaften kaum nachzuweisen, bevor Karl der Große die Awaren-Offensive (Frage 15 und 30) begann. Solange Tassilo III. Herzog der Bayern (Frage 63) war, dürften Mondsee, Kremsmünster und Mattsee über Klosterbezirke verfügt haben, in denen sie wie Bischöfe wirkten.

## 39 Was bedeutet Heiligkeit historisch?

Da man Gott nicht versuchen soll, bleibt die vom Volk eingeforderte Pflicht, zu heilen, seinen Heiligen. Jeder und jede von ihnen ist für ein bestimmtes Anliegen zuständig. Sie müssen durch ihre Wundertaten vorbildhaft nützen, worüber im Frühmittelalter das Volk entschied und sie als Heilige verehrte. Allerdings legte in den meisten Fällen eine schriftliche Legende, die Leben und Wundertaten des oder der Heiligen in der Nachfolge Christi beschrieb, den Grundstein für die Volksfrömmigkeit. Erst gegen Ende des 10. Jahrhunderts begannen die Päpste die Heiligsprechungen einem regelrechten Kanonisationsprozess zu unterziehen. Bischof Wolfgang von Regensburg (994–996), der Gründer von St. Wolfgang am danach benannten See, war einer der ersten von Rom bestätigten Heiligen. Die von oben gelenkte Volksfrömmigkeit verlor jedoch kaum an politischer und daher historischer Bedeutung. Bald nach der ersten Jahrtausendwende kam es zur verstärkten Ausbildung der Verehrung von Landesheiligen. Diese trug wesentlich zur Staats- und Nationenbildung von Polen (hl. Adalbert), Böhmen (hl. Wenzel), Ungarn (hl. Stephan) und in Skandinavien (hl. Olaf, hl. Knut) bei. Auch im babenbergischen Österreich (Niederösterreich) gab es bald einen Landesheiligen. Die Leute von Stockerau verdächtigten 1012 den auf Pilgerfahrt befindlichen irischen Königssohn Koloman, ein polnisch-mährischer Spion zu sein, und hängten ihn nach schrecklichen Martern an einen verdorrten Baum.

Der Baum aber begann zu grünen, Blut floss aus den Wunden des Toten, als wäre er lebendig, Nägel und Haare wuchsen weiter. Alles wundersame Zeichen, wie man sie von Märtyrerfürsten des Kontinents wie auch der britischen Inseln kannte. Als Markgraf Heinrich I. (Frage 65) davon erfuhr, ließ er die Leiche Kolomans in Melk bestatten. Von hier aus stieg er zu Österreichs Landesheiligem auf, bis der heilige Markgraf Leopold (Frage 44) an seine Stelle trat.

# 40 Wer war der heilige Florian?

Auf dem Höhepunkt der diokletianischen Christenverfolgung lebte Florianus 304 n. Chr. als *exprinceps officii praesidis* in Cetium. Nach heutigen Begriffen könnte man ihn einen in St. Pölten die Pension genießenden Landesamtsdirektor (9. Dienstklasse) a. D. des ufernorischen Landeshauptmanns nennen. Als Florian von der Bedrängnis seiner Glaubensbrüder in der Provinzhauptstadt Lauriacum/Lorch erfuhr, machte er sich auf den Weg und bekannte sich vor dem Statthalter als Christ. Da er die gesetzlich verlangten Opfer und Zeremonien des Kaiserkultes verweigerte, wurde er zum Tode verurteilt und in der Enns ertränkt. Seine Vita entstand zwar erst in der Karolingerzeit, enthält jedoch eindeutige Reste der spätantiken Terminologie. Auch ist seine Verehrung in Bayern bereits im 7. Jahrhundert ebenso bezeugt wie die der heiligen Afra von Augsburg, die ebenfalls im Jahr 304 das Martyrium erlitten hatte. Um 700 wollten ursprünglich sowohl Rupert (Frage 42) als auch Emmeram in Lorch mit der Reorganisation des bayerischen Christentums beginnen. Vielleicht hatte an der Ennsmündung eine christlich-romanische Florian-Gemeinde die Stürme der Völkerwanderungszeit überdauert. Aber ob und wie eine Verbindung zwischen dieser Gruppe und der Gründung des Klosters St. Florian bestand, das den Namen des Heiligen trägt, bleibt im Dunkeln. Die älteste Erwähnung St. Florians stammt vom 12. September 819. Den ersten und letzten karolingisch-königlichen Besuch erlebte das Kloster am 17. Juni 907, als Ludwig das Kind hier die Spitzen des bayerischen Heeres versammelte und von ihnen Abschied nahm, bevor der schicksalsschwere Marsch gegen die Ungarn (Frage 33) begann. Wie Severin (Frage 41) ist Florian Linzer Diözesanheiliger, aber erst auf dem Weg, Landespatron Oberösterreichs zu werden. Sein Festtag fällt auf den 4. Mai. Kein Wunder, dass die Oberösterreicher Florian an die Stelle des gemeinsamen österreichischen Landespatrons Leopold (Frage 44), der am 15. November gefeiert wird, wenigstens für die Schulkinder setzten. Zusammen mit den anderen Maifeiertagen ist man so ob der Enns dem gewerkschaftlichen Ziel »ein Stück Weges« näher gekommen, aus dem Wonnemonat einen totalen Ferienmonat zu machen.

## 41 Wer war der heilige Severin?

Mit Attilas Tod im Jahre 453 zerbrach das Hunnenreich, worauf die bisher unterworfenen Germanen- und Sarmatenvölker wieder die römischen Reichsgrenzen bedrohten und überschritten. Da das römische Westreich dazu nicht imstande war, schloss die östliche Reichsregierung mit den einzelnen Völkern Verträge, um deren Niederlassung vornehmlich am linken Ufer der Donau zu legitimieren. Das Kremser Rugierreich bildete den westlichsten Außenposten dieses Systems. Dagegen wurden die Goten der Vatergeneration Theoderichs des Großen in Pannonien angesiedelt. Zwischen den oströmischen Bündnispartnern/Föderaten und den westgermanischen Thüringern und Alemannen – die Bayern gab es noch nicht – bildeten die beiden norischen Provinzen mit benachbarten donaurätischen Gebieten eine römische Pufferzone. Für deren Geschichte in der zweiten Hälfte des 5. Jahrhunderts ist die *Vita Severini* die vornehmste Quelle, die jedoch wie jede Heiligenlegende widersprüchliche historische Interpretationen erlaubt. Wahrscheinlich ist, dass ein Mann namens Severinus, der aus bester weströmischer Familie stammte, nach einer glänzenden weltlichen Karriere eines Tages seine Bekehrung erfuhr, »ausstieg« und sich in eine »Wüste des Morgenlandes« zurückzog. »Nach Attilas Tod« ging Severin »auf göttliches Geheiß« in das bedrängte

Ufernorikum. Diese Legitimierung scheint für seine wenigen Taten, die sich zwischen 455 und 467 datieren lassen, ausgereicht zu haben. Zwischen 467 bis zum seinem Tod 482 liegt jedoch das eigentliche Wirken des Heiligen. Im selben Jahr, 467, bestellte Konstantinopel Anthemius zum Kaiser des Westens und dürfte gleichzeitig Severin mit der »Sorge um die Provinz«, *cura provinciae*, an der mittleren Donau betraut haben. So weit die Geschichte im Konjunktiv erzählt. Damit ist jedoch nicht alles erklärt. Severin war nicht nur ein weltlicher Sonderbeauftragter, sondern trat vor allem als Charismatiker auf, der die Ausübung seiner Autorität innerhalb eines Gebietes, das sehr wohl von dieser Welt war, als einen ungewollten, jedoch in Demut anzunehmenden göttlichen Auftrag verstand. So erlebten die Zeitgenossen, dass Severins innere Kraft das Heil der Völker und Könige übertraf, mit denen sie zu tun hatten: Ein Alemannenkönig begann in Anwesenheit des Heiligen zu zittern und gestand später, sich niemals in seinem Leben, weder in der Schlacht noch anderswo, derart gefürchtet zu haben wie bei der Begegnung mit Severin. Auch ein Rugierkönig bekam es mit der Angst zu tun, als er Severin entgegenzog; ein anderer erschrak über die prophetischen Worte des Heiligen. Wenn die Rugierkönige den Wunsch oder Rat Severins missachteten und »allein auf sich selbst vertrauten«, war das Unglück schon geschehen.

Der wichtigste Stützpunkt für Severins Wirken war das von ihm gegründete Kloster in Favianis/Mautern gegenüber von Krems. Der Heilige selbst dürfte jedoch weder Abt noch Priester gewesen sein. Die Severin-Gemeinschaften beachteten bestimmte Gebetszeiten, von denen Severin die feierlichen Morgengebete und den abendlichen Psalmengesang mitmachte. Sonst lebte er außerhalb von Favianis in einem verlassenen Wachturm. Gestorben ist Severin am 8. Januar 482. Sein Nachfolger wurde ein Räter, dem seinerseits ein Mann aus dem nun Salzburger Kuchl nachfolgte. Als die Truppen Odoakers im Sommer 488 die im Tullnerfeld konzentrierten Provinzialen evakuierten, ging auch die Severin-Gemeinschaft nach Italien und fand schließlich in Lucullanum bei Neapel eine dauernde Bleibe. Abt Eugippius, ein mittelbarer Nachfolger Severins, hat hier 511 seine Vita verfasst.

# 42  Wer war der heilige Rupert?

Der Wormser Bischof Rupert kam spätestens im Jahre 696 nach Bayern und ließ sich – nach Zwischenaufenthalten in Regensburg, Lorch an der Enns und Seekirchen am Wallersee – im einst römischen Iuvavum (Frage 22) nieder. Rupert könnte sein Bistum Worms deswegen aufgegeben haben, weil er dazu vom fränkischen Hausmeier Pippin II. (gest. 714) gezwungen wurde. Allerdings wird auch berichtet, der agilolfingische Herzog Theodo (vor 696–717/18), der mit der Familie Ruperts verschwägert war, habe ihn nach Bayern eingeladen. Beide Überlieferungen schließen einander nicht aus. Bereits um 800 galt Rupert als Abtbischof von Salzburg, das heißt als erster Bischof der Diözese und erster Abt von St. Peter (Frage 38). Daher bezeichnen sich die Salzburger Oberhirten bis heute als seine Nachfolger. Das Bistum Salzburg wurde jedoch erst 739 vom päpstlichen Legaten Bonifatius eingerichtet. Wahrscheinlich hat Rupert kein Kloster St. Peter gegründet, sondern eine vorhandene monastische Gemeinschaft als St. Peter erneuert. Errichtet hat er jedenfalls in Salzburg eine schöne große Peterskirche, aber auch 712/15 sowohl das Damenstift Nonnberg als auch die Maximilianszelle von Bischofshofen. Die Mittel dazu erhielt er von den Bayernherzögen, die Salzburg mittelbar wie unmittelbar stets reich bedachten. Gestorben ist Rupert nicht in Salzburg, sondern in Worms, wohin er am Ende seines Lebens zurückkehrte, nachdem er für sein Salzburger Wirken einen Nachfolger bestimmt hatte. Sein Tod fiel auf einen 27. März (Frühjahr-Ruperti). Das Jahr ist nicht überliefert und lässt sich nur ungefähr auf frühestens 716 erschließen. Rupert ist der Salzburger Landespatron geworden und wird am 24. September (Herbst-Ruperti) gefeiert, an dem Tag, an dem seine Gebeine im Jahre 774 nach Salzburg überführt wurden (Frage 43).

Bis heute ist Rupert ein typischer Salzburger Männername geblieben. Tritt er außerhalb Salzburgs auf, deutet dies häufig auf alte Verbindungen zum Erzstift hin.

# 43 Wer war der heilige Virgil?

Virgil kam 743/44 mit einer Gruppe irischer Pilger auf den Kontinent. Er war ihr Abt, besaß die Priesterweihe und wegen seiner Gelehrsamkeit den Rang eines irischen »Kloster-Weisen«. Virgils genaue Herkunft ist nicht auszumachen; doch bestehen deutliche Beziehungen zur Mönchsinsel Iona/Hy und vielleicht zum mittelirischen Aghaboe. Möglich, dass Virgil und seine Begleiter das »grüne Martyrium« gewählt hatten, als sie die Heimat in Unfrieden verließen und 743/44 an den Hof des Hausmeiers Pippin III., des Vaters Karls des Großen, gingen. Zwei Jahre später sandte ihn der Frankenherrscher zum Bayernherzog Odilo (736/37–748), »der damals Pippin unterworfen war«. Ende 745, Anfang 746 wirkten Virgil und sein Gefährte Sidonius, der spätere Bischof von Passau, als Priester in Bayern. Die beiden erhielten vom päpstlichen Legaten für Germanien, Erzbischof Bonifatius, den Auftrag, an jenen Bayern die neuerliche Taufe vorzunehmen, denen ein einheimischer Geistlicher das Sakrament *In nomine patria et filia et spiritus sancti* gespendet hatte, also wörtlich übersetzt »Im Namen Vaterland, Tochter und des Heiligen Geistes« und somit nicht unbedingt der korrekten liturgischen Formel entsprechend ... Virgil und Sidonius verweigerten die Erfüllung des Befehls, rekurrierten nach Rom und behielten recht. Die Taufe im Namen der Dreieinigkeit sei gültig, selbst wenn sie von ausgesprochenen Häretikern, geschweige denn von einem wenig sprachkundigen Priester gespendet würde. Vor dem 1. Mai 748 kam es zu einem erneuten Zusammenstoß zwischen Bonifatius und Virgil wegen dessen Kosmologie. Der Ire vertrete, so schrieb der Legat nach Rom, die »verderbte und unbillige Lehre, die er gegen Gott und seine eigene Seele verkünde«, nämlich »eine andere Welt und andere Menschen unter der Erde sowie eine zweite Sonne und einen zweiten Mond«. Im Klartext: Virgil muss nicht bloß die Kugelgestalt der Erde, sondern auch die Existenz der Antipoden gelehrt haben. Die Vorstellung von der Kugelgestalt der Erde widersprach zwar nicht grundsätzlich der kirchlichen Lehrmeinung. Wenn jedoch das ptolemäische Weltbild mit der Ansicht von der Scheibengestalt der Erde mit ihrem undurchdringlichen

Okeanos oder Feuerreifen vermischt wurde, zerfiel die Erdkugel in zwei Hälften, die miteinander keine Verbindung hatten. Wenn es dazu noch Antipoden gab, war die Lehre von der Einheit der Menschheit, von ihrem Sündenfall und ihrer Erlösung durch Christi Kreuzestod hinfällig.

Als der Papst auf die Vorwürfe seines Legaten antwortete, war Virgil bereits der Nachfolger des am 10. Juni 746 oder 747 verstorbenen Abtbischofs Johannes geworden, allerdings nur als Abt von St. Peter und ohne Bischofsweihe, die er erst am 15. Juni 749 empfing. Der Streit mit Bonifatius hatte keine Folgen.

Virgils langjährige und erfolgreiche Salzburger Regierung ermöglichte die Karantanenmission, die früheste Christianisierung eines slawischen Volkes (Frage 29), schuf aber auch die Voraussetzungen für die erste Blütezeit des Hochstifts und damit für das älteste eigenständige Kulturschaffen auf heute österreichischem Boden. Virgil gilt als Bauherr einer Riesenkirche mit einer Länge von 66 Metern und einer Breite von 33 Metern. Mit großer Wahrscheinlichkeit geht die heute verlorene Urfassung einer Rupert-Vita auf eine Anregung oder eigene Arbeit Virgils zurück. Möglicherweise hat Virgil den Beginn der ältesten Salzburger Annalistik angeregt. Das Verbrüderungsbuch von St. Peter entstand unter seiner Leitung. Noch 784, in Virgils letztem Lebensjahr, wurde dieses »Buch des Lebens« angelegt, um der Lebenden und Toten zu gedenken, denen sich die Salzburger Klostergemeinschaft im Gebet verbunden wusste. Das in Northumbrien angefertigte Rupertus-Kreuz könnte von Virgil erworben worden sein, um zunächst als Prozessionskreuz und danach als Altarkreuz des Domes zu dienen. Am 27. November 784 starb Virgil. Während Rupert in der Krypta oder in der Apsis hinter dem Altar ruhte, wurde Virgil in der Südmauer des Domschiffes beigesetzt – und vergessen. Erst als Erzbischof Konrad III. seinen großen Dombau begann, wurden 1181 der verschollene Bestattungsplatz in der Südmauer wiederentdeckt und Virgils Gebeine geborgen. Rund ein halbes Jahrhundert später hatten die Salzburger Bemühungen den gewünschten Erfolg: Am 18. Juni 1233 wurde dieser außerordentliche Mann von Rom heiliggesprochen. Aber eine dem volkstümlichen Rupert-Kult vergleichbare Virgil-Verehrung konnte – trotz starker Förderung seitens der Erzbischöfe – nicht entstehen. Der verewigte irische Kardinal O'Fiach erklärte dies einmal im Gespräch damit, dass sein ehemaliger Landsmann zu akademisch, zu gelehrt gewesen sei, weshalb ihn selbst in Irland kaum eine Fußballmannschaft zu ihrem Namenspatron gewählt habe. Heute hat Virgil sein eigenes Fest am 27. November verloren und wird am 24. September, zu Herbst-Ruperti, mit dem Salzburger Landespatron mitgefeiert (Frage 42).

## 44 Wer war der heilige Leopold?

Der dritte babenbergische Markgraf mit dem Familienleitnamen Luitpold/Leopold starb am 15. November 1136. Etwa zwanzigjährig war er 1095 mit der Mark belehnt worden und regierte sie mehr als vierzig Jahre in Frieden. 1105 vollzog er auf dem Schlachtfeld bei Regensburg den aufsehenerregenden Frontwechsel von Kaiser Heinrich IV. zu dessen Sohn, der Heinrich V. werden sollte. Die Schlacht fand nicht statt, der Kaiser musste fliehen. Der Markgraf erhielt Agnes, die kurz zuvor verwitwete Schwester des zukünftigen Kaisers, zur Frau und stieg damit in die erste Familie des Reiches, die der fränkischen Salier, auf. Agnes war mit dem Schwabenherzog Friedrich I. von Staufen verheiratet gewesen und Mutter vieler Kinder. Friedrich, der Älteste, bewarb sich (wie sein Stiefvater Markgraf Leopold III.) 1125 vergeblich um die deutsche Königskrone, die später sein Sohn Friedrich Barbarossa erlangte (1152–1190). Friedrichs I. jüngerer Bruder wurde noch vor seinem Neffen als Konrad III. (1138–1152) Herrscher des Reiches. Agnes war nicht nur Enkelin, Tochter und Schwester, sondern auch Mutter und Großmutter von Königen und Kaisern.

Dem nicht mehr jungen Ehepaar, beide über dreißig, waren noch 18 Kinder beschieden, von denen elf überlebten. Das fruchtbare und keusche Eheleben zählte für die Begründung der Heiligkeit des Markgrafen ebenso wie seine Regierung in Friede und Gerechtigkeit, seine fromme Ergebenheit gegenüber der Kirche, insbesondere durch seine

Markgraf Leopold III., Ausschnitt aus dem »Babenberger-Fenster« im
Brunnenhaus des Stiftes Heiligenkreuz, Niederösterreich

Klostergründungen Heiligenkreuz und Klosterneuburg, und die vorbildliche Wirkung auf seine Landsleute. Die Verehrung des »frommen Markgrafen« setzte bald nach seinem Tode ein. Den lebendigen Kult des hl. Koloman wollte man aber nicht verdrängen (1246 offiziell bestätigt).

Herzog Rudolf IV., der Stifter (Frage 67), der so viel unternommen hat, um den Glanz der »Herrschaft zu Österreich« zu erhöhen, bemühte sich vergeblich um die Heiligsprechung Leopolds, seines Vorgängers als Landesherr, den er nach habsburgischer Familientradition auch für seinen Vorfahren halten durfte. Es galt, einen königlichen Landespatron zu installieren, staatstragend wie der hl. Wenzel für Böhmen oder der hl. Stephan für Ungarn. Kaiser Friedrich III., der in vielem dem Beispiel Rudolfs IV. folgte, ersuchte 1466 Papst Paul II., den Kanonisationsprozess wieder aufzunehmen, nicht ohne darauf hinzuweisen, dass dessen Blut in seinem fließe. Bis zum Abschluss des Verfahrens dauerte es nochmals zwei Jahrzehnte, doch Friedrich III. erlebte ihn noch. Am 6. Januar 1485 wurde dem »milden Markgrafen« die Ehre der Altäre zuteil. Maximilian I. ließ seine Gebeine in einen silbernen Schrein legen und in der heutigen Leopoldkapelle des Stiftes Klosterneuburg bestatten. Im Jahre 1616 wurde der im Auftrag des Erzherzogs Maximilian III. angefertigte kostbare Erzherzogshut auf die Schädelreliquie des heiligen Landespatrons gelegt und für jeden feierlichen Akt von diesem gleichsam entliehen.

Auf seinen Namen tauften schon die frühen Habsburger ihre Söhne, zwei römisch-deutsche Kaiser trugen ihn und unzählige österreichische Buben durch die Jahrhunderte. Einer von ihnen, Leopold I., hat seinen Namenspatron 1663 zum Schutzpatron der gesamten Monarchie erklären lassen.

# PRIVILEGIEN UND INSTITUTIONEN

## 45 Was war die Ministerialität?

Die Ministerialität ist das Paradoxon »unfreier Adel« und eine Besonderheit der mittelalterlichen deutschen Verfassung. Weder das westfränkisch-französische Lehensfürstentum Flandern noch Böhmen und Mähren kennen diese Institution. Schon in der Karolingerzeit gab es voll bewaffnete Krieger unfreier Herkunft, die mit Lehen ausgestattet wurden, um militärische Dienstpflichten zu erfüllen. Im 10. Jahrhundert konnten die ostfränkisch-deutschen Herrscher, die weltlichen Großen und vor allem die Reichskirche unter ihren edelfreien Lehensleuten nicht mehr das Personal rekrutieren, das sie für die Verwaltung im Frieden und für die spezialisierten Panzerreiterheere im Kriege benötigten. An deren Stelle traten besonders geeignete und entsprechend ausgebildete Unfreie, die die Aufgaben des freien Adels übernahmen und zu (Dienst-)Adeligen aufstiegen. Kaiser Konrad II. (1024–1039) verbriefte einigen von ihnen als erster Herrscher edelfreien Besitz. Noch im 11. Jahrhundert entstanden die ältesten Dienstrechte, die den Status dieses nach Besitz, Rang und Ansehen gegliederten Dienstadels festzulegen suchten. Um 1100 kommt für dessen Oberschicht die Bezeichnung »Ministerialen« auf, während die Mehrzahl der einfachen Dienstleute als »Ritter« die Mannschaft der Großen unter Einschluss der Ministerialen bildete. Im 12. und 13. Jahrhundert beschleunigte sich das Verschwinden edelfreier Familien, sei es, dass sie ausstarben, sei es, dass sie ihren Status nur durch den Eintritt in die Ministerialität halten konnten. Obwohl er unter dem letzten Babenberger (Frage 65) wie unter Otakar II. Přemysl höchste Landesämter bekleidete, hat es der Dichter des *Frauendienstes*, der Steirer Ulrich von Lichtenstein, niemals verwunden, dass sein ehemals edelfreies Geschlecht diesen »Abstieg« vollziehen musste. Die Bedeutung der österreichischen und steirischen Ministerialen zeigte sich im österreichischen Interregnum (Frage 49), da sie als Landherren, als Repräsentanten der Länder, darüber entschieden, wer ihr Landesherr, ihr Landesfürst sein sollte. Aus den Landherren entstand der Herrenstand des Spätmittelalters und der frühen Neuzeit. Die Ministerialen und ihre ritterliche Mannschaft wurden folgerichtig auch in das allgemeine Lehenwesen eingegliedert, und zwar die ministerialische Oberschicht als Lehensträger im Wesentlichen der Landesherren und der Kirche sowie als Lehensherren der einfachen Dienstleute, der Einschildritter. Diese standen in der Lehenspyramide an der untersten Stelle, indem sie zwar einen Schild (= Lehen) empfangen, aber nicht mehr weiterleihen konnten. Walther von der Vogelweide (Frage 96), aber auch Hartmann von Aue und Wolfram von Eschenbach könnten solche Einschildritter gewesen sein.

Dagegen waren etwa die Kuenringer österreichische Ministerialen und Landherren höchsten Ranges. Aber waren sie auch Raubritter? Gemäß der Stiftstradition gründete Hadmar I., der sich als Erster »von Kuenring« nannte, in der Silvesternacht 1137 auf 1138 das Zisterzienserkloster Zwettl. Erfolgte dies noch im Nordwald, lagen das Stift und die gleichnamige Kuenringer-Stadt Zwettl eine Generation später in Österreich, das nicht zuletzt die Kuenringer über die kontinentale Wasserscheide hinweg bis Weitra im Lainsitztal erweitert hatten. Selbstverständlich waren die Kuenringer keine Raubritter. Sie verdankten jedoch ihren schlechten Nachruf dem Umstand, dass sie zu denjenigen Landherren gehörten, die ihrem Landesherrn Friedrich II. dem Streitbaren bei dessen Herrschaftsantritt 1230 bewaffneten Widerstand leisteten und dabei unterlagen, weil die Kirche und die Bürger der aufstrebenden Städte, aber auch viele der einfachen Ritter den letzten Babenberger (Frage 65) unterstützten. Geschadet hat ihrem Andenken auch die Beteiligung an der Gefangenschaft des englischen Königs und Kreuzfahrers Richard Löwenherz, obwohl der Kuenringer Hadmar II. dabei im Auftrag seines Landesfürsten Leopold V. handelte. Was die Kuenringer jedoch für das Land bedeuteten, sollte 1981 die niederösterreichische Landesausstellung im Stift Zwettl veranschaulichen. Die Ausstellung bildete ein besonders gutes Beispiel für die Verbindung von aktuellen ökonomischen und geschichtlichen Interessen. Erwartet wurden 100 000 Besucher, es kamen aber fast 400 000, eine Zahl, die in den Medien als Sensation bezeichnet wurde und bleibende Effekte erzielte. Bereits im Jahr 1982 war die Anzahl der Gäste in der ökonomisch schwachen Region an der tschechischen Grenze, das heißt unweit des damals noch bestehenden »Eisernen Vorhangs«, um 40 Prozent gestiegen.

## 46 Was ist das *Privilegium minus* und welchen Konflikt löste es?

Das *Privilegium minus* ist eine feierliche Kaiserurkunde, die Friedrich I. Barbarossa (1152–1190) am 17. September 1156 zu Regensburg ausstellte. Die Urkunde ist durch Abschriften des 13. Jahrhunderts bekannt. Die Bezeichnung *Privilegium minus* dient zur Unterscheidung vom *Privilegium maius*; sein Original wurde wahrscheinlich nach der Fertigstellung der Fälschung (Frage 50) vernichtet. Die Urkunde Barbarossas ist die Niederschrift eines neun Tage zuvor mündlich vollzogenen Rechtsaktes.

Das politische Geschehen in Deutschland war seit 1125 bestimmt vom Konflikt zwischen Welfen und Staufern, die sich als Erben der Salier, ja als vom selben Geschlecht verstanden und mit den Babenbergern (Frage 64 und 65) verwandt und verbündet waren. Bei der Königswahl von 1125 unterlag der staufische Kandidat Friedrich II., Herzog von Schwaben, Markgraf Leopold III. (Frage 44) verzichtete, und der Sachsenherzog Lothar von Süpplingenburg wurde als dritter dieses Namens König (1125–1137), weil der Welfe und Bayernherzog Heinrich der Schwarze die Seiten gewechselt hatte. Dafür wurde dessen Sohn Heinrich der Stolze sowohl Schwiegersohn Lothars III. als auch 1126 Herzog von Bayern und Sachsen. Lothars Nachfolger, der Staufer Konrad III. (1138–1152), der Sohn des Verlierers von 1125, entzog Ende 1138 Heinrich dem Stolzen das Herzogtum Bayern mit dem Argument, niemand könne zwei Herzogtümer gleichzeitig innehaben, und verlieh Bayern noch im

Winter 1139 dem österreichischen Markgrafen, seinem babenbergischen Halbbruder Leopold IV. Dieser starb 1141, und 1143 wurde dessen Bruder, der österreichische Markgraf Heinrich II. Jasomirgott (1141/43–1156/77), auch Herzog von Bayern. Er hatte 1142 Gertrud, die Tochter Lothars III., Witwe nach Heinrich dem Stolzen und Mutter Heinrichs des Löwen, geheiratet. Doch Gertrud starb nach kurzer Zeit und der Konflikt schwelte weiter. Nach dem Tod Konrads III. wurde sein Neffe Friedrich I. (1152–1190) König, der als Sohn des Staufers Friedrich und der Welfin Judith, der Tante Heinrichs des Löwen, sowie als Neffe des Babenbergers Heinrich II. Jasomirgott am besten geeignet schien, den Streit zu schlichten. Trotzdem dauerte es noch vier Jahre kriegerischer wie diplomatischer Auseinandersetzungen, bis Friedrich I., durch die römische Kaiserkrönung 1155 mit erhöhter Autorität versehen, den Konflikt durch einen Kompromiss löste, den er am 5. Juni 1156 im persönlichen Gespräch mit Heinrich II. Jasomirgott erzielt hatte. Das Ergebnis der Geheimverhandlungen wurde zwei Monate später einer qualifizierten Öffentlichkeit kundgemacht. Dazu hatten sich am 8. September 1156 auf dem Barbinger Feld unterhalb von Regensburg der Kaiser und die Fürsten versammelt, deren »Spruch« der Ranghöchste von ihnen, der böhmische Herzog Vladislav, mündlich vortrug. Danach wurde folgender Rechtsakt in den symbolträchtigen Formen des Lehenrechts vollzogen: Heinrich II. Jasomirgott, Herzog von Bayern und Markgraf von Österreich, »ließ das Herzogtum Bayern auf«, indem er dem Kaiser sieben Fahnen übergab. Friedrich belehnte darauf den Sachsenherzog Heinrich den Löwen mit Bayern, indem er dem Welfen die sieben Fahnen überreichte. Davon gab dieser dem Kaiser zwei Fahnen zurück, die die Markgrafschaft Österreich und »alle ihr seit alten Zeiten gehörenden Grafschaften« darstellten. Darauf wandelte Friedrich die Mark in ein Herzogtum um und belehnte damit den Babenberger Heinrich und seine Gemahlin Theodora, eine byzantinische Prinzessin, indem er ihnen die zwei Fahnen überreichte. Dies bedeutete, dass Heinrich II. Jasomirgott den Rang eines Herzogs behielt, »damit seine Ehre und sein Ruhm, *honor et gloria*, nicht geschmälert werden«, und Heinrich der Löwe der Trennung der Mark Österreich vom Herzogtum Bayern zustimmte. Verliehen wurden außerdem mehrere Vorrechte, die dem Herzog und seinem Land weniger eine Sonderstellung im Reich einräumten, sondern seine persönliche Situation – das Herzogspaar hatte 1156 nur eine fünf- bis sechsjährige Tochter – berücksichtigten. So wurden verbrieft: die Mitbelehnung der Herzogin, die weibliche Erbfolge und das Recht, bei Erblosigkeit das Herzogtum nach Gutdünken zu vererben, die ausschließliche Gerichtsbarkeit in Österreich sowie die auf Bayern beschränkte Teilnahmepflicht an Reichstagen und die Heeresfolge in der Nachbarschaft. Alles wichtige Privilegierungen, die jedoch nicht aus dem Rahmen des Lehenrechts der Zeit fielen. Der Besuch eines Hoftags in Bayern, für gewöhnlich in Regensburg, hielt den Ist-Zustand fest. Ähnliches galt für die Teilnahme an Reichskriegen in der Nachbarschaft. So hat Heinrich II. seinem Neffen Barbarossa Heeresfolge gegen Mailand geleistet, weil er dafür, wie andere Fürsten auch, entsprechende Entschädigungen erhielt.

Jasomirgott war nun Herzog eines der Fläche nach kleinen, aber wirtschaftlich starken Landes eigenen Rechts (bereits 1125 erstmals bezeugt) (Frage 21 und 64). Zwei Drittel der bayerischen Märkte lagen in diesem Österreich. Städtegründungen setzten hier früher und erfolgreicher ein als im großen Bayern, obwohl dieses vom Main bis zu Etsch und Save und vom Lech bis zur Enns reichte. Der Herzog förderte die Entwicklung Wiens zur Residenzstadt nach dem Vorbild von Regensburg und berief von dort iro-schottische Mönche in das von ihm gegründete Wiener »Schottenkloster«, in dessen Kirche er und seine Gemahlin bestattet wurden.

## 47 Was ist die Georgenberger Handfeste?

Genau genommen gibt es zwei Georgenberger Handfesten, die »Große«, die die Rechte vornehmlich der steirischen Klosterleute und Ministerialen (Frage 45) sicherte, und die »Kleine«, die für die Klöster gesondert ausgestellt wurde. Die »Große« wurde den steirischen Ministerialen, den

*Stirenses*, ausgehändigt und befindet sich heute als älteste Verfassungsurkunde des Landes im Steiermärkischen Landesarchiv. Die »Kleine« erhielten die Augustiner Chorherren von Vorau, in deren Archiv sie immer noch liegt. Die beiden Handfesten sind Siegelurkunden, die der steirische Herzog Otakar IV. als Privilegien ausstellte, der österreichische Herzog Leopold V. mitbesiegelte sowie Grafen und Edelfreie aus dem Gefolge der beiden Fürsten bezeugten. Beide Urkunden verbriefen einen Rechtsakt, der auf dem Georgenberg zu Enns, auf damals steirischem Boden knapp an der Grenze zu Österreich, nach langen Verhandlungen am 17. August 1186 vollzogen wurde. Der kinderlose und schwer kranke steirische Herzog Otakar IV. hatte sich mit seinen Ministerialen, Kloster- und Eigenleuten, das heißt mit dem Land, über die Bedingungen geeinigt, unter denen er die Steiermark mit Zustimmung des Kaisers Barbarossa an die Babenberger Leopold V. und seinen Sohn Friedrich I. (Frage 65) für den Fall seines kinderlosen Todes vererben konnte. Ein wichtiger Punkt der Vereinbarung: Der jeweilige österreichische Herzog solle auch Herzog der Steiermark bei Wahrung der Gleichberechtigung der beiden Herzogtümer sein. Als der Erbfall 1192 eintrat, kam daher nicht die Steiermark an Österreich, sondern der österreichische Herzog Leopold V. wurde auch Herzog der Steiermark. Dass ihm bei seinem Tod 1194 in der Steiermark nicht der österreichische Herzog Friedrich I. nachfolgte, sondern sein jüngerer, in der Georgenberger Handfeste nicht genannte Bruder Leopold VI. (Frage 65), bedeutete bis zum Tode Friedrichs 1198 einen Bruch der 1186 getroffenen Vereinbarungen.

Die Steirer erhielten die Testierfreiheit, konnten einander Güter verkaufen, ihre Lehen auch in weiblicher Linie vererben, die steirischen Klöster mit landesherrlicher Zustimmung beschenken und wurden vom gerichtlichen Zweikampf befreit. Außerdem konnten sie an das Reich appellieren, falls sich der Herzog als »Tyrann« erweisen sollte. Schließlich wurde es den steirischen und österreichischen Ministerialen erlaubt, Eheverbindungen einzugehen, wobei ein Ehepaar jeweils nach dem Recht desjenigen Landes leben sollte, in dem es sich niederließ.

Die »Große Georgenberger Handfeste« wurde ein »lebender Text«, der aktualisiert wurde und noch drei spätere Zusätze erfuhr. Das – streng genommen – verfälschte Original geriet aber in der habsburgischen Zeit in Vergessenheit und wurde erst 1605 wieder erwähnt. Noch im 19. Jahrhundert hatten die Habsburger damit keine große Freude. So wollte die oberösterreichische Stadt Enns 1839 auf dem zu ihrem Gebiet gehörigen »Georgenberg ein Denkmal zur Erinnerung an die darnach benannte Handfeste von 1186 errichten, in der angesichts des baldigen Anfalls der Steiermark an die Babenberger die Rechte der Ministerialen des steirischen Herzogs verbrieft worden waren« (Othmar Hageneder). Dieser sowie weitere Versuche in den Jahren 1886 und 1894 scheiterten jedoch am Widerstand des Kaiserhauses. Man war offenkundig verärgert, dass sich »Untertanen« auf die Georgenberger Handfeste als österreichische, genauer, steirische *Magna Charta Libertatum* beriefen und sie mit ihrem bekannteren, aber jüngeren englischen Gegenstück verglichen.

Die »Große« Georgenberger Handfeste, 1186

# 48 Was bewirkte das Stapelrecht?

Waren Städte mit dem Stapelrecht privilegiert, mussten alle oder bestimmte, von auswärts kommende Waren auf deren Stapelplatz eine gewisse Zeit, die Stapelzeit, zum Verkauf angeboten werden, bevor sie weitertransportiert werden durften. Das Wiener Stapelrecht wird erstmals im Stadtrecht von 1221 erwähnt und danach 1244 erneuert. Das Recht sollte es den Wiener Bürgern ermöglichen, den Zwischenhandel mit Ungarn auf Kosten der oberdeutschen, insbesondere der Regensburger Kaufleute zu monopolisieren. Obwohl dieses Monopol vielfach umgangen wurde, schufen das Stapelrecht und der Weinhandel die Grundlage für die ausgezeichnete Wirtschaftslage Wiens im 13. Jahrhundert, die sich auch danach nicht radikal verschlechterte. Dazu verhalf nicht zuletzt Wiens Lage an der Donau. Sie hatte zwar auf weite Strecken (besonders im Strudengau und in der Wachau) das Gefälle eines Gebirgsflusses und konnte daher günstig nur flussabwärts genützt werden. Der Strom floss aber aus einem gut entwickelten Zentrum in eine Peripherie, die großen Bedarf an westlichen Waren hatte und im Gegenzug fast nur Lebendvieh exportierte, wie dies etwa im 16. Jahrhundert die Warenlisten der ungarischen Zollämter an der österreichischen Grenze bezeugen.

# 49 Welche Epoche wird als österreichisches Interregnum bezeichnet?

Als österreichisches und steirisches Interregnum gilt die Zeit zwischen dem Tod Friedrichs II. des Streitbaren (Frage 65) in der Schlacht an der Leitha 1246, wodurch die Babenberger im Mannesstamm ausstarben, und dem Tod Přemysl Otakars II. 1278 in der Schlacht auf dem Marchfeld, der dem Habsburger König Rudolf I. (Frage 66) die Verfügungsgewalt über die beiden Herzogtümer Österreich und Steiermark sicherte. Das österreichische Interregnum dauerte demnach 32 Jahre und ist eine Analogiebildung zum gleichzeitigen, aber mit 19 Jahren kürzeren

Interregnum im Reich. Diese – nach Friedrich Schillers Gedicht *Der Graf von Habsburg* (1803) – »kaiserlose, schreckliche Zeit« habe nämlich mit dem Tod Konrads IV. 1254 begonnen und sei 1273 ebenfalls durch Rudolf I. beendet worden. Beide Interregna-Begriffe sind demnach das Produkt der habsburgischen, prostaufischen Geschichtsdeutung. Zwischen dem Tod Kaiser Friedrichs II. 1250 und der Wahl des ersten Habsburgerkönigs 1273 gab es zwar tatsächlich keinen Kaiser. Aber die »kaiserlose« Zeit dauerte noch weitere 39 Jahre, bis Heinrich VII. am 29. Juni 1312 in Rom zum Kaiser gekrönt wurde. Versteht man jedoch *interregnum* als königlose Zeit, kann davon auch nicht die Rede sein, denn niemals gab es so viele Könige im Reich wie zwischen 1254 und 1273. Auch in Österreich und der Steiermark herrschte kaum ein Interregnum, ja beide Länder hatten zum ersten Mal in ihrer Geschichte königliche Landesfürsten: Přemysl Otakar II., der sich 1251 in Österreich durchsetzte, wurde 1253 Böhmenkönig. Die Steiermark gehörte zwischen 1254 und 1260 dem Ungarnkönig Bela IV. und erhielt den Böhmenkönig 1261 als Landesherrn. Richtig ist allerdings, dass die Könige des Interregnums, ob nun Reichsfremde oder nicht, im Reich keine allgemeine Anerkennung fanden. Richtig ist auch, dass nach dem Tod Friedrichs II. des Streitbaren seine Schwester Margarete und seine Nichte Gertrud zwar auf die im *Privilegium minus* (Frage 46) verliehene weibliche Erbfolge pochten, jedoch mit den zur Durchsetzung ihrer Ansprüche geschlossenen Heiraten bloß Objekte eines »österreichisch-steirischen Erbfolgekriegs« wurden. Aus diesem zog sich die Reichsgewalt nach dem Tod Kaiser Friedrichs II. 1250 völlig zurück, während die Ungarn den Kampf verloren und Přemysl Otakar II. zuerst in Österreich und dann in der Steiermark der Gewinner war. Der Böhmenkönig hatte Erfolg, weil er dem hohen Adel, den Landherren (Frage 45) der beiden Länder, auf rechtlichem, sozialem und ökonomischem Gebiet sehr weit entgegenkam. Nach der Gewinnung Österreichs und der Steiermark gelang dem Böhmenkönig 1265 auch die Erwerbung der Spanheimer Länder Kärnten (Frage 29) und Krain, ja die Errichtung einer Art Schutzherrschaft über Salzburg und Friaul. Dann aber scheiterte der Böhmenkönig an seiner Arroganz und schlechten Menschenkenntnis, an seiner schwachen Diplomatie und Feldherrnkunst. Er scheiterte aber vor allem, als er ab 1260 versuchte, die früheren Zugeständnisse an den Landadel rückgängig zu machen, und mit drakonischen Strafen gegen diejenigen vorging, die auf ihr »gutes altes Recht« pochten. So entstand eine allgemeine Adelsopposition, die Böhmen ebenso wie die »neuen« Länder erfasste. Die Adeligen hatten aber nur deshalb Erfolg, weil sie in Rudolf I. (1273–1291) einen starken, von Otakar sträflich unterschätzten königlichen Verbündeten fanden (Frage 66). Der Böhmenkönig verlor sein Leben in der Schlacht und die Nachwelt schrieb bis heute die Geschichte des Siegers. Auch Franz Grillparzer (Frage 3) trug sein Scherflein dazu bei, obwohl er mit seinem Trauerspiel *König Ottokars Glück und Ende* eigentlich Napoleon Bonaparte meinte. Der Gerechtigkeit willen sei aber gesagt, dass ein Großteil Österreichs unter der Herrschaft des Böhmenkönigs einen gewaltigen Modernisierungsschub erlebte, das heißt, eine Veränderung von der Art erfuhr, die hierzulande bis heute stets von außen kommen zu müssen scheint und daher abgelehnt wird, obwohl man davon profitiert. Zu nennen sind: die *Pax Austriaca*, der Landfrieden von 1254, das älteste allgemeine österreichische Gesetzeswerk. Gesetze zum Schutze der Juden (Frage 31). Die Anlage genauer Urbarbücher, das heißt von Verzeichnissen der landesfürstlichen Güter, zur Steigerung der Einkünfte und zur Rückgewinnung entfremdeten Besitzes. Förderung des Handels und Wandels und Maßnahmen zugunsten des Bürgertums. Städtegründungen wie die von Bruck an der Mur und Leoben. Die Einführung von Landeshauptmannschaften. Kein Wunder, dass die Habsburger dort fortsetzten, wo der Böhmenkönig durch sie gezwungen worden war, sein Werk zu beenden, und Erfolg hatten, weil sie neue Verbündete im Lande fanden wie den werdenden niederen Adel, den Ritterstand (Frage 45).

## 50 Wie kam es zur Fälschung des *Privilegium maius*?

Das *Privilegium maius*, das »größere« Privileg, hat seinen Namen, weil es umfassender sein wollte als jenes *Privilegium*, das 1156 dem Herzog von Österreich gewährt worden war und das man später das kleinere, *minus*, genannt hat (Frage 46).

Im Jahre 1245 hat Kaiser Friedrich II. in Verona dieses *Privilegium minus* dem letzten Babenbergerherzog Friedrich dem Streitbaren bestätigt, nachdem eine Erhebung Österreichs zum Königreich vom Kaiser wieder verworfen wurde. Die Habsburger verstanden nach ihrer Belehnung mit Österreich (1282) die Vorrechte mit guten Gründen als solche des Landes, die deshalb auch nach dem Wechsel der Dynastie ihre Gültigkeit behielten.

Umso erstaunlicher erscheint es, dass ein Herzog von Österreich, nämlich Rudolf IV., in den Jahren 1358/59 von seiner Kanzlei einen Komplex von Urkunden fälschen ließ, die Österreich keine wesentlich größeren Rechte gegenüber der Reichsregierung verbürgten, als sie im Privileg von 1156 bereits gewährt worden waren, sondern – wie uns heute scheint – nur der Eitelkeit dienende Titel- und Rangfragen festlegten. Aber sie hatten einen innenpolitischen Zweck. Es sollte der Missstand behoben werden, dass der Herzog von Österreich die ihm 1156 verliehenen Rechte nicht auch als Herzog von Steiermark (was er seit 1192 war) und von Kärnten (seit 1335) anwenden sollte. Es wurde ein Landesprivileg geschaffen, das eine straffere, gemeinsame Regierung der Länder ermöglichte. Und es gab auch einen Anlass für Rudolf, ihm längst zustehende Rechte und Ehren für seine Herzogtümer zu fordern, die »Goldene Bulle« Karls IV. (Frage 67).

Karl war als König von Böhmen zum deutschen König gewählt worden und er regierte im Unterschied zu vielen seiner Vorgänger nicht mehr meistens »im Sattel«, sondern in seiner Residenz Prag. Das Zentrum des Reiches war somit weit nach Osten gerückt. Aus der Familie der Grafen von Luxemburg stammend, vergaß er seine westeuropäischen Wurzeln nicht, und die Rheinlande blieben wie seit Jahrhunderten das Kernland des Reiches. Bedenkt man diese innenpolitische Situation, ist es nicht verwunderlich, dass Karl 1356 durch ein Reichsgesetz festlegte, dass vier rheinische Fürsten (die Erzbischöfe von Köln, Mainz und Trier und der Pfalzgraf bei Rhein) und drei aus dem Osten (Böhmen, Sachsen und Brandenburg) zur Wahl des deutschen Königs berechtigt seien. Wegen seiner feierlichen Besiegelung wird es »Goldene Bulle« genannt.

Kein süddeutscher Fürst wurde in den Kreis der »Kurfürsten« einbezogen, weder der Erzbischof von Salzburg noch die Herzoge von Bayern oder Österreich. Da also den von den Habsburgern vereinten Herzogtümern kein entsprechender Rang zuerkannt worden war, machte sich Rudolf erfolgreich daran, mit großem Geschick einen Komplex von Urkundenfälschungen zu fabrizieren. Weil seine Wunschliste nicht in einer Urkunde unterzubringen war, ließ er sie auf mehrere Texte verschiedener Herrscher verteilen, die nicht einzelnen Empfängern, sondern ihren Ländern verliehen werden.

Das zum *maius* erweiterte *minus* ist demzufolge das Hauptstück einer Gruppe von sieben Urkunden, von denen die zwei ältesten – von Julius Caesar und Kaiser Nero! – allerdings als Einschübe, sogenannte Inserte, in der dritten Urkunde, einer erfundenen Privilegienbestätigung Heinrichs IV. von 1058, zitiert werden. Als vierte Urkunde folgt das erweiterte *Privilegium minus*, als fünfte wiederum eine frei erfundene Urkunde Heinrichs (VII.) von 1228, die u. a. dem Herzog das Recht verleiht, eine Königskrone auf dem Fürstenhut zu tragen. Es folgt eine erweiterte Fassung jener erwähnten echten Urkunde Friedrichs II. von 1245. Der Komplex wird abgeschlossen von einer erfundenen Urkunde König Rudolfs I. von 1282, der einzigen, die in deutscher Sprache verfasst ist. Der von Rudolf usurpierte Titel eines Erzherzogs von Österreich wird in keinem der gefälschten Texte erwähnt (Frage 51).

# RECHT UND GESETZ

## 51 Woher kommt der Titel Erzherzog von Österreich?

In der zentralen Urkunde des »Fälschungspaketes« des *Privilegium maius*, der erweiterten Fassung des *Privilegium minus* vom Jahre 1156 (Frage 46), ist eine Textpassage eingefügt, die besagt, dass der Herzog von Österreich, wenn er auf einem Reichshoftag anwesend ist, den Kurfürsten gleichzuhalten ist – *unus de palatinis archiducibus est censendus* –, ihm z. B. bei der Sitzordnung der Platz zur Rechten des Kaisers gleich nach den Kurfürsten zukommt – *post electores principes obtineat primum locum*. Von einem Titel ist hier nicht die Rede, sondern von der Gleichrangigkeit mit den Kurfürsten. Hingegen hat Rudolf IV. seit 1359 ein prunkvolles Reitersiegel verwendet. Auf dessen Vorderseite führt der Reiter das Banner der Steiermark und trägt am Arm den rot-weiß-roten Schild, das Haupt der stehenden Herzogsgestalt auf der Rückseite ist mit dem Erzherzogshut bedeckt und seine Figur umgeben von zahlreichen Wappen habsburgischer Herrschaften, von der Krain bis zum Elsass. Die höchst anmaßende Inschrift auf dem Siegel nennt u. a. folgende Titel: *Rudolfus quartus dei gracia palatinus archidux Austriae* (»Pfalzerzherzog«) ... *Sacri Romani Imperii archymagister venatorum* (»Reichsjägermeister«).

Wie die Kurfürsten sollte auch der Herzog von Österreich ein Erzamt erhalten. Den »Reichsjägermeister« hat Rudolf gar nicht aus der Luft gegriffen, denn schon in einer der ältesten Rechtsaufzeichnungen, dem Schwabenspiegel (1275), heißt es »*ain hertzog von Kärnten der ist ains Römischen richs jegermeister*«. Dem stand allerdings entgegen, dass unter Karl IV. der Markgraf von Meißen dieses Amt an Hoftagen ausübte. Der Titel eines »Pfalzerzherzogs« galt gleichfalls dem Bemühen Rudolfs, dem Pfalzgrafen bei Rhein und dem Herzog von Sachsen gleichzukommen und eine Sonderstellung am Kaiserhof (Pfalz bedeutet Palast) zu beanspruchen bzw. das Reichsvikariat für Elsass zu erhalten. Kaiser Karl IV. verbot schon 1360 seinem Schwiegersohn die Führung des Titels Pfalzerzherzog und im Jahr darauf musste auf seine Anordnung auch das Reitersiegel gebrochen werden. Ohne die Beifügung von »Pfalz« war der Titel eines Erzherzogs (*archidux*) belanglos und wurde von den Habsburgern nach dem Tode Rudolfs IV. auch nicht mehr geführt. Erst im 15. Jahrhundert wurde er wieder aufgegriffen und schließlich von Kaiser Friedrich III. 1453 für den Herzog von Innerösterreich bestätigt. Wahrscheinlich nur für diesen, der über mehrere Herzogtümer (Steiermark, Kärnten und Krain) herrschte, nicht über nur eines wie der Herzog von Österreich. Schließlich setzte sich der Titel Erzherzog(in) von Österreich für alle Mitglieder des Hauses Habsburg durch und wurde von ihnen auch dann geführt, wenn sie königliche Würden erlangten oder gar Kaiser wurden.

Der auf dem Siegel von Rudolf IV. getragene Erzherzogshut konnte keine verbindliche Vorlage für die Schaffung einer Insignie sein, weil seine Darstellung viel zu ungenau ist. Hingegen trägt der Herzog auf dem berühmten Bildnis, das ursprünglich über seinem Grabmal im Stephansdom hing, jetzt im Dommuseum aufbewahrt wird, eine Zackenkrone mit Bügel und Kreuz. Sicherlich hat Rudolf einen derartigen »Erzherzogshut« anfertigen lassen. Das älteste erhaltene Exemplar ist der österreichische Erzherzogshut Kaiser Friedrichs III., der im Steiermärkischen Landesmuseum Joanneum aufbewahrt wird. Ihn als »steirischen« Erzherzogshut zu bezeichnen ist nicht zutreffend, denn der Titel, den Friedrich führte, war »Erzherzog von Österreich«.

Für die Erbhuldigung (Frage 53) eines neuen Landesherrn im Erzherzogtum Österreich unter der Enns wurde in der Neuzeit jener kostbare Erzherzogshut verwendet, den Erzherzog Maximilian III. im Jahre 1616 anfertigen und im Stift Klosterneuburg bei der Schädelreliquie des hl. Leopold hinterlegen ließ. Er sollte eine »heilige Krone« des Landes sein, wie die Stephanskrone Ungarns oder die Wenzelskrone Böhmens.

## 52 Was ist die Pragmatische Sanktion?

Die Pragmatische Sanktion, die als erste Kodifizierung der österreichischen Reichsidee bezeichnet wurde, hat einen Vorläufer in geheimen Vereinbarungen, die Kaiser Leopold mit seinen Söhnen getroffen hatte, wie die Erbfolge zwischen den damals zu erwartenden beiden habsburgischen Linien – einer österreichischen und einer spanischen – zu regeln sei. Diese Vereinbarungen wurden gegenstandslos. Joseph starb 1711 und hinterließ die Töchter Maria Josepha und Maria Amalia sowie seine Witwe Wilhelmine Amalia; auch die Kaiserinwitwe Eleonore Magdalena, die letzte Frau Leopolds I., und deren unverheiratete Töchter lebten am Hof.

Karl kehrte ungern nach Deutschland zurück; er wurde Kaiser Karl VI., aber nicht spanischer König. Seine Frau Elisabeth Christine folgte ihm aus Barcelona, wo sie »weit besser regiert hat als ihr Gatte« (Lhotsky), nach Wien. Sie war die junge Kaiserin. Der Hof aber war ein Hof von Frauen, daher gab es nichts als Intrigen und Rangstreitigkeiten, weshalb der Kaiser einer »Geheimsten Konferenz«, der auch Prinz Eugen angehörte, das Problem vorlegte. Die Beschlüsse der Konferenz wurden schriftlich festgehalten und mit den älteren Bestimmungen am 19. April 1713 vor den Ministern und Geheimen Räten verlesen. Der Kaiser erklärte seine Länder als untrennbar und unteilbar und auch in weiblicher Linie vererbbar. Zunächst sollten seine Kinder (damals hatte der Kaiser noch keine) und deren Nachkommen, bei Erlöschen dieser Nachkommenschaft die Töchter Josephs I. und in gleicher Weise nach dem Recht der Primogenitur die Kinder der Töchter Leopolds I. zur Thronfolge berechtigt sein. Diese Deklaration wurde Pragmatische Sanktion genannt, und sie erwies sich in der Folge keineswegs als überflüssig, da von den vier Kindern Kaiser Karls VI. nur zwei Töchter überlebten.

Bei der Verheiratung der Töchter Josephs I. wurde versucht, in den Eheverträgen alle Erbansprüche auszuschließen. Braut und Bräutigam mussten feierlich auf alle diesbezüglichen Rechte verzichten. Die Zukunft sollte zeigen, wie wenig das Papier wert war, auf dem diese Verträge geschrieben wurden.

Einen wesentlichen Punkt bildete die Festlegung der Unteilbarkeit, die den Kronländern für alle Zukunft die Hoffnung auf einen eigenen Landesfürsten nahm. Trotzdem stimmten sogar die Tiroler Stände und 1722 die der ungarischen Regierung zu.

Die Anerkennung der Pragmatischen Sanktion durch die europäischen Mächte wurde eines der vordringlichsten Ziele der kaiserlichen Außenpolitik, ein Ziel, das mit großen Zugeständnissen nach und nach erreicht wurde. Immerhin ließen sich die Großmächte zur Anerkennung herbei, aber wie alle diplomatischen Vereinbarungen waren sie im Ernstfall ohne Wert. Es sollten sich die Worte des Prinzen Eugen bewahrheiten, das einzige Mittel, die Pragmatische Sanktion zu sichern, sei eine Armee von 100 000 Mann und eine gefüllte Staatskassa.

## 53 Was war die Erbhuldigung?

Die habsburgischen Brüder Albrecht und Rudolf waren 1282 vom deutschen König Rudolf I., ihrem Vater, mit den babenbergischen Herzogtümern belehnt worden. Innerhalb eines Jahrhunderts gelang es der Dynastie, ihre Macht auf mehrere Territorien des Reiches auszudehnen. Sie führten die Erzherzogstitel von Österreich unter und ob der Enns, die Herzogstitel der Steiermark, Kärntens, Krains, sie waren gefürstete Grafen von Tirol und Herren der Vorlande.

Alle diese Länder waren voneinander unabhängig und bewahrten ihre politische Selbstständigkeit. Sie verteidigten sie dem Landesherrn gegenüber durch ihre Repräsentanten, die Landstände, die sich im Landtag zusammenfanden. Es waren die Prälaten, Herren, Ritter und Bürger des Landes, in Tirol waren auch die Bauern nach Talschaften vertreten. In jedem Land musste ein neuer Landesherr seine Herrschaft persönlich antreten und dabei erfolgte formell die Huldigung durch die Landstände. Da er die Herrschaft aufgrund des Erbrechtes antrat, nannte man sie »Erbhuldigung«. Es war ein feierlicher Staatsakt, wie die Krönung in einem Königreich. Den Erbhuldigungen gingen, wie bei Krönungen,

Verhandlungen voraus, deren Ergebnisse vom neuen Landesherrn feierlich bestätigt wurden, worauf die Landstände ihm huldigten.

Bei den festlichen Zeremonien übten Mitglieder des Herrenstandes als Inhaber der Oberst-Erbland-Ämter in symbolischer Weise die alten Hofdienste aus (Frage 57) und verwendeten dabei Insignien und Geräte, die z. T. noch heute in der Wiener Schatzkammer aufbewahrt werden. Das offizielle Herrschaftszeichen des Erzherzogtums Österreich war der Erzherzogshut (Frage 51), den Erzherzog Maximilian III. 1616 anfertigen ließ und dem Augustiner-Chorherren-Stift Klosterneuburg übergab, damit er bei der Schädelreliquie des hl. Leopold verwahrt werde. Zur Erbhuldigung der niederösterreichischen Stände wurde er in den Stephansdom nach Wien gebracht. Eine mit rotem Leder bespannte und mit vergoldeten Nägeln beschlagene Maultiersänfte, die seit 1705 dafür verwendet wurde, ist in der Wagenburg in Schönbrunn erhalten. Von den feierlichen Erbhuldigungen im 18. Jahrhundert, nicht nur in Wien, berichten umfangreiche, mit großen Kupfertafeln illustrierte Publikationen.

Die letzten Erbhuldigungen fanden für Kaiser Ferdinand I. 1835 in Wien (für das Erzherzogtum Österreich unter der Enns) und 1838 in Innsbruck (für die gefürstete Grafschaft Tirol) statt.

## 54 Wer waren die wichtigsten Berater Maria Theresias?

Maria Theresia gilt als große Herrscherin, die mit Herz und Verstand das barocke Hof- und Welttheater ihrer kaiserlichen Vorfahren in das aufgeklärte Staatswesen der *monarchia austriaca* wandelte. Als Berater und Vollstrecker ihrer Reformen berief sie mehrere Männer an ihre Seite, die sie klug einzusetzen wusste.

Als sie nach dem überraschenden Tod ihres Vaters im Herbst 1740 die Regierung übernahm – durchaus nicht unangefochten (Frage 52) –, war sie 23 Jahre alt, seit vier Jahren verheiratet, Mutter von drei Töchtern, von denen die älteste in diesem Sommer gestorben war, und in Erwartung eines vierten Kindes, das einmal Kaiser Joseph II. werden sollte. Unerfahren musste sie sich der Führung der alten, in vielem uneinigen Räte ihres Vaters anvertrauen. Bald stand sie im Gegensatz zu denen, die ihrer preußenfeindlichen Politik nicht folgen wollten, zu denen, die immer nur das Interesse ihrer Nation im Auge hatten, und musste sich von denen trennen, die kurzsichtig und entmutigt die Sache ihrer tapferen Königin schon verlorengaben, bevor der Kampf begonnen hatte. Ihr zur Seite stand, ohne ein Amt zu bekleiden, aber mit dem ausdrücklichen Auftrag, ihr Tun und Lassen als Mentor zu begleiten und ungeschminkt zu beurteilen, Graf Manoel Sylva-Tarouca. Seine Bedeutung für die charakterliche Entwicklung Maria Theresias zu einer selbstsicheren und verantwortungsvollen Herrscherin ist evident.

Die Einführung in den komplizierten Verwaltungsapparat der Hofstellen sowie die Beurteilung der Fähigkeiten deren Leiter verdankt sie einem charaktervollen Mann, Johann Christoph von Bartenstein. Er hatte die gesamte Politik Karls VI. mitgetragen und war für seine Bemühungen um die Anerkennung der Pragmatischen Sanktion (Frage 52) – das Volk gab ihm auch die Schuld an deren Misserfolg – in den Freiherrenstand erhoben worden. Auf den jungen Herzog Franz Stephan von Lothringen hatte er eingewirkt, auf sein Stammland im Tausch gegen die Toskana zu verzichten, und er war entschlossen, Preußen zu widerstehen. Er bereitete die außenpolitischen Erfolge des Grafen Kaunitz vor und zog sich zurück, als dieser 1753 zum Staatskanzler ernannt wurde. Obwohl er sich übergangen fühlte, setzte er seine Arbeitskraft fortan für die innere Verwaltung ein.

Das Reformwerk Maria Theresias ruhte auf drei Säulen. Die Erfahrungen der verlorenen Kriege gegen Preußen bewogen sie, eine Veränderung des diplomatischen Bündnissystems in Europa zu erreichen, das österreichische Heerwesen zu reformieren und die dafür erforderlichen finanziellen Mittel durch eine Veränderung der Behördenstruktur zu erzielen. Dafür gewann sie drei bedeutende Persönlichkeiten: Kaunitz, Daun und Haugwitz.

Wenzel Anton Graf (später Fürst) Kaunitz (1711 in Mähren geboren und 1794 in Wien gestorben) betrieb zunächst als Botschafter in Paris eine diplomatische Aussöhnung mit Frankreich, das bisher Verbündeter Preußens (und damit Schwedens, Polens und der Türkei) war. Eine Auseinandersetzung zwischen England und Frankreich in Nordamerika, bei der Preußen Frankreich seine Unterstützung versagte, führte 1756 zum sogenannten *renversement des alliances*.

Maria Theresia hoffte, dass diese »Umkehrung der Allianzen«, verbunden mit einer Erhöhung der militärischen Schlagkraft, die Rückeroberung Schlesiens ermöglichen würde. Sie beauftragte den 1705 in Wien geborenen Grafen Leopold Joseph Daun, den glücklichen Sieger von Kolin über Friedrich II. von Preußen 1757, das österreichische Heer zu reorganisieren, die Ausbildung der Offiziere zu erneuern und die Kosten eines stehenden Heeres von etwa 100 000 Mann zu errechnen. 1751 wurde die Theresianische Militärakademie in Wiener Neustadt eingerichtet und ihrem bedeutendsten Helfer, dem schlesischen Grafen Friedrich Wilhelm Haugwitz (1702–1765), der Auftrag erteilt, durch eine Staatsreform u. a. die finanziellen Voraussetzungen für die Heeresreform zu schaffen. Haugwitz schuf zunächst zwei neue Zentralbehörden für die Finanz- und politische Verwaltung sowie die oberste Justizstelle, denen in den Ländern und Bezirken Behörden untergeordnet wurden. Seit 1749 führte er eine umfassende Staatsreform durch, die einen zentral geführten »Kernstaat« mit einer von ständischen Einflüssen freien Verwaltung und die Oberhoheit der Regierung über das Steuerwesen zum Ziel hatte. Dem einzelnen Untertan wie auch einer Gemeinde wurde ermöglicht, sich von ihrer patrimonialen Obrigkeit loszukaufen und der staatlichen Verwaltung zu unterstellen. Er bereitete damit die Aufhebung der Grundherrschaften vor. Durch die Anlage des maria-theresianischen Katasters gelang es, die Steuerfreiheit des Adels teilweise zu beseitigen. Der Konsolidierung des Geldverkehrs diente eine Währungsreform, der sich auch Bayern anschloss, weshalb die nun geprägten Taler, z. B. der Maria-Theresien-Taler, Conventionsmünze genannt wurden (Frage 62).

Eine neben und über diesen politischen Handlungen stehende Persönlichkeit war Gerard van Swieten. Maria Theresia berief den über die Grenzen der Niederlande hinaus bekannten Mediziner, der aber als Katholik an der Universität Leiden keine Professorenstelle erreichen konnte, als Leibarzt nach Wien. Er wurde Lehrer an der Medizinischen Fakultät (Frage 92) und Präfekt der Hofbibliothek und errang eine für die Entfaltung der Wissenschaft für Österreich bedeutsame Stellung.

Maria Theresia war van Swieten und Haugwitz herzlich und freundschaftlich zugetan, die selbstgefällige Art des Diplomaten Kaunitz blieb ihr fremd.

## 55 Welche Bedeutung haben Metternich und sein »System« für Österreich?

Metternichs Bedeutung für Österreich liegt allein darin, dass er als Diplomat, seit 1809 als Außenminister und seit 1821 als Staatskanzler die Politik der habsburgischen Monarchie bestimmte. Doch sind seine Persönlichkeit und sein Wirken sehr verschieden beurteilt worden. Man wird Richtiges und Falsches vermischt finden, was unter den Voraussetzungen seiner Epoche besser als Gerechtes und Ungerechtes bezeichnet werden sollte.

Im rationalistischen Geist des vorrevolutionären Europa aufgewachsen, wurde er zum erklärten Gegner der Revolution, deren Entwicklung er als Rheinländer aus nächster Nähe erlebt hatte, verkannte aber die fundamentale Bedeutung ihrer sozialen, liberalen und nationalen Tendenzen für die Zukunft Europas. Wenn ihm hier der politische Weitblick fehlte, so bewies er ihn in seinem jahrzehntelangen Bemühen, eine Vorherrschaft Russlands in Europa zu verhindern. Schon als junger Diplomat erkannte er die Gefahr der Hegemonie einer einzigen Macht und die Vorzüge eines europäischen Gleichgewichtes.

Auch als Napoleon halb Europa erobert hatte, war Metternich davon überzeugt, dass dessen Projekt eines französischen Kaiserreiches an der unterschiedlichen traditionellen Struktur der unterworfenen Länder scheitern würde. Abwarten und Anpassen war seine Parole, mit der er bei den Patrioten landauf, landab wenig Sympathie erwarb. Der Vorwurf des Zynismus war ihm sicher, als er 1810 die Ehe der Erzherzogin Marie Louise, der 19-jährigen Tochter seines Kaisers, mit Napoleon einfädelte. Er handelte aber nach der Niederlage von 1809 aus diplomatischer Berechnung. Das Ansehen Österreichs stieg in dem durch die Kriege erschöpften Europa, das noch immer im Banne des Genies Napoleon stand. Als Napoleons Sturz nach der Katastrophe der »Großen Armee« in Russland in greifbare Nähe gerückt war, bot Metternich ihm ein rettendes Bündnis mit Österreich an – aber er hat sich nicht retten lassen! – und wechselte nicht sofort die Fronten wie Preußen, das sich mit Zar Alexander zur »Befreiung Deutschlands« und zur »Wiedergeburt des ehrwürdigen Reiches« verbündet hatte.

Der Vorwurf, er hätte seinen historischen Irrtum nicht eingestehen wollen, traf den Diplomaten Metternich nicht, der die Rolle des Vermittlers spielen wollte, ebenso wenig den Staatsmann, der eine deutsche Nationalbewegung von Russlands Gnaden fürchtete. Er erkannte Preußen und Russland als die gefährlichsten Gegner des habsburgischen Vielvölkerstaates.

Metternichs staatsmännische Überlegenheit zeigt auch seine Einflussnahme auf die Beschlüsse des Wiener Kongresses, die von seinen Gedanken über eine mögliche europäische Friedensordnung getragen waren. Die Integrität Österreichs sah er nur durch diese gesichert, denn er hielt die spezifisch österreichischen Probleme für typisch europäische. Mit Recht, bedenkt man, dass im Ersten Weltkrieg nicht nur der österreichische Vielvölkerstaat zerschlagen wurde, sondern auch die europäische Völkergemeinschaft verfeindet zerbrochen ist.

Nach dem Kongress musste Österreich Ordnung in seine Staatsfinanzen bringen, eine Aufgabe, die Metternich weitgehend dem Finanzminister Graf Johann Philipp Stadion überließ. Die Gründung der Österreichischen Nationalbank 1816 war ein verheißungsvoller Beginn, die Reform des Steuerwesens scheiterte jedoch am Widerstand der autonomen Länderbehörden, des Adels und der Industrie. Der Kaiser unterstützte das feudale System, Metternich duldete es. Er erkannte im Nationalismus die größere Gefahr für Österreich. Das deutsche nationalliberale Programm, das 1817 auf der Wartburg verkündet wurde, forderte die politische, religiöse (!) und wirtschaftliche Einheit Deutschlands und damit auch der Länder Österreichs, die dem Deutschen Bund angehörten. Metternich, für den ein »germanischer Nationalstaat« (Hegel) inakzeptabel war, verpflichtete 1819 in Karlsbad die deutschen Staaten zum Verbot der Burschenschaften, zur Überwachung der Universitäten und zur Zensur: Elemente einer repressiven Restauration, die auch sein Regierungssystem in Österreich bestimmten. Im italienischen Nationalismus sah Metternich eine dem deutschen Nationalismus ähnliche Bedrohung des Staates, in den nationalen Bewegungen der Ungarn und Polen, der Böhmen und Slowaken, der Kroaten, Slowenen und Serben aber, seinem Wahlspruch »Einheit in der Vielheit« gemäß, eine mögliche Chance für ein multinationales und multikulturelles Reich. Diesbezüglich war er befangen in der romantischen Vorstellung der Aufklärung, die erwartete, dass die kleinen Nationen einander jene Achtung und Toleranz entgegenbringen würden, die sie von den großen für sich forderten. Nach der Pariser Julirevolution 1830 und dem polnischen Aufstand gegen Russland wurde Österreich zu einem, wenn auch ineffizienten, Überwachungsstaat. Metternich, der »Fürst von Mitternacht«, verlor alle Wertschätzung, die er als Überwinder Napoleons und Vorsitzender des Wiener Kongresses erworben hatte.

Nach dem Tod des Kaisers Franz (1835) regierte für den handlungsunfähigen neuen Kaiser Ferdinand eine Geheime Staatskonferenz, in der Metternich aber an Einfluss verlor. Zu einer grundsätzlichen Änderung seines Regierungssystems, das sich längst überholt hatte, kam es dennoch nicht. Die Märzrevolution im Jahre 1848 führte zu Metternichs Sturz und Flucht und die Monarchie an den Abgrund. Die Epoche der Vernunft war zu Ende, in der wohlverstandenes Staatsinteresse sich zum letzten Mal gegen die Sprengkraft irrationaler Massenbewegungen behauptete.

# 56 Warum k. u. k. und k. k.?

Bis zum »Ausgleich« von 1867 war alles so einfach. Im Kaisertum Österreich war alles k. k., kaiserlich-königlich. Den Kaisertitel führte der Monarch seit 1804 als Chef des kaiserlichen Hauses Österreich, er war mit keinem der Länder des Reiches verbunden, auch nicht mit Österreich unter und ob der Enns (Nieder- und Oberösterreich). Deren in der Pragmatischen Sanktion (Frage 52) festgelegter Rang eines Erzherzogtums blieb wie alle anderen historischen Titel, die staatsrechtlich verankerten Herrschaftsverhältnissen entsprachen, unverändert. Der Kaiser war König von Ungarn, Böhmen, Galizien und Lodomerien usw., daher also kaiserlich-königlich.

Durch den österreichisch-ungarischen Ausgleich wurde der Kaiserstaat 1867 in zwei unabhängige und gleichberechtigte Staaten geteilt: Cisleithanien (= Österreich) und Transleithanien (= Ungarn) waren nur mehr durch die Person des Herrschers sowie durch drei gemeinsame Reichsministerien verbunden (Frage 60). Was demnach den Herrscher und seinen Hof und die gemeinsame Regierung der österreichisch-ungarischen Monarchie betraf, war kaiserlich (österreichisch) und königlich (ungarisch), k. u. k., die Betonung lag auf »und«.

Für Cisleithanien, die im Reichsrat vertretenen Königreiche und Länder, galt grundsätzlich k. k., für Transleithanien, die Länder der Stephanskrone, königlich-ungarisch (auch k. u.). Die gemeinsamen Reichsministerien waren das k. u. k. Ministerium des k. u. k. Hauses und des Äußern (mit Einschluss der diplomatischen und kommerziellen Vertretungen im Ausland), das k. u. k. Reichskriegsministerium mit seinen zahlreichen Gliederungen, Instituten und Lehranstalten sowie das k. u. k. Reichsfinanzministerium, das für die Kosten der anderen beiden Reichsministerien aufzukommen hatte. Schließlich gab es noch einen k. u. k. gemeinsamen Obersten Rechnungshof.

Das »k. u. k.« galt für den Hof, seine Ämter und Personen, auch wenn sie an der königlichen Burg in Budapest ihren Dienst verrichteten, sowie für die Schlösser und Gebäude und die Direktionen der in ihnen untergebrachten künstlerischen und wissenschaftlichen Anstalten. Die meisten dieser Anstalten waren aber nur der österreichischen Reichshälfte zugeordnet und daher k. k. So gab es eine k. u. k. Generalintendanz (als Hofbehörde) der k. k. Hof-Theater, eine k. u. k. Direktion des k. k. Hof-Opertheaters, eine k. u. k. Intendanz des k. k. Naturhistorischen Museums.

Zum Hofstaat zählten die Leibgarden. Da sie ihren Dienst am Hof des Monarchen versahen, waren sie ursprünglich k. u. k., aber aufgrund von Verhandlungen mit Ungarn, das immer weniger bereit war, den Wiener Hof mitzufinanzieren, titulierten die Erste Arcieren-Leibgarde und die Trabanten-Leibgarde als k. k. Die ungarische Leibgarde (LG) in ihrer malerischen, von einem Pantherfell halb bedeckten Uniform war hingegen königlich-ungarisch, obwohl sie in Wien stationiert war. Die LG-Reiter-Eskadron und die LG-Infanterie-Kompagnie waren Teile des Heeres und daher weiterhin k. u. k. Das jährlich publizierte Handbuch des Hofes und des Hofstaates gab darüber Auskunft.

Die Reichshälften waren keine einheitlichen Staaten, sondern vielfältige Staatengebilde mit Wien und Budapest als Sitz von voneinander unabhängigen Regierungen. Für Transleithanien, seine Ministerien, Ämter, Institutionen und Personen galt »königlich (ungarisch)«. Für Cisleithanien galt k. k., denn es umfasste die drei Königreiche Böhmen, Galizien und Lodomerien sowie Dalmatien, die ihrerseits mehrere historische Länder umfassten, Böhmen z. B. die Markgrafschaft Mähren und das Herzogtum Schlesien. Die Regierung des Kaisers von Österreich in diesen Königreichen und Ländern war daher nicht nur kaiserlich durch seine Person, sondern auch königlich. Eine gesonderte königliche böhmische oder königliche galizische Regierung war verfassungsmäßig nicht vorgesehen.

Alle »Königreiche und Länder« waren im Reichstag in Wien vertreten (Frage 59) und für alle ihre rund 25 Millionen zwischen Nordböhmen und Dalmatien, Vorarlberg und der Bukowina lebenden Einwohner waren die Wiener k. k. Ministerien zuständig. Auch die politischen Behörden dieser Länder waren k. k., die Statthaltereien, ob in Prag oder

Brünn, in Lemberg oder Graz, in Innsbruck oder Zara, die Gerichte und Finanzbehörden, die Universitäten und Akademien, die Bezirkshauptmannschaften usw., alle waren sie unmittelbar oder mittelbar den Ministerien in Wien nachgeordnet, daher k. k., kaiserlich-königlich.

## 57 Was war der Hofstaat und welche Aufgaben erfüllte er?

Die Amts- und Würdenträger, die ein mittelalterlicher Herrscher um sich versammelte, werden Hof(staat) genannt, waren doch die Aufgabenbereiche einer königlichen Regierung nach dem Vorbild eines Gutshofes strukturiert. Zur Hofhaltung des Königs dienten befestigte Gutshöfe, die nach dem lateinischen Wort *palatium* Pfalz genannt wurden. Das Reich war ein Agrarstaat, es herrschte Naturalwirtschaft, die Menschen bewegten sich auch auf dem Kriegszug zu Fuß oder zu Pferd und, wo es ging, zu Schiff fort. Für Warentransporte dienten Ochsen- oder Pferdewagen.

Die bis ins 20. Jahrhundert am Wiener Hof – bis heute am englischen Hof – gebräuchlichen altertümlichen Titel der vornehmsten Hofwürden weisen darauf hin, dass ihnen ursprünglich die alltäglichen Aufgaben eines fürstlichen Haushaltes übertragen waren.

Dem Kämmerer war die Schlüsselgewalt über die königlichen Gemächer, Hausrat und Bekleidung und den Schatz übertragen, dem Marschall (von *mar* = Pferd) die Aufsicht über die Stallungen und das berittene Gefolge des Herrschers, damit über die Reisen und das Kriegswesen, dem Truchsess (von *truht* = Tross) die Ordnung an der Tafel, dem Mundschenk die Aufsicht über den Keller. Wichtig für die Regierungsgeschäfte waren die Hofkapläne, weil sie als Geistliche Latein lesen und schreiben gelernt hatten. Sie bildeten die Hofkapelle und standen unter der Leitung des Erzkaplans, der zum Erzkanzler wurde.

Im Jahre 1527 erließ Ferdinand I. eine Hof-Staatsordnung, die in ihren Grundzügen für den Wiener Hof bis 1918 gültig blieb. Die Aufgaben des Hofstaates wurden auf vier oberste Hofämter verteilt, deren Chefs wie Minister agierten. Es waren Obersthofmeister, Oberstkämmerer, Oberstmarschall und Oberststallmeister. Zum Stab des Obersthofmeisters zählten die »Oberste Hofdienste« des Stabelmeisters, dem die Tischordnung oblag, des Küchenmeisters, des Silberkämmerers sowie des Oberstjäger- und Falkenmeisters. Daneben gab es kollegiale Behörden, deren Vorsitz eine der obersten Hofchargen in Vertretung des Königs führte und die zeitweise für das gesamte römisch-deutsche Reich zuständig waren. Schon Maximilian I. (Frage 68) hatte 1498 die Hofkammer als Zentralbehörde für das gesamte Finanzwesen, den Reichshofrat, der im Wesentlichen ein Gerichtshof war, und den Geheimen Rat errichtet.

Maria Theresia hat die Verwaltung der Kronländer mehreren Hofkanzleien übertragen (Frage 54). Die Namen einiger Barockgebäude in Wien verraten noch ihre ursprüngliche Bestimmung, wie etwa die Böhmische Hofkanzlei (heute Sitz des Verwaltungsgerichtshofes) oder die Ungarische Hofkanzlei (heute ungarische Botschaft). Die Leiter dieser Kanzleien waren verantwortliche Minister, der Chef der Staatskanzlei der allmächtige Staatskanzler. Maria Theresia bereitete damit die Trennung der staatlichen Regierung von der höfischen Verwaltung vor, die aber erst unter Kaiser Franz Joseph endgültig vollzogen wurde.

Nachdem die Hofämter alle Regierungsfunktionen abgegeben hatten, verblieb ihnen die Verwaltung der höfischen Einrichtungen sowie die Organisation des Tagesablaufes, vor allem in Hinblick auf die Funktion des Kaisers als Staatsoberhaupt und »Oberster Kriegsherr«. Dadurch waren die Hofämter in weiten Bereichen des öffentlichen Lebens gegenwärtig.

Das Obersthofmeisteramt war mit der finanziellen und personellen Verwaltung der Schlösser und Gärten, vor allem aber der Hofburg betraut, von der Burgkapelle bis zur Burgmusik, von der Hofapotheke bis zur Hofzuckerbäckerei. Auch den Ablauf der großen kirchlichen Feste, der Staatsbesuche oder des Hofballs sowie der Audienzen beim Kaiser hatte es zu organisieren. Die kulturellen Einrichtungen des Kaiserhauses, Hofoper, Burgtheater, Schatzkammer, die kunsthistorischen und naturhistorischen Sammlungen in den prunkvollen Museumsbauten sowie die Hofbibliothek hatte es zu verwalten. Ihnen verdankte Wien damals – wie heute – seinen Weltrang.

Das für die wissenschaftlichen Sammlungen verantwortliche Oberstkämmereramt betreute auch Forschungsunternehmungen.

Das Oberststallmeisteramt regelte das Auftreten des Hofes in der Öffentlichkeit – höchst eindrucksvoll dank der prächtigen Uniformen und Livreen der Garden und der Hofdienerschaft sowie der eleganten Wagen und ihrer unvergleichlich schönen Pferde. Es war den Wienern ein alltägliches Schauspiel. Dem Oberststallmeisteramt war nicht nur die Leitung des Hofmarstalls mit den Stallungen und der Wagenburg sowie deren Personal, zu dem auch die Edelknaben und die Leiblakaien zählten, übertragen, sondern auch die der Gestüte von Kladrub in Böhmen und Lipizza in Krain sowie der Hofreitschulen, von denen die »Spanische« bis heute wegen der Pflege der klassischen Reitkunst internationale Anerkennung findet.

## 58 Weshalb wurde 1848 eine Deutsche Nationalversammlung einberufen und was bedeutete sie für Österreich?

Die Deutsche Nationalversammlung, die mit Billigung des deutschen Bundestages nach demokratischen Prinzipien gebildet und nach Frankfurt einberufen wurde, eröffnete dort am 18. Mai 1848 in der Paulskirche ihre Beratungen. Sie setzte es sich zum Ziel, eine liberale Verfassung für Deutschland, die Rechte und Pflichten der Regierenden und der Bürger umfassend, auf der Grundlage der Souveränität der Nation zu erarbeiten. Nation ist gleichbedeutend mit Volk, es sollte also der Begriff der Volkssouveränität zugrunde gelegt werden.

Dieses Volk, hauptsächlich das Bürgertum und die Bauern – nicht die Fabrikarbeiter und die Landarbeiter –, hatte sich im Frühjahr 1848 fast gleichzeitig in Paris, Wien und Berlin gegen die herrschenden Regime erhoben, politischen und sozialen Umsturz und nationale Befreiung gefordert. Im ersten Anlauf von Erfolgen verwöhnt, in der Folge um das meiste wieder betrogen, veränderte dieses Volk aber das Gesicht Europas nachhaltig, denn das Nationalitätenproblem blieb akut: von Schleswig-Holstein bis Kroatien, von Schlesien bis Südtirol. Der »Völkerfrühling« war angebrochen. Die Forderung »Jede Nation ein Staat – die ganze Nation nur ein Staat« war freilich utopisch.

Auch das zukünftige Deutsche Reich sollte ein »germanischer Nationalstaat« sein und die Deutsche Nationalversammlung musste sich daher mit dem Problem der deutschen und nichtdeutschen Nationen auf dem Gebiet des Deutschen Bundes befassen. Schon zu Anfang beschloss sie auf Antrag der 115 anwesenden österreichischen Abgeordneten eine Erklärung zum Schutz der nichtdeutschsprachigen Volksstämme Deutschlands, die ihnen u. a. die Gleichberechtigung ihrer Sprachen in Schule, Kirche, Verwaltung und Rechtspflege gewährleistete. Aber man beschloss auch, dass kein Teil des Deutschen Reiches mit einem nichtdeutschen Land zu einem Staat vereinigt sein dürfe.

Die Nationalversammlung musste daher die »Frage an Österreich« stellen, in welchem Umfang es an Deutschland teilhaben werde. Es schien klar, dass jene Länder Österreichs, die Mitglieder des Deutschen Bundes waren, also die Alpenländer und das Königreich Böhmen, auch zum zukünftigen Deutschen Reich gehören sollten. In einem Staatenbund war das vorstellbar, in einem Bundesstaat mit einer starken Zentralregierung wäre Österreich geteilt, die Habsburgermonarchie vom Zerfall bedroht worden. Den großdeutschen Abgeordneten gefiel die Aussicht, vor allem die Ungarn »loszuwerden«, aber die Regierung in Wien stand vor der Alternative: Preisgabe der staatlichen Einheit oder Ausschluss aus dem Reich. Für Österreich, aber auch für Preußen kam zudem eine Einschränkung oder gar Preisgabe ihrer Souveränität insbesondere in der Außenpolitik nicht infrage.

Ein Drittel der für Österreich vorgesehenen Abgeordneten war nicht gewählt worden, weil die tschechischen Wahlkreise Böhmens nicht mitwählten. Die Tschechen erklärten, dass sie keine Deutschen, sondern

Österreicher seien, und forderten das Ausscheiden Böhmens aus dem Deutschen Bund. Die österreichischen Slawen, geführt vom tschechischen Historiker Franz Palacký, dem Slowakenführer Pavel Šafařík und dem russischen Anarchisten Michail Bakunin, beriefen im Juni 1848 einen Slawenkongress nach Prag ein, an dem auch Polen aus Posen teilnahmen (die zwar bereit waren, Preußen zu sein, aber auch keine Deutschen sein wollten!). Palacký war schon im April 1848 in seinem Absagebrief nach Frankfurt, wohin er eingeladen worden war, für den Fortbestand des multinationalen österreichischen Kaiserstaates als Schutzmacht der kleinen Völker Mitteleuropas eingetreten. Im folgenden Jahr legte er sein Programm zur Umformung Österreichs in einen Bund gleichberechtigter Völker in acht nationalen Ländergruppen vor, als Gegengewicht gegen eine Russische Universalmonarchie wie auch gegen eine deutsche Hegemonie in Europa.

Zur Nationalversammlung hatte man, wie man meinte, die bedeutendsten Männer aus Politik, Kunst und Wissenschaft berufen. Tatsächlich waren mehr als die Hälfte der fast 600 Abgeordneten Juristen und Verwaltungsbeamte, 104 Gelehrte, darunter deutschnationale und antisemitische Literaten wie Ernst Moritz Arndt, etwa drei Dutzend Industrielle und Kaufleute, ein Bauer, kein Arbeiter. Die Parteien waren »Großdeutsche« aus Bayern und Österreich, Württemberg und Baden, darunter auch Republikaner, die Österreich im Reich haben wollten, und »Kleindeutsche«, die einen Ausschluss Österreichs und einen zentralistischen Staat unter der Führung Preußens anstrebten, obwohl Preußen nicht zum Deutschen Bund gehörte!

König Friedrich Wilhelm IV. von Preußen, im März 1849 zum »Kaiser der Deutschen« gewählt, lehnte nach längerem Zögern ab. Es kam zu zahlreichen, teils blutigen Aufständen in mehreren Teilen Deutschlands. In Wien wurde, nach der militärischen Niederschlagung der letztlich wegen der Forderung Ungarns nach Loslösung aus dem habsburgischen Kaisertum Österreich aufgeflammten »Oktoberrevolution«, sogar einer der Frankfurter Abgeordneten, Robert Blum, am 1. November standrechtlich erschossen. Die Nationalversammlung hatte keine Möglichkeiten, dies zu verhindern. Zahlreiche Abgeordnete traten zurück, auch Erzherzog Johann legte sein Amt als Reichsverweser nieder. Der deutsche Bundestag kam wieder zu Ehren.

## 59 Welche parlamentarischen Vertretungen gab es in Österreich?

*Der Reichstag 1848–1849*
Die erste parlamentarische Vertretung war der Reichstag, der am 18. Mai 1848 mit nur einer Kammer proklamiert wurde. Damit war man einer Sturmpetition der Nationalgarde, von Studenten und Arbeitern nachgekommen, bei der es um die Aufhebung der von Kaiser Ferdinand I. am 25. April erlassenen, nach dem Innenminister Pillersdorf genannten Verfassung und die freie und direkte Wahl eines konstituierenden Reichstages ging. Dieser wurde am 22. Juli in der Winterreitschule der Hofburg durch Erzherzog Johann eröffnet. Die 383 Deputierten der deutschen und slawischen Kronländer waren zumeist Liberale und Konservative, unter ihnen 94 Bauern, Parteien gab es keine.

Der 25-jährige Student Hans Kudlich, ein schlesischer Bauernsohn, war der jüngste und auch der bedeutendste Abgeordnete neben dem Polen Franciszek Smolka. Nachdem im Oktober die zweite Phase der Revolution zu blutigen Zusammenstößen in Wien geführt hatte, der Kaiser mit dem Hof nach Olmütz geflohen war und Feldmarschall Windischgraetz den Belagerungszustand über die Stadt verhängt hatte, wurde der Reichstag nach Kremsier in das Sommerschloss der Fürstbischöfe von Olmütz verlegt und am 22. November eröffnet. Am 4. März 1849 wurde er gewaltsam aufgelöst, als ein Entwurf für eine föderalistische Verfassung beraten werden sollte.

*Der Reichsrat 1861–1918*
Mit dem kaiserlichen Patent vom 26. Februar 1861 (Februarpatent) wurde auch ein Grundgesetz über die Reichsvertretung erlassen. Der Reichs-

rat bestand aus zwei Kammern, dem Herrenhaus und dem Abgeordnetenhaus. Er trat am 1. Mai erstmals zusammen, das Herrenhaus im Niederösterreichischen Landhaus, die Abgeordneten in einem provisorisch errichteten Gebäude vor dem Schottentor.

Das Herrenhaus hatte maximal 170 Mitglieder, die durch Geburt, das von ihnen ausgeübte Amt oder durch kaiserliche Verleihung in diese Position gelangten. Das Abgeordnetenhaus zählte 203 Mitglieder, die von den vier Kurien der Landtage in die entsprechenden Kurien des Abgeordnetenhauses gewählt wurden. Das Wahlrecht war an einen Zensus (mindestens zehn Gulden direkte Steuern im Jahr) gebunden, nicht geheim und größtenteils indirekt. Weniger als 10 Prozent der männlichen Bevölkerung waren wahlberechtigt. 1873 wurden für einen Teil der nunmehr 353 Abgeordneten direkte Wahlen eingeführt. Die Wahlperiode betrug sechs Jahre. 1882 wurde die Mindeststeuer herabgesetzt, desgleichen 1896, und eine allgemeine Wählerklasse als fünfte Kurie geschaffen. Das Wahlrechtsreformgesetz von 1907 des Ministerpräsidenten Freiherr von Beck löste das Kurienparlament auf und führte das allgemeine, gleiche, direkte und geheime Wahlrecht (für Männer) ein. Die Zahl der Abgeordneten wurde auf 516 erhöht.

Nachdem ursprünglich auch an der Ringstraße zwei getrennte Gebäude geplant waren, errichtete man ein gemeinsames Reichsratsgebäude nach den Plänen von Theophil Hansen (Frage 93), in dem am 4. Dezember 1883 die erste, am 30. Oktober 1918 die letzte Sitzung stattfand.

*Das Parlament 1919–1938 und seit 1945*
Am 21. Oktober 1918 versammelten sich 232 deutschsprachige Mandatare des Abgeordnetenhauses aller Parteien im Niederösterreichischen Landhaus und erklärten sich zur provisorischen Nationalversammlung für Deutschösterreich. Am 16. Februar 1919 fanden Wahlen zu einer konstituierenden Nationalversammlung statt, Frauen waren erstmals wahlberechtigt, die Zahl der Abgeordneten betrug bis 1970 165, seither beträgt sie 183. Nachfolger des Herrenhauses wurde der Bundesrat, dessen Abgeordnete von den Landtagen nach einem von den Ergebnissen

der Volkszählungen abhängigen Verhältnis bestellt werden. Am 4. März 1933 kam es durch die aufeinanderfolgenden Rücktritte aller drei Präsidenten zur sogenannten Selbstauflösung des Parlaments.

Von 1934 bis 1938 bestanden nach der Verfassung vom Mai 1934 sogenannte vorbereitende und beschließende Organe aus ernannten, nicht gewählten, berufsständischen und landespolitischen Vertretern sowie Vertretern der Religionsgemeinschaften, von Wissenschaft und Kunst als gesetzgebende Körperschaften. Durch den Anschluss Österreichs an das Großdeutsche Reich im Frühjahr 1938 endeten die Funktionen dieser nicht parlamentarischen Körperschaften.

Erst mit der Proklamation der Wiederherstellung der Republik Österreich am 27. April 1945 konnten wieder freie Wahlen zum Nationalrat ins Auge gefasst werden. Sie fanden am 25. November 1945 statt.

## 60 Welche Bedeutung hat der »Ausgleich« mit Ungarn für die politische Entwicklung Österreichs nach 1867?

Die Niederlage gegen Preußen 1866 hatte mehrere, die Zukunft Österreichs bestimmende Folgen. Der Ausschluss Österreichs aus dem Deutschen Bund war für die Deutschen in Österreich die schwerwiegendste. Mussten sie sich doch damit abfinden, in einem Vielvölkerstaat nur mehr eine Nation unter anderen zu sein. Obwohl sie bloß ein Drittel der Bevölkerung der westlichen Reichshälfte ausmachten, glaubten sie, ihre nationale Position verteidigen zu müssen, und dominierten bald alle anderen. Die deutschen Österreicher wurden letztendlich zu österreichischen Deutschen.

Auch durch den von Preußen erzwungenen Verlust der wirtschaftlich und kulturell so bedeutenden Gebiete in Oberitalien wurde die Position der Deutschen verstärkt. Denn es veränderte sich das Bevölkerungsverhältnis zu ihren Gunsten gegenüber Slawen, Ungarn und Italienern. Nach deren Gefühl wurde alles »deutscher«.

Das dritte, die innerstaatlichen Verhältnisse fundamental verändernde Ereignis war der Ausgleich mit Ungarn, mit dem die staatliche Souveränität des apostolischen Königreiches wiederhergestellt wurde. Am 17. Februar 1867 ernannte der ungarische König Franz Joseph den seinerzeit zum Tode verurteilten Grafen Gyula Andrássy zum Ministerpräsidenten des selbstständigen Königreiches Ungarn. Die deutschen Österreicher und die Magyaren waren nunmehr die bestimmenden Nationen.

Die Slawen sahen sich durch den Ausgleich zurückgesetzt, der tschechische Historiker Franz Palacký sagte: »… der Tag der Ausrufung des Dualismus wird auch der Geburtstag des Panslawismus in seiner am wenigsten wünschenswerten Form sein. Wir waren vor Österreich und wir werden auch nach ihm sein.« Die Tschechen (in der »österreichischen Reichshälfte«) und die Kroaten (im Königreich Ungarn) strebten gemeinsam eine »trialistische« Lösung an, aber nur die Kroaten erreichten für sich 1868 einen Ausgleich mit Ungarn. Nach langen, fast geheimen Verhandlungen war man 1871 auch einer staatsrechtlichen Neuregelung mit den Tschechen sehr nahe. Mit ihrem Scheitern trennten sich die Wege der beiden Landesnationen in Böhmen. Hatten sie sich 1848 (Frage 58) aus der deutschen Geschichte verabschiedet, so nahmen sie jetzt Abschied aus dem gemeinsamen österreichischen Staat. Das war vielleicht die einzige wirkliche Katastrophe, von der als Folge des »Ausgleichs« gesprochen werden kann. Die Polen erhielten in den Jahren 1867–1870 schrittweise eine Autonomie und sicherten sich ihren Einfluss in Wien.

Nur die kleinen Nationen und ethnischen Minderheiten wollten den »übernationalen« Großstaat beibehalten, fürchteten sie doch eine Beschneidung ihrer Rechte durch die jeweils stärkeren Völker, die zwar Übernationalität als Ideologie predigten, aber nicht praktizierten.

Der bisher autokratisch regierende Kaiser Franz Joseph musste zwar seine Idee von einem zentralistisch regierten Gesamtstaat aufgeben, behielt aber als Kaiser und König mit dem Oberbefehl über die gemeinsame Armee das entscheidende Machtinstrument in Händen. Die Besetzung aller Ämter im Staatsdienst war ihm vorbehalten. Die drei für die »pragmatisch gemeinsamen Angelegenheiten« zuständigen Ministerien

Die österreichisch-ungarische Monarchie

für Äußeres, Finanzen und Krieg und der gemeinsame Ministerrat ermöglichten es ihm, weiterhin eine gesamtstaatliche Politik zu führen.

Die Ungarn leugneten allerdings die Existenz »eines« Reiches und verbaten sich Bezeichnungen wie »Reichshälften« oder »Dualismus«. Man verwendete daher absurd verhüllende Bezeichnungen, auch wenn sie staatsrechtlich korrekt waren, wie »die im Reichsrat vertretenen Königreiche und Länder« oder »Cisleithanien« für Österreich, weil es diesseits des Grenzflusses Leitha lag, und »Länder der ungarischen Krone« oder »Transleithanien«. Die Kurzform des Staatsnamens »Österreich-Ungarn« führte unweigerlich dazu, Österreich für die eine, Ungarn für die andere Reichshälfte zu sagen. Während Österreich in der »Dezemberverfassung« 1867 die Gleichberechtigung aller landesüblichen Sprachen in Schule, Ämtern und öffentlichem Leben gewährleistete, kam es in Ungarn nach der großen Wirtschaftskrise von 1873 zu einer verstärkten Magyarisierung des öffentlichen Lebens. Slowaken, Serben, Rumänen und Deutsche fühlten sich als Bürger zweiter Ordnung. Den unbefriedigenden staatspolitischen Kompromissen standen große wirtschaftliche und gesellschaftliche Fortschritte in beiden Reichshälften gegenüber. Zieht man die ungünstigen Vorbedingungen in den östlichen Ländern in Betracht, so nahm die Industrie eine großartige Entwicklung. Wissenschaft (Frage 92) und Kunst (Frage 93) erlebten eine Blütezeit.

## 61 Was führte zur Namensgebung der Republik Deutschösterreich?

Mit dem Abschluss eines Waffenstillstands mit Italien war am 3. November 1918 der Weltkrieg für die Armee Österreich-Ungarns zu Ende. Der Staat bestand zu diesem Zeitpunkt de facto nicht mehr.

Am 21. Oktober waren die deutschsprachigen Abgeordneten des Reichsrates im Niederösterreichischen Landhaus in Wien zusammengetreten und hatten sich, gemäß dem Manifest Kaiser Karls vom 16. Oktober über die Umwandlung Cisleithaniens (Frage 60) in einen Bund von Nationalstaaten, zur konstituierenden Nationalversammlung Deutschösterreichs erklärt. Diese beschloss am 30. Oktober eine provisorische Verfassung, und nachdem am 11. November Kaiser Karl in Schönbrunn den Verzicht auf jeden Anteil an den Staatsgeschäften geleistet hatte, wurde am folgenden Tag die Republik Deutschösterreich ausgerufen. Auch die übrigen Kronländer der Monarchie proklamierten neue Nationalstaaten, die aber alle im Unterschied zu Deutschösterreich wiederum Vielvölkerstaaten waren.

Böhmen vereinigte sich mit der Slowakei, dem bisherigen Oberungarn, zur Tschechoslowakischen Republik, die südslawischen Völker lösten sich aus dem ungarischen Staatsverband und wurden von Serbien zu einem Königreich der Slowenen, Kroaten und Serben, dann der Serben, Kroaten und Slowenen zusammengeschlossen. Das solcherart stark verkleinerte Ungarn blieb ein Königreich und Galizien schloss sich dem wiedererrichteten Polen an.

Übrig blieben die deutschsprachigen Bewohner Cisleithaniens. Das waren aber nicht nur die heutigen Österreicher, sondern auch die Südtiroler, deren Land Italien militärisch besetzt hatte, und die Deutschen Böhmens und Mährens, später als Sudetendeutsche bezeichnet. Da die Siegermächte über deren politische Zukunft noch nicht entschieden hatten, rechneten die Abgeordneten der provisorischen Nationalversammlung in Wien zunächst mit ihrer Teilnahme. An ihnen blieb, keineswegs zur Freude aller, der durch das schreckliche Kriegsende belastete Name Österreich hängen. Die einen fürchteten, Verpflichtungen (z. B. Kriegsanleihen) der Monarchie zu erben, Sozialdemokraten wie Otto Bauer war der Name gar »verhasst«, der Staatsrechtler Heinrich Lammasch, der letzte Ministerpräsident der westlichen Reichshälfte, wollte mit dem neuen Namen »Norische Republik« einen Neuanfang signalisieren. Die Mehrheit der Abgeordneten entschied sich jedoch für den Anschluss an Deutschland und erklärte deshalb: »Deutschösterreich ist ein Bestandteil der deutschen Republik.« Als Leiter des deutschösterreichischen Amtes für Äußeres unterzeichnete Otto Bauer am 2. März 1919 sogar das Protokoll eines diesbezüglichen Staatsvertrags mit Deutschland, der aber durch das Anschlussverbot der Siegermächte unwirksam blieb.

Die oft zitierten angeblichen Worte des französischen Ministerpräsidenten Georges Clémenceau »Et ce qui reste, c'est l'Autriche« drücken aus, was den Sieger erfüllte. Die Donaumonarchie und ihre Dynastie, das Haus Österreich, waren vernichtet. Das einst mächtige Österreich war nur mehr ein schwaches Gebilde, das ganz zugrunde gehen sollte. Was allen anderen Nationen zugebilligt wurde, sich zu Nationalstaaten zusammenzuschließen, wurde den Deutschen Österreichs aus europapolitischen Gründen nicht gestattet. Die Entscheidung darüber wurde im Friedensvertrag von Saint-Germain-en-Laye getroffen, den Österreich am 10. September 1919 unterzeichnete. Der Anschluss an Deutschland wurde verboten, die Sudetenländer blieben der Tschechoslowakei, Südtirol blieb Italien.

Der Name der Republik hatte »Österreich« zu lauten, dem trug eine Entschließung der Nationalversammlung am 21. November 1919 Rechnung. Die Staatsfarben blieben Rot-Weiß-Rot. War »Deutschösterreich« kaum mehr als ein Jahr der offizielle Name der Republik, blieb er doch noch lange in Gebrauch. Politiker der Nachfolgestaaten verwendeten ihn, zuletzt auch kurioserweise Hitler in der Proklamation vom 12. März 1938: »… seit heute morgen marschieren über alle Grenzen Deutschösterreichs die Soldaten der deutschen Wehrmacht.«

## 62 Seit wann gibt es eine österreichische Währung?

Überrascht von dieser Frage wird man antworten, es habe doch immer schon eine Währung in Österreich gegeben. Schon in den Provinzen des Römischen Reiches (Frage 13) habe es doch einen regen Geldverkehr, ein offizielles Zahlungsmittel gegeben! Zweifellos, aber es war die Währung des römischen Weltreiches, keine österreichische Währung.

Seit die späteren österreichischen Länder dem karolingischen Imperium einverleibt worden waren (Frage 15), hatten sie ebenfalls Anteil an einem europaweiten Wirtschaftsraum, und es galt die karolingische Währungsordnung, allerdings mit einer Variante, die für das Herzogtum Bayern charakteristisch war. Die Münzreform Karls des Großen (kurz vor 795) basierte auf einem Pfund Silber als Rechnungsgröße. Von dieser Silbermenge wurden 240 Denare geprägt. Die Bezeichnung für die Menge von 12 Denaren war Schilling, deren 20 wiederum das Pfund ergaben. In Österreich wurde nach bayerischer Gewohnheit das Pfund mit acht Schilling zu je 30 Denaren gerechnet. Man unterschied einen kurzen Schilling in Westeuropa vom langen Schilling in Bayern und Österreich. Für den Denar kam der deutsche Name »Pfennig« auf ( noch bis zur Mitte des 20. Jahrhunderts wurde der englische Penny mit d[enar] abgekürzt!).

Münzprägung war ein königliches Recht, doch wurde es seit dem 10. Jahrhundert weiterverliehen. Früheste Münzprivilegien galten z. B. dem Erzbischof von Salzburg und dem Bischof von Bamberg für seine Münzstätte in Villach. Auch Herzog Leopold V. erlangte spätestens zum Zwecke der Ausprägung des immensen Lösegeldes für König Richard

Löwenherz (11 690 kg Silber in Barren!) das Privileg zur Errichtung einer Münzstätte. Wir erkennen eine große Vielfalt von Münzprägungen, die den Inhabern der Münzstätten ebenso wie den Kaufleuten beträchtlichen Gewinn, geregelten wie ungeregelten, durch Umwechseln brachte. Auch wenn der Wiener Pfennig im Spätmittelalter die dominierende Handelsmünze in den habsburgischen Ländern war, so kann man von keiner österreichischen Währung sprechen. Es waren die in den italienischen Handelsmetropolen oder in den Niederlanden, die seit Maximilians burgundischer Erbschaft habsburgisch waren, geprägten Goldmünzen und großen Silbermünzen selbstverständlich auch Zahlungsmittel in Österreich. Und wenn die habsburgischen Herrscher Goldgulden und Silbermünzen prägen ließen und immer wieder Anläufe zur Vereinheitlichung des Münzsystems unternahmen, so hatten sie als Kaiser immer das gesamte Deutsche Reich im Auge. Als Maria Theresia das Münzwesen auf eine neue Basis stellte, musste sie erreichen, dass dieses österreichische Geld von anderen Ländern des Reichs akzeptiert wurde, und schloss einen Vertrag mit Bayern, demzufolge man von nun an von einer Konventionswährung sprach. Der berühmte Maria-Theresien-Taler war eine solche Konventionsmünze (C.M.)! Dennoch kann man von keiner österreichischen Währung sprechen, denn alles lief darauf hinaus, ein einheitliches Zahlungsmittel für das ganze Reich anzustreben. Auch nach dessen Ende galt die Konventionswährung im neuen Deutschen Bund.

Erst als im Jahre 1857 Österreich mit den Staaten des Deutschen Zollvereins, in dem ein einheitliches Münzsystem galt, einen Münzvertrag schloss, ging es von der Konventionswährung ab und ersetzte sie durch die »Österreichische Währung« mit einem (Silber-)Gulden zu 100 Kreuzern. Man verließ also das karolingische Zwölfersystem und stellte auf das Dezimalsystem um. Im Sprachgebrauch lebte allerdings das »Sperrsechserl« weiter. 1892 wurde die Goldwährung von einer Krone zu 100 Hellern eingeführt und ein Gulden rechnungsmäßig zwei Kronen gleichgestellt. Der Inflation nach dem Ersten Weltkrieg konnte man 1924 durch die Einführung einer neuen Währung erfolgreich Herr werden. Nach einer nicht sehr fachmännisch geführten Diskussion einigte man sich auf die Namen Schilling und Groschen. 10 000 Papierkronen wurden mit einem Schilling eingewechselt.

Nach dem Zwischenspiel der Deutschen Reichsmark 1938–1945 wurde am 30. November 1945 nach einer verwirrenden Vielfalt von Zahlungsmitteln (alliiertes Besatzungsgeld, Reichsmark und Schilling), deren Wert der Schwarzmarkt regulierte, wieder die österreichische Schillingwährung eingeführt.

Es gab also eine Österreichische Währung von 1857 bis 1938 und von 1945 bis zur Einführung des Euro 2002.

# HERRSCHER UND GESCHLECHTER

## 63 Was bedeutet der Bayernherzog Tassilo III. für die österreichische Geschichte?

Die Bedeutung des Bayernherzogs Tassilo III. (741–788/nach 794) für die österreichische Geschichte besteht darin, dass er die Verbindung des bayerischen und des slawischen Teils unseres Landes, für die sein Vater Odilo (736/37–748) (Frage 37) die Voraussetzungen geschaffen hatte, auf Dauer begründete. Tassilo stammte aus dem hochadeligen Geschlecht der Agilolfinger, die seit dem 6./7. Jahrhundert Herzöge der Bayern und Alemannen, aber auch zeitweise Könige der Langobarden und alte Gegner der karolingischen Aufsteiger waren. Tassilo heiratete 764/65 Liutpirc (Frage 89), die Tochter des Langobardenkönigs Desiderius, und hatte mir ihr die Söhne Theodo und Theodebert und die beiden Töchter Cotani und Hrodrud. Weil die bayerischen Agilolfinger ausstarben, wurde Tassilos Vater Odilo aus dem alemannischen Zweig der Familie Bayernherzog. Kurzfristig vertrieben, fand er 740/41 am Hofe des fränkischen Hausmeiers Karl Martell Zuflucht und gewann die heimliche Liebe von dessen Tochter Hiltrud. Sie reiste ihm fluchtartig nach, als Odilo nach Bayern heimgekehrt war, um dort noch im Jahre 741 Tassilo zur Welt zu bringen. Diesen Familienskandal erster Ordnung haben die Karolinger niemals verwunden; die Erinnerung daran bestimmte die Politik Karls des Großen, die schließlich 788 zum Sturz Tassilos und zum Ende des bayerischen Herzogtums der Agilolfinger führte. Bis dahin hatte Tassilo aber eine wechselvolle vierzigjährige, mitunter königgleiche Herrschaft vor sich, als er Anfang 748 seinem verstorbenen Vater nachfolgte.

Im Jahre 769 gründete Tassilo das Kloster Innichen (Frage 38), das ausdrücklich für die Mission der »ungläubigen« aufständischen Slawen (= Karantanen) bestimmt war. Im Jahr 772 beendete der Herzog die heidnische Reaktion, sodass die Salzburger Mission erfolgreich fortgesetzt werden konnte (Frage 37). Dafür wurde er als neuer Konstantin gefeiert, rückte in die Reihe der höchsten Heidensieger auf und zog auch auf diesem Gebiet mit Karl dem Großen gleich. Mit großer Wahrscheinlichkeit geht das Tiburtius-Kloster, das sich in Molzbichl unterhalb von Spittal an der Drau befand, auf Tassilo zurück und hängt mit seinem Karantanensieg zusammen. Eine große Zahl qualitätsvoller Flechtbandsteine erinnert heute noch an die einstige Bedeutung des längst verschwundenen Gotteshauses. Wohl am 24. September 774 weihte Virgil (Frage 43) in Salzburg eine Kirche zu Ehren des heiligen Rupert (Frage 42), deren Maße von 66 mal 33 m königliche Dimensionen verrät und die mitunter als geplante Krönungskirche Tassilos interpretiert wird. Die Gründung von Kremsmünster (Frage 38) 777 bewies zweierlei: zum einen, dass der Herzog über die Großen seines Reichs ohne Einschränkung gebot. Zum andern, dass er die Erschließung und herrschaftliche Erfassung des Gebietes bis zur Awarengrenze an der Enns ernstlich betrieb. Einen solchen Stützpunkt im östlichen Bayern dürfte Tassilo auch mit der Gründung von Mattsee (vor 784) beabsichtigt haben. Kremsmünster hat seinen Wohltäter bis heute nicht vergessen. Nirgendwo sonst ist das Gedenken an ihn derart lebendig geblieben. An jedem 11. Dezember, der als Todestag Tassilos gilt, begeht die Abtei den »Stiftertag« mit glanzvollen Gottesdiensten als ein »Freudenfest am Trauertag« (Adalbert Stifter). Auch heute noch dient dabei als liturgisches Gerät der Tassilo-Kelch (Frage 89), der an den Herzog und seine Gemahlin Liutpirc erinnert. An Tassilo oder einen Namensvetter erinnern auch oberösterreichische und Südtiroler Dessel/Tessel-Orte. Die Gestalt Gunthers, dessen hochmittelalterliches Grabmal beim Eingang der Stiftskirche von Kremsmünster zu bewundern ist, dürfte dagegen konstruiert sein. Jedenfalls gibt es für diesen Herzogssohn keinen zeitgenössischen Nachweis.

Die Frauen der Babenberger, Babenberger-Stammbaum von Hans Part,
Klosterneuburg, um 1490

143

## 64 Wie wurden die Babenberger Babenberger?

Die Babenberger des 10. und 11. Jahrhunderts verstanden sich noch nicht als solche. Vielmehr war der erste Graf der bayerischen Donaumark (Österreich), Leopold/Luitpold/Liutpold I., ein Namensvetter des mächtigen karolingischen Markgrafen Luitpold, der als Held 907 in der Ungarnschlacht bei Pressburg gefallen war. Die Namengebung der Zeit erfolgte durch Benennung jüngerer Familienangehöriger nach hervorragenden Vorfahren. So war der karolingische Markgraf Luitpold der Vater des bayerischen Herzogs Arnulf (907/13–937), der seinerseits über die Mutterseite nach dem Karolingerkönig und Kaiser Arnulf von Kärnten (888–899) benannt wurde. Leopold I. war bereits vor seiner Einsetzung in der Donaumark 976 Inhaber dreier Grafschaften. Außerdem war der Name Luitpold im 10. Jahrhundert noch selten. Ein bayerischer Humanist des 16. Jahrhunderts bezeichnet Leopold I. als Neffen des Bayernherzogs Arnulf. Ohne diese Angabe wörtlich zu nehmen, darf man wohl annehmen, dass die beiden Luitpolde miteinander verwandt und die österreichischen Babenberger in Wirklichkeit bayerische Luitpoldinger waren. In der ersten Hälfte des 12. Jahrhunderts verselbstständigte sich die Mark Österreich gegenüber dem Herzogtum Bayern und wurde schließlich 1156 selbst in ein Herzogtum »umgewandelt« (Frage 46). Zeitgenosse der Ereignisse war Otto von Freising (Frage 4), der Sohn des Markgrafen Leopold III. und der Kaisertochter Agnes, die aus salischer, das heißt aus bester königlich-fränkischer, Familie stammte. Aufgrund ihrer ersten Ehe wurde sie die Stammmutter der staufischen Könige und Kaiser. Daran nahm Otto von Freising, für den Salier und Staufer eine einzige Familie bildeten, Maß und machte auch die väterliche Sippe zu Franken, indem er sie auf den Popponen Adalbert von Babenberg/Bamberg zurückführte. Adalbert fand zwar ein schlimmes Ende; 906 ließ ihn König Konrad I. (911–918) hinrichten. Aber die Sage nahm sich seiner an und feierte ihn als Gegner eines tyrannischen Königs. Unter den eigenen Vorfahren fand Otto auch einen Adalbert (1018–1055), mit dem er folgerichtig das Geschlecht der Babenberger in Österreich beginnen ließ.

Wie die Mark Österreich gegenüber Bayern ein Land eigenen, 1125 erstmals erwähnten Rechts wurde und seine eigene antike Tradition entdeckte (Frage 13), wollten auch ihre Fürsten nicht mehr aus Bayern stammen, sondern waren als Babenberger fränkischen Ursprungs.

## 65 Wie merkt man sich die Namen der Babenberger?

Der Merkvers LeHei AdErLe LeLe HeiLe FriLe Fri (freundlicherweise mitgeteilt von Trude Schwarzacher, Wien) zählte einst zum Repertoire des österreichischen Gymnasialunterrichts und ging den Weg aller Merkverse, er wurde als sinnlos und daher pädagogisch wertlos aufgegeben. Die Abfolge der jeweils ersten Silbe der einzelnen Babenbergernamen ergibt zwar tatsächlich keinen Sinn. Man kann dem Merkvers aber – auch dank der Gliederung in sechs Einheiten – eine gewisse Musikalität nicht absprechen, weshalb er sich als mnemotechnisches Hilfsmittel sehr gut eignet. Die zwölf Silben stehen für die Markgrafen Leopold I. (976–994), Heinrich I. (994–1018), Adalbert (1018–1055), Ernst (1055–1075), Leopold II. (1075–1095), für Leopold III. den Heiligen (1095–1136), Leopold IV. (1136–1141, 1139–1141 auch Herzog von Bayern), Heinrich II. Jasomirgott (1141–1177, 1143–1156 auch Herzog von Bayern, 1156–1177 Herzog von Österreich), für die Herzöge von Österreich Leopold V. (1177–1194, 1192–1194 auch Herzog der Steiermark), Friedrich I. (1195–1198), Leopold VI. (1198–1230, 1195–1230 Herzog der Steiermark), Friedrich II. den Streitbaren (1230–1246, Herzog von Österreich und der Steiermark).

## 66 Woher und wie kamen die Habsburger nach Österreich?

Die schwäbischen Ursprünge der Habsburger beginnen mit dem oberrheinischen Grafen Guntram dem Reichen, der um die Mitte des 10. Jahrhunderts wirkte. Möglicherweise war dieser mit den Etichonen, dem Geschlecht der elsässischen Herzöge, verwandt. Das heißt, sie waren nicht gerade die Ahnen eines »armen Grafen«, als den die otakarische Propaganda Rudolf IV. darstellte (Frage 49), nachdem ihn die Kurfürsten 1273 als König Rudolf I. gewählt hatten. Mit dem schwäbischen Herzogsgeschlecht, den Zähringern, war dieser Rudolf wohl auch verwandt. Und er stand den Hohenstaufen nahe; Friedrich II. soll ihn, so hieß es, 1218 aus der Taufe gehoben haben. Vor allem aber hatte Rudolf ganz reale Machtpositionen sowohl in der heutigen Schweiz als auch im Elsass und in Baden aufgebaut und kontrollierte wichtige Alpenübergänge nach Italien. Kurz, er war »nach dem Zusammenbruch der staufischen Macht zum mächtigsten Dynasten des deutschen Südwesten geworden« (Alois Niederstätter). Nur, er war kein Reichsfürst, das heißt, er besaß kein Fürstentum als ein vom König verliehenes Reichslehen, während sein Gegner Otakar II. Přemysl als König von Böhmen sogar Kurfürst war. Die Unterschätzung Rudolfs rächte sich bitter.

Der Habsburger war der bessere Diplomat und – weil er viele Töchter hatte – bessere Heiratspolitiker, baute die besseren Beziehungen zu den Reichsfürsten, zum Landadel und – mit Ausnahme von Wien – auch zu den Städten auf, beeinflusste die öffentliche Meinung durch eine bessere Propaganda und war vor allem der bessere Heerführer, der entgegen dem ritterlichen Ehrenkodex mit taktischen Reserven operierte. Otakar verlor dagegen nicht bloß den österreichischen und steirischen Adel, der ihn 1251 beziehungsweise 1261 als seinen Herzog willkommen geheißen hatte (Frage 49), sondern es rebellierten auch wichtige böhmische Große gegen ihn. Und Otakar verlor die überregionale Anerkennung in weiten Teilen des Reichs wie bei der Kurie in Rom. Schon 1273 wurden Papst Gregor X. die Worte in den Mund gelegt: »Warum sollen wir, obwohl wir in Deutschland mehrere Fürsten und Grafen haben, einen *Sclavus* (= Slawen und Sklaven) zur Kaiserherrschaft erheben?« Nach zweijährigen, durch Abmachungen und Verträge unterbrochenen Kämpfen trafen die Gegner am 26. August 1278 auf dem Marchfeld aufeinander, wo der Böhmenkönig zwischen Dürnkrut (Frage 26) und Jedenspeigen Schlacht und Leben verlor. Bereits auf der Flucht gefangen, wurde er von einem österreichischen Adeligen erschlagen.

Es dauerte jedoch noch mehr als vier Jahre, bis die Habsburger Österreich und die Steiermark auch gewonnen hatten. Ende 1282 belehnte Rudolf I. seine Söhne Albrecht und Rudolf mit den beiden Herzogtümern »zur gesamten Hand« und machte sie so als erste Habsburger zu Reichsfürsten. Auf Wunsch der Länder verzichtete der jüngere Bruder Rudolf auf seine Mitbelehnung und erhielt dafür das Versprechen, entsprechend entschädigt zu werden. Dabei ging es um viel Geld. Rudolf I. erhielt von Österreich und der Steiermark jährlich 18 000 Mark Silber, während er aus seinen Stammlanden bloß 7000 Mark bezog.

Sind jedoch die Habsburger in Österreich und der Steiermark als Habsburger angenommen worden? Die um 1020/30 am Zusammenfluss der drei schiffbaren Flüsse Aare, Reuß und Limmat errichtete Habsburg/Habichtsburg wurde um 1100 der namengebende Mittelpunkt und zur Selbstbezeichnung des Geschlechts. Albrecht I. wurde 1282 Landesfürst der beiden Herzogtümer und nannte sich selbstverständlich nach dem ranghöheren Herzogtum »von Österreich«. In der österreichischen Historiographie setzte sich der Name »Habsburger« erst um 1450 durch. Ja, als die Stammburg 1415 an die Eidgenossen verloren ging, wurde die Nennung »von Habsburg« eine Zeitlang eher als spöttische Fremdbezeichnung denn als ehrenvoller Dynastiename gebraucht.

Rudolf IV., der Stifter, Bildnis mit dem
Erzherzogshut, um 1360

## 67 Was bedeutete das gespannte Verhältnis Rudolfs des Stifters zu seinem Schwiegervater Karl IV. für Österreich?

Rudolf IV. sowie seine Schwestern und Brüder mit den traditionellen habsburgischen und babenbergischen Namen Katharina, Margarete, Friedrich, Albrecht und Leopold kamen rasch nacheinander zur Welt, eine Gnade für die Eltern Herzog Albrecht II. und Johanna von Pfirt (Jeannette de Ferette), die nach 15-jähriger kinderloser Ehe buchstäblich das Aussterben der Dynastie befürchteten. Eine Wallfahrt nach Aachen wirkte Wunder. Fast alle Habsburger der Generation Rudolfs sowie die seines Vaters waren kränklich und verstarben früh, die meisten kinderlos. Rudolf hatte zweifellos einen frühen Tod vor Augen.

Als Kind wurde er mit Katharina, Tochter Karls, damals Markgraf von Mähren, verlobt und zu Ostern 1353 in Prag vermählt. Bei seiner Hochzeit war er noch nicht 14, seine Braut gar erst zehn Jahre alt. Es war eine hochpolitische Heirat, denn Rudolfs Schwiegervater war 1346 als Karl IV. deutscher König geworden, die Kaiserkrönung in Rom sollte folgen (1355). Rudolf war frühreif, sorgfältig erzogen und gebildet und seit seinem zehnten Lebensjahr in die Politik seines Vaters einbezogen. So erlebte er bewusst das große Pestjahr 1348, die Judenverfolgungen und Geißlerfahrten. In seiner kurzen ereignisreichen Regierungszeit hatte er wohl auch deshalb Glück und Heil seiner Untertanen immer vor Augen, nicht nur Macht und Größe seiner Familie und seiner Person. Doch diese war ihm wichtig. Er war selbstbewusst und anmaßend und wurde darin auch von seinem Schwiegervater bestärkt. Der Kaiser war sein großes Vorbild und das zu Recht.

Karl, Sohn König Johanns von Böhmen aus dem Hause der Grafen von Luxemburg und Elisabeths, der letzten Přemyslidin, verlebte einen Teil seiner Jugend am französischen Hof, wo er als Knabe der Margarete von Valois angetraut wurde. Er wuchs vertraut mit der französischen wie mit der deutschen Geisteswelt heran, sprach dank seiner Mutter auch Tschechisch und nach einer zweijährigen Statthalterschaft in Italien auch Italienisch. Persönlich nüchtern und besonnen, war er aufgeschlossen für die Künste und Wissenschaften, ebenso für wirtschaftliche Projekte, dazu ein leidenschaftlicher Reliquiensammler. Karl machte die böhmischen Länder zum Kernland seiner Macht und vergrößerte sie erheblich. Prag sollte eine Weltstadt werden, wurde Erzbistum und der Bau des Veitsdoms als große Kathedrale wurde begonnen. 1348 gründete Karl eine Universität nach Pariser Vorbild und berief deutsche und italienische Humanisten nach Prag. Die Stadt wurde Sitz der Reichskanzlei, der Reichs- und Reliquienschatz kam auf die Festung Karlstein.

In allem und jedem strebte Rudolf danach, es dem Kaiser gleichzutun. Er gründete mit päpstlicher Genehmigung 1365 in Wien eine

Universität und begann den Umbau von St. Stephan zu einer mächtigen Domkirche im Stil einer gotischen Kathedrale als Denkmal der Dynastie und zukünftige Bischofskirche. Der Propst des Domkapitels sollte der Kanzler der Universität sein und den Rektor investieren. Für den Domschatz erwarb er bedeutende Reliquien in kostbaren Schaugefäßen.

Auch in seinen politischen Zielen folgte er dem Beispiel seines Schwiegervaters. Mit der Erwerbung Tirols errang Rudolf 1363 im Wettlauf mit den bayerischen Wittelsbachern einen Erfolg von größter Tragweite. Von den habsburgischen Stammlanden in der Schweiz und im Elsass zu den österreichischen Ländern sowie den oberitalienischen Herrschaften entstand eine Landbrücke. Die reichsrechtlich notwendige Belehnung Rudolfs und seiner Brüder mit Tirol durch den Kaiser erfolgte 1364 in Brünn und gleichzeitig wurde ein Erbvertrag zwischen Luxemburgern und Habsburgern abgeschlossen.

Der Kaiser und sein Schwiegersohn versöhnten sich bei dieser Gelegenheit wieder, nachdem ihr gutes Verhältnis empfindlich gestört worden war, als Rudolf 1359 durch die Vorlage eines Komplexes von gefälschten Urkunden den Herzogen von Österreich jenen Rang verschaffen wollte, der ihnen in der »Goldenen Bulle« des Kaisers 1356 nicht zuerkannt worden war (Frage 50).

## 68 Was weiß man von der Persönlichkeit Maximilians I. (1459–1519)?

Als Friedrich III. (1415–1493) und seiner jungen Gemahlin Eleonore von Portugal (1437–1467) am 22. März 1459 in der Wiener Neustädter Burg ein zweiter Sohn geboren wurde, erhielt er bei der Taufe den Namen des Lauriacum/Lorch zugeschriebenen Bischofs und Märtyrers Maximilian. Sein Vater hätte ihn lieber Georg genannt, weil er den Heiligen besonders verehrte. Die Mutter wollte ihn nach Konstantin dem Großen nennen, und zwar in der Hoffnung, der Sohn würde dereinst Konstantinopel vom »Joch der Türken« befreien. Derartige unrealistische

Kreuzzugspläne lagen im Zug der Zeit und würden sich trefflich in den Rahmen der Prophezeiungen und Horoskope fügen, die – ebenfalls im Nachhinein überliefert – Maximilian bei seiner Geburt eine großartige, wenn auch wechselvolle Zukunft verkündet haben sollen. Für seine Eltern war Maximilian nach dem Kindstod des Erstgeborenen jedenfalls der einzige Hoffnungsträger und sollte dies auch bleiben, da von ihren fünf Kindern außer ihm nur die bildhübsche Kunigunde (gestorben 1520), die spätere »Stammmutter« der Wittelsbacher, das Kindesalter überlebte.

Maximilian hat sich selbst und sein Leben in den Mittelpunkt einer großartigen Inszenierung gestellt und danach auch seine Kindheit verändert, die keineswegs glücklich war. Ende Juli 1462 stürzten die Wiener das kaiserliche Stadtregiment, worauf Friedrich III. mit Frau und Kind nach Wien zog. Die Wiener kündigten ihm jedoch sehr bald den Gehorsam auf und belagerten ihn und seine Familie in der Hofburg. Maximilian hat den Wienern die Schmach der Herbsttage 1462 niemals verziehen. Bereits mit acht Jahren verlor der kleine Bub die heiß geliebte Mutter, die er Zeit seines Lebens wie die Muttergottes verehrte. Obwohl später wahrlich polyglott, begann er erst im neunten Lebensjahr zu sprechen, sodass er bereits als stumm galt. Als Maximilian ab 1505 den Auftrag erteilte, seine Geschichte nach Art autobiographischer Werke darzustellen, wurde auch seine Kindheit eine andere, nämlich eine Zeit exemplarisch-ritterlichen Heranwachsens. Fragmente einer Selbstbiographie verfasste er in einem sonderbaren »Reuterlatein«. Ausführlicher und prächtiger gestaltet waren dagegen der *Weißkunig*, *Freydal* und der *Theuerdank*, die in deutscher Sprache Motive des Ritterromans, wie die Brautfahrt des Helden nach Burgund, mit Wunschbildern und Selbsterlebtem mischten und als Heldenbücher aufbereiteten. In der Wirklichkeit war Maximilian weniger ein »letzter« Ritter denn ein »erster« Kanonier, der mit seinen schweren Geschützen Kufstein sturmreif schießen und die Anführer der Belagerten unritterlich hinrichten ließ. Maximilian war ein außerordentlich vielseitiger, an den verschiedensten Angelegenheiten und Fertigkeiten interessierter Herrscher, der das humanistische Ideal des *uomo universale* verkörperte. Aber dieses Universum enthielt auch den phantastischen Plan, im Jahre 1512 den Stuhl Petri zu besteigen, und zwar selbst um den Preis, keine nackte Frau mehr zu berühren, wie er seiner über des Vaters Papst-Pläne empörten Tochter Margarete schrieb. Dazu ist zu wissen, dass Maximilian mindestens zwölf uneheliche Kinder, darunter auch zwei Söhne von derselben Frau hatte und diese alle keineswegs, wie behauptet wurde, *inn dem wiettibstande ... erobert hett*. Vielmehr zeugte er einige der Kinder schon während seiner zweiten Ehe mit Bianca Maria Sforza. Berüchtigt war Maximilian wegen seiner wochenlangen Jagdaufenthalte, und zwar vor allem bei den auswärtigen Gesandten, die ihm in die entlegensten Winkel vornehmlich Tirols nachreisen mussten. Auch hatte die Landbevölkerung unter dem hohen Wildbestand zu leiden. So kamen die Gämsen bis in die Felder der Zirler Bauern, um dort zu äsen. Andererseits hatte Maximilian für die bäuerliche Selbsthilfe oder gar die Jagdleidenschaft des »gemeinen Mannes« keinerlei Verständnis und strafte Wilddiebe drakonisch »an Haut und Haar« (Frage 18). Trotzdem ging Maximilian in die Volksüberlieferung nicht bloß Tirols ein und wurde Gegenstand frommer Legendenbildungen. Entgegen vielleicht anderslautender Informationen waren aber der Kaiser Max, den der Engel aus der Martinswand rettete, und derjenige, »den's in Mexiko derschossen ham«, nicht ein und dieselbe Person. Vielmehr ist Maximilian I. in der Nacht vom 11. auf den 12. Januar 1519 in der Welser Burg gestorben und wurde nach der Aufbahrung in St. Stephan zu Wien in der St.-Georgs-Kirche seines Geburtsorts Wiener Neustadt bestattet. Die 28 »Schwarzen Mander«, die in der Innsbrucker Hofkirche Maximilians Vorfahren verkörpern, umstehen daher einen Kenotaph, ein prunkvolles, aber leeres Grab.

Maximilian I., Bildnis-Miniatur aus dem Statutenbuch des Ordens vom Goldenen Vlies (nach 1518)

## 69 Was leistete Maximilian I. für das Haus Österreich und die Erblande?

Durch die drei Ehebündnisse mit Burgund, Spanien und Ungarn/Böhmen schuf Maximilian die Grundlagen für die europäische Geltung des Hauses Österreich (Frage 73). Dass diese Politik Erfolg hatte, war aber weniger Venus, wie das bekannte Diktum will (Frage 9), als der noch unberechenbareren Mors zu verdanken. Von den jeweiligen Vertragspartnern blieben nur Habsburger am Leben, die in den Genuss der Vertragsbestimmungen kamen.

Der Burgunderherzog Karl der Kühne war am 5. Januar 1477 vor Nancy gegen Lothringer und Schweizer gefallen. Darauf zog der kaum achtzehnjährige Maximilian in die Niederlande, um – entsprechend dem zwischen den Vätern ausgehandelten Ehevertrag – die burgundische Erbin Maria am 19. August 1477 in Gent zu heiraten. Der Krieg sollte 15 Jahre dauern. Nur das erste Drittel davon dauerte Maximilians Ehe mit Maria, die ihm in weniger als fünf Jahren vier Kinder geboren hatte, von denen nur Philipp und Margarete überlebten. Am 17. März 1482 ist die hochschwangere Maria nach einem Jagdunfall (Frage 18) gestorben. Trotzdem behauptete der landfremde Witwer dem Sohn Philipp (1478–1506) das Erbe der Mutter. Als Gegner Frankreichs war Maximilian, seit 1486 gewählter und seit 1493 regierender römisch-deutscher König, ein interessanter Bündnispartner für England und vor allem Spanien, wo das Ehepaar Ferdinand von Aragón und Isabella von Kastilien über ihre Königreiche herrschten. Am 5. November 1495 erfolgten die prokuratorischen Vermählungen zwischen Philipp und Juana von Spanien sowie zwischen Don Juan und Margarete. Nicht voraussehbar war, dass Margarete ein halbes Jahr nach Vollzug der Ehe bereits Witwe war und eine Fehlgeburt hatte. Danach starben bis 1500 alle anderen spanisch-portugiesischen Thronerben, und Philipp und Juana samt ihrem Sohn, dem späteren Kaiser Karl V. (1500–1558), traten an deren Stelle. Nach dem Tod seiner Schwiegermutter 1504 König von Kastilien geworden, starb Philipp I. am 25. September 1506. Es war dem diplomatischen Geschick Maximilians zu verdanken, dass er Karl die Nachfolge in Kastilien sowie in Aragón sicherte. König Ferdinand übernahm die Regentschaft in Kastilien, erhielt seinen gleichnamigen Enkel zur Erziehung anvertraut, und Karl blieb in Burgund mit der Aussicht, seinen spanischen Großvater nach dessen Tod in beiden Königreichen zu beerben. Dies geschah 1516, ein Jahr nach der zweiten Doppelhochzeit, die Maximilian arrangierte.

Das Ergebnis der auf dem jagellonisch-habsburgischen Erbvertrag von 1506 beruhenden und am 22. Juli 1515 in Wien geschlossenen Eheverträge war, dass Ludwig, der Sohn König Wladislaws II. von Ungarn und Böhmen, Philipps I. dritte Tochter Maria (1505–1558), und dessen zweiter Sohn Ferdinand (1503–1564) Ludwigs Schwester Anna heiratete (Frage 71). Wieder war es nicht vorauszusehen, dass Ferdinand I., der Begründer der österreichischen Linie der neuzeitlichen Habsburger (Frage 73), auch König von Böhmen und Ungarn werden würde, nachdem sein Schwager König Ludwig II. 1526 gegen die Türken gefallen war (Frage 72).

Den österreichischen Erblanden war Maximilian unterschiedlich stark verbunden, Das ausgezeichnet verwaltete und nicht zuletzt wegen seiner Bergschätze wirtschaftlich starke Tirol war Maximilians Kernland. Mit mehr als sanftem Nachdruck sowie ständischer Hilfe hatte er Tirol seinem Onkel Sigmund mit 16. März 1490 abgenommen. Bevor Maximilian im selben Jahr Innsbruck wieder verließ, richtete er hier den Sitz der »oberösterreichischen« Regierung (Regiment) als übergeordnete Verwaltungsbehörde auch für die Vorlande ein (Frage 21). König Matthias Corvinus, der Wien und Österreich unter der Enns besetzt hatte, starb 1490, und Maximilian hatte die Ungarn aus dem Stammland zu vertreiben. Als Gegenstück zur Tiroler Ordnung entstand 1493 das »niederösterreichische« Regiment mit Sitz in Linz, später in Wien (Frage 21). Weitere Reformen sollten auch das Reich einbeziehen und waren als erweiterte Hofverwaltung gedacht. In den Erblanden wie im Reich wirkte Maximilian jedoch eher als großer Anreger denn als erfolgreicher Reformer. Nachhaltig blieb seine Entscheidung, das Kaisertum von der päpstlichen Krönung in Rom zu trennen, obwohl es eher zufällig dazu kam. Als er im Winter 1508 nach Rom ziehen wollte, kam er nur bis Trient, weil Venezianer und Franzosen den Weitermarsch behinderten. Darauf erklärte er sich am 4. Februar zum »Erwählten Römischen Kaiser«, suchte aber mit seiner Italienpolitik Haus- und Reichsinteressen zu vereinen. Dabei erntete er – gemessen an den eingesetzten Mitteln – nur mäßigen Erfolg. Nach deren Vaters Tod heiratete der Herrscher die Mailänder Herzogstocher Bianca Maria Sforza. Die Ehe dauerte von 1493 bis 1511, brachte dem König eine enorme Mitgift von 400 000 Dukaten (einen Milliardenbetrag in Euro), blieb aber kinderlos. Maximilians Ausgreifen nach Italien verwickelte ihn in schwere jahrelange Auseinandersetzungen hauptsächlich mit Venedig und Frankreich. Als 1516/18 Frieden geschlossen wurde, anerkannte die *Serenissima* die Isonzogrenze und trat einige Gebiete an der Tiroler Grenze, darunter Cortina d'Ampezzo, an den Kaiser ab. Mit diesen und den Erwerbungen aus dem Görzer Erbe, wodurch 1500 das heutige Osttirol und das Pustertal zu Tirol kamen, und den Gewinnen aus dem bayerischen Krieg, die 1503/05 die Gerichte Kufstein, Rattenberg und Kitzbühel einbrachten, erhielt das Land weitgehend die Grenzen, die bis 1918 gültig blieben. Fast ebenso lange wirkte das Landlibell vom 23. Juni 1511 nach, das bis ins 19. Jahrhundert die Tiroler Militärverfassung bestimmte.

## 70 Was weiß man von der Persönlichkeit Ferdinands I. (1503–1564)?

Ferdinand muss in seiner Jugend ein apartes Äußeres besessen haben; sein blondes Haar wird eigens hervorgehoben. Er wirkte ungleich lebhafter, leutseliger, viel weniger gehemmt, sprachkundiger, vielleicht sogar intelligenter als sein älterer Bruder Karl V. (1500–1558). Herzliche Beziehungen verbanden Ferdinand mit seiner Schwester Maria, seit 1526 Königinwitwe von Ungarn und seit 1531 Regentin (im zeitgenössischen Sprachgebrauch Gouvernante) der Niederlande. Ihrem nur wenig älteren Bruder gegenüber konnte sie sich geben, wie sie war, und es als ihre *bonne coutume*, als gute Gewohnheit, bezeichnen, jemandem, über den sie sich ärgerte, »sieben Kröpf an den Hals« zu wünschen. Als sich Ferdinand über den geringen Ertrag des Türkenfeldzugs von 1532 bei den Geschwistern beklagte, hatte Karl, den der Landkrieg in Ungarn nicht interessierte, wenig dazu zu sagen, Maria aber schrieb: »Es ist besser eine Laus ins Kraut denn gar kein Fleisch.« Wenn Ferdinand tröstete, wirkte seine für die kalte Sachlichkeit der Politik geschaffene Sprache mitunter etwas hölzern. Aber er versuchte zu trösten und nicht kaltschnäuzig wie Karl zu reagieren. So protestierte Maria einmal gegen die Verheiratung einer ganz jungen Nichte an den mehr als bedenklichen Herzog von Mailand. Karls Antwort: Er setze sich für die *Maison d'Autriche* (Frage 73) uneingeschränkt ein und erwarte denselben Einsatz von allen anderen Mitgliedern des Hauses, ungeachtet des Alters und Geschlechts. Karls Gesundheit gab ständig zu Sorgen Anlass. Die Ärzte wollten ein Bein des

Ferdinand I., Halbfigur, Gemälde von Guillaume Scrots, 1544

Dreißigjährigen amputieren. Der noch junge Mann litt entsetzlich an der Gicht, hervorgerufen durch seine enorme Fress- und Sauflust. Nach dem Bericht eines venezianischen Gesandten soll Karl bei Tisch fünfmal »den Mund in den Weinkrug gesteckt haben und jedes Mal war ein Liter Wein weg«. Allerdings habe auch der ungleich mäßigere Ferdinand beim Mittagstisch so lange getrunken, bis ihm die Tränen kamen.

Ferdinands vornehmstes persönliches Problem bildete die Gesundheit seiner Frau (Frage 71) und Kinder, dem er sich mit Erfolg widmete – von den 15 starben bloß zwei im Kindesalter. Mit 23 Jahren wurde Ferdinand zum ersten Mal Vater. Bei der Geburt seiner Tochter Elisabeth, der späteren Gemahlin Sigismunds II. August von Polen, war das Ehepaar getrennt: Anna entband am 9. Juli 1526 an ihrem Hochzeitsort, in der entsprechend adaptierten Linzer Burg, wo es sogar ein Badezimmer gab, während Ferdinand sich in Heidelberg aufhielt. Am 15. Mai 1531 kam Maria, die spätere Gemahlin des Herzogs Wilhelm von Jülich-Kleve-Berg, als fünftes Kind des Fürstenpaars zur Welt. Obwohl Ferdinand seinem Bruder sofort mitteilte, »Mutter und Tochter sind wohlauf«, entwickelte Anna eine hartnäckige Thrombose, mit der die österreichischen Ärzte nicht fertig wurden. Darauf bemühte sich Ferdinand in ganz Europa um eine entsprechende Salbe. Bezeichnenderweise befand sich das Rezept dafür in den Händen hoher adeliger Damen in den Niederlanden. Es waren also nicht »Gynäkologen«, sondern – nach guter alter, mittelalterlicher Art – adelige Frauen, deren Kenntnisse bei Entbindungen mit Komplikationen halfen.

Ferdinand war ein leidenschaftlicher, aber – so paradox es klingen mag – kontrollierter Mensch, der nur in äußerster Bedrängnis mitunter die Ruhe verlor, vor allem wenn sein älterer Bruder ihn wieder einmal hinhielt, desinformierte, ja zu hintergehen suchte.

## 71 Wie führten die Brüder Karl V. und Ferdinand I. ihre Ehen?

Die beiden Brüder Karl V. und Ferdinand I. waren ihren Gemahlinnen treu ergeben, ja hatten sie geliebt. Nicht gerade selbstverständlich, wenn Ehen als dynastische Verbindungen geschlossen werden. Ferdinand hat mit nicht ganz 18 Jahren – wie im Erbvertrag von 1515 (Frage 69) festgelegt – die 17-jährige in Innsbruck erzogene Jagellonin Anna von Ungarn geheiratet. Karl verehelichte sich dagegen erst mit 26 Jahren. Seine vier bekannten Bastarde stammen alle aus der Zeit vor oder nach der Ehe mit Isabella von Portugal. Von Ferdinand ist kein einziges uneheliches Kind bekannt. Beide Brüder waren in ihrem Eheverhalten ganz anders als ihr Vater Philipp (Frage 69) oder gar der Großvater Maximilian I. (Frage 68). Als Ferdinand mit 44 Jahren Witwer wurde, ließ er sich zum Zeichen der Trauer den Bart wachsen und machte sich so – wie Bilder zeigen – selbst zum unattraktiven alten Mann. Karl und Ferdinand waren wie mittelalterliche Reisekönige ständig unterwegs und daher oft von ihren Frauen getrennt. Karl schreibt, dass er viel auf die Jagd gehe, um seine Nieren von »schädlichen Säften und Kräften« zu reinigen und treu bleiben zu können. Am liebsten aber hatte er seine Gemahlin bei und um sich. Ferdinand, der ständig in finanziellen Nöten war, verband dagegen die gleiche herzliche Zuneigung mit einer Art Kosten-Nutzen-Rechnung, einer Mischung von katholischer Moral und praktischer Ökonomie, die auch anderen Habsburgern nicht fremd war. Er nehme, sagte er, Anna so viel wie möglich auf Reisen mit, weil ihre, wenn auch hohen, Reisekosten immer noch geringer seien als Aufwendungen für amouröse Abenteuer *en route*. Das Ergebnis: Ferdinand und Anna hatten in 26 Ehejahren 15, Karl und Isabella in 13 Ehejahren sieben Kinder. Beide Herrscherinnen starben im Kindbett, Anna mit 44 Jahren 1547, die gleichaltrige Isabella mit 36 Jahren bereits 1539.

# 72 Was bewirkte Ferdinand I. (1503–1564) für seine Königreiche und Länder?

Die Anfänge des 17-jährigen Ferdinand I. in Österreich bewirkten einen »Zusammenprall der Kulturen«, der im Wiener Neustädter Strafgericht von 1522 seinen blutigen Ausdruck fand. Hier rechnete der in Spanien modern erzogene Erzherzog (Frage 69) mit den Repräsentanten der österreichischen Stände und der Stadt Wien ab, die eine unzeitgemäße Politik vertraten, für die sie – nach Ansicht der Zeitgenossen – zu Recht schwer bestraft wurden. Im September 1522 teilte Ferdinand seinem Bruder kurz mit, die Todesurteile an den für schuldig befundenen *mutins*, Aufrührern, seien in Wiener Neustadt vollstreckt worden, weil sie sich Regierungsgewalt angemaßt hätten. Weit mehr bewegten Ferdinand aber der Tiroler Bauernaufstand, den er in Innsbruck hautnah erlebt hatte, sowie die Ausweitung der Salzburger Unruhen auf das steirische Ennstal. Die Bauernaufstände wurden im selben Jahr, 1526, niedergeschlagen, in dem Ende August der Ungarn- und Böhmenkönig Ludwig II. Schlacht und Leben bei Mohács gegen die Türken verlor. Unmittelbar nach Eintreffen der Todesnachricht forderte Ferdinand von seinem königlichen Bruder gemäß dem jagellonisch-habsburgischen Erbvertag von 1506 (Frage 69) die Belehnung mit dem Königreich Böhmen und erreichte gegen alle Mitbewerber die einhellige Wahl zum König der Wenzelskrone. Der Erbvertrag sah aber auch die Nachfolge Ferdinands in Ungarn vor. Hier kam ihm jedoch der Siebenbürger Woiwode Szapolyai zuvor, der am 11. November 1526 im dafür vorgesehenen Stuhlweißenburg/ Szekesféhervár gekrönt wurde. Seine Schwester und Königinwitwe Maria sowie ein kleiner Kreis ungarischer Adeliger wählten jedoch Ferdinand am 17. November 1526 in Pressburg zum König, womit die habsburgische Tradition des ungarischen Krönungsortes begründet wurde. Ferdinands ungarisches Königtum war demnach ein Gegenkönigtum, das erst legitimiert werden musste. Dies gelang Ferdinand nicht zuletzt aufgrund der erfolgreichen Verteidigung seines ungarischen Anteils und im Jahr 1529 der Verteidigung Wiens gegen die Türken, denen Johann I. Szapolyai und sein Sohn Johann II. auf Dauer weder Paroli bieten konnten noch wollten.

Schließlich war im Jänner 1531 die Erringung des dritten und ranghöchsten Königtums, der Würde eines *rex Romanorum vivente imperatore et fratre*, eines Königs der Römer zu Lebzeiten des kaiserlichen Bruders, ein politisches Meisterwerk. War schon dem Großvater Maximilian I. 1486 das Kunststück geglückt, zu Lebzeiten des kaiserlichen Vaters zum römisch-deutschen König gewählt zu werden (Frage 69), so betraten die Brüder 1531 völliges institutionelles Neuland. Die Kurfürsten, sofern sie nicht wie der Sachse dagegen protestierten, hätten es gerne gesehen, dass das römisch-deutsche Königtum Ferdinands eine leere Formel bliebe. Um dies zu verhindern und die mehrheitliche kurfürstliche Zustimmung dennoch nicht zu verspielen, schlossen die Brüder einen Geheimvertrag, in dem Ferdinand in der Abwesenheit Karls alle wichtigen Reichsrechte übertragen wurden. Hohe strategische Urteilskraft zeigte Ferdinand, als er für Karl am 17. März 1531 ausführliche Überlegungen zur Türkengefahr entwerfen ließ. Er zeigte am Beispiel Bosniens, wie selbst während eines Waffenstillstands große und unwiederbringliche Verluste an Land und Leuten aufgetreten sind, widerriet daher jeder Art von *appeasement*-Politik und verwies zugleich Kreuzzugspläne ins Reich des Utopischen. Es spricht für den Gründer der modernen österreichischen Staatlichkeit, dass die von ihm entwickelte Lagebeurteilung während der nächsten 150 Jahre glänzend bestätigt wurde.

Besonderen politischen Weitblick bewies Ferdinand, als er den Augsburger Religionsfrieden von 1555 noch als König – Karl dankte erst 1556 ab – zustande brachte. Man war allgemein der Auffassung, kein Reichstag seit Maximilians Zeiten sei derart erfolgreich gewesen.

Am Bau der Habsburgermonarchie haben viele Herrscher mitgewirkt und dabei immer wieder neue Fundamente legen müssen. Ohne Zweifel zählte dazu Ferdinands Reform der inneren Verwaltung, und zwar nicht bloß Österreichs. So war sein ungarischer Verwaltungsrat in Pressburg die einzige funktionierende Behörde im dreigeteilten Ungarn. Ferdinand war der Vertreter einer Zeit, die man als die Moderne der

Bürokratie bezeichnen könnte. Dennoch hat sich der Herrscher nach guter alter spätmittelalterlicher Tradition 1554 entschlossen, die österreichischen Länder auf seine drei Söhne Maximilian, Ferdinand und Karl aufzuteilen. Eine Entscheidung, die in der übernächsten Generation den höchst gefährlichen »Bruderzwist im Hause Habsburg« (Frage 74) bewirken sollte. Ein sonderbarer Widerspruch, so scheint es, den die Geschichte erst 1665 wieder aufhob. Aber erfolgreiche Politik besteht eben aus Widersprüchen, wenn sie Zukunft haben soll.

## 73 Was bedeutete die Länderteilung zwischen Karl V. und Ferdinand I. im Jahre 1522 für Österreich?

Diese Teilung des habsburgischen Erbes erfolgte unter anderen Gesichtspunkten als die spätmittelalterlichen Teilungen zwischen ehrgeizigen und streitbaren Brüdern. Karl und Ferdinand waren aufgrund der phantastisch anmutenden Erbverträge, die ihr Großvater Maximilian I. mit dem ihm eigenen Erfindungsreichtum geschlossen hatte, letztlich aber durch unvorhersehbare Umstände Erben des ersten europäischen Weltreiches geworden.

Karl, 1500 in Gent in den habsburgischen Niederlanden geboren, wuchs als Prinz eines deutschen Fürstenhauses auf, wenn auch französischsprachig erzogen, und galt als Erbe Burgunds, nach dem Tode seines Vaters, König Philipps I. von Kastilien, auch als möglicher Erbe der spanischen Königreiche. Dort übte sein mütterlicher Großvater, König Ferdinand II. von Aragón-Sizilien, anstelle seiner Tochter Johanna »der Wahnsinnigen« die Regierung aus. Nach dessen Tod 1516 wurde Karl tatsächlich zum König von Spanien gekrönt und schob seinen in Kastilien geborenen Bruder Ferdinand in die Niederlande ab. Als nun 1519 beider Großvater Kaiser Maximilian I. starb, bewarb sich Karl auch um dessen Nachfolge im Reich, nahm die österreichischen Erblande seiner Familie in Besitz und zeigte keinerlei Neigung, Macht und Erbe mit Ferdinand zu teilen, dessen politische Zukunft somit völlig offen war. Ferdinand hatte allerdings schon 1516, noch in seiner spanischen Heimat, zugestimmt, das von Maximilian I. bei der sogenannten Wiener Doppelhochzeit im Juli 1515 in Vertretung eines Enkels gegebene Heiratsversprechen für Anna Jagiello, königliche Prinzessin von Böhmen und Ungarn, einzulösen und die Ehe *per procurationem* zu schließen. Damit schien ein entscheidender Schritt für eine politische Zukunft Ferdinands in Österreich getan, zu welchem aber die Weichenstellung durch Karl fehlte. Ferdinand hätte mit Anna auch irgendwo im Riesenreich leben können, z. B. war an Neapel gedacht. Karl hatte sogar noch immer offengelassen, Anna selbst zu heiraten.

Erst 1521 entschloss sich der Kaiser halbherzig in einem am 28. April in Worms geschlossenen Vertrag die fünf Herzogtümer Ober- und Niederösterreich, Steiermark, Kärnten und Krain seinem Bruder zu überlassen. Tirol und die Vorlande, die Windische Mark, Triest und die adriatischen Küstenstädte hielt er zurück. Klug seine Enttäuschung verbergend, ritt Ferdinand nach Regensburg und reiste von dort mit dem Schiff nach Linz, um eine glanzvolle Hochzeit zu feiern und seine Herrschaft in Österreich nominell anzutreten. Schon im Winter begab er sich nach Brüssel und erreichte in persönlichen Verhandlungen mit seinem misstrauischen Bruder am 7. Februar 1522 eine politisch nachvollziehbare Teilung, die ihm alle vorenthaltenen Gebiete zusprach. Außerdem ernannte ihn Karl zu seinem Statthalter im Reich.

Die Teilung des Hauses in eine spanische und österreichische Linie war vollzogen. Doch führten beide den gleichen Namen, *Casa de Austria* und Haus Österreich. Ferdinand I. aber führte die österreichischen Länder zu einer modernen staatlichen Einheit (Frage 72).

# 74 Wieso kam es zu einem »Bruderzwist« im Hause Habsburg?

Die Auseinandersetzung Kaiser Rudolfs II. (1576–1612) mit seinen Brüdern und Neffen hat durch Grillparzers Drama *Ein Bruderzwist in Habsburg* 1872, im Todesjahr des Dichters, die Bretter, die die Welt bedeuten, erreicht und ist dadurch sprichwörtlich geworden. Zu den tragischen Ereignissen kam es, weil die in Österreich lebenden Erzherzöge der Meinung waren, dass der Geisteszustand des Kaisers bedenklich sei und ihn regierungsunfähig mache, und weil der älteste seiner Brüder, Erzherzog Matthias, die Hoffnung hegte, die Regierung an sich reißen zu können.

Voraussetzung für die familiären Spannungen war der Umstand, dass Kaiser Maximilian II. (1564–1576) bei seinem frühen Tod sechs Söhne hinterlassen hatte, von denen er nur einen zu seinem Nachfolger in allen Königreichen und als Kaiser erzogen hatte: Rudolf, den Ältesten.

Die Voraussetzungen für diese Entscheidung sind für die europäischen Herrscherhäuser charakteristisch. Familienbande waren für ihre Politik entscheidender als ethnische, geographische oder wirtschaftliche Aspekte. Erprobtes Mittel, die Macht zu vergrößern, war die kriegerische Eroberung oder die friedliche Erwerbung durch Heirat und Erbfolge. Diese Entwicklung zwang die Fürstenhäuser, strenge Heiratsbestimmungen und Erbfolgeregeln zu erlassen, um einer territorialen Zersplitterung durch Erbteilungen entgegenzuwirken. Das Haus Habsburg hatte als Folge solcher Teilungen im 15. Jahrhundert einen totalen Machtverlust ertragen müssen (Frage 17). Was war mehr zu fürchten: Dass ein einziger Erbe ohne Nachkommen stürbe oder dass viele Söhne das Erbe teilen und die Macht der Dynastie aufs Spiel setzen würden? Als Lösung bestimmte man für jüngere Brüder eine kirchliche Laufbahn, aber ohne priesterliche Weihe, um sie zur Erhaltung der Dynastie in die Politik zurückholen zu können. Die Großmeisterwürden der Ritterorden waren die bevorzugten, weil auch einträglichen Positionen in dieser Hinsicht.

Kaiser Maximilian II. setzte zur Sicherheit auf seine beiden Ältesten, Rudolf und Ernst, und schickte sie 1563, von seinem Vetter und Schwager Philipp II. gedrängt, für fast acht Jahre zur Erziehung an den spanischen Hof. Im Bruderzwist stand Ernst als einziger der Brüder loyal zu Rudolf, starb allerdings schon 1595. Matthias, der dritte Sohn, wurde mit seinem jüngeren Bruder Maximilian bei seinen Eltern in Wien erzogen. Ehrgeizig verschmähte er es, sich um ein geistliches Reichsfürstentum zu bewerben, wie es Rudolf empfahl, und stürzte sich eigenmächtig in das Abenteuer einer Statthalterschaft der Niederlande, das kläglich scheiterte. Maximilian, als Erzherzog der Dritte des Namens, sollte sich später als ein Realpolitiker streng katholischer Gesinnung erweisen. Nach mehreren Versuchen, ihn als geistlichen Reichsfürsten in Münster, Bamberg oder Salzburg zu etablieren, erreichte Rudolf seine Wahl zum Koadjutor des Deutschen Ordens. Er war der erste einer langen Reihe habsburgischer »Hoch- und Deutschmeister« bis zum Ende der Monarchie.

Die beiden Jüngsten, Albrecht und Wenzel, durften als Knaben 1570 ihre Schwester Anna zu ihrer Hochzeit mit Philipp II. nach Spanien begleiten und wurden zur Erziehung dort behalten. Albrecht wurde 1577 Kardinal-Erzbischof von Toledo, Wenzel Großprior des Johanniterordens von Kastilien, starb aber im Jahr darauf. Albrecht ging als Vizekönig nach Portugal, dann als Generalgouverneur in die Niederlande. Als sich herausstellte, dass keiner der sechs Brüder Nachkommen hatte, legte Albrecht seine kirchlichen Würden nieder und heiratete 1599 seine Cousine, die Infantin Isabella Clara, doch die Ehe blieb kinderlos. Die Hoffnung der Dynastie war nun der steirische Erzherzog Ferdinand III.

Die Zwistigkeiten zwischen Rudolf II., der in Prag residierte, und seinem Bruder Matthias, der als Statthalter in Österreich lebte – beide unverheiratet – traten wegen der Frage der Nachfolge des Kaisers auf. Seit dem Sommer 1600 verschlechterte sich dessen Gesundheitszustand und sein Misstrauen machte jede Vereinbarung unmöglich. So einigten sich Matthias, Maximilian III. und Ferdinand III., die einen Selbstmord des Kaisers für möglich hielten, getrieben durch den Bischof Melchior Khlesel, den Manager des Bruderzwists, vertraglich in Schottwien, den Kaiser gewaltsam zur Ordnung der Erbfolgefrage zu zwingen. Doch sie blieben untätig, obwohl der Kaiser nicht einmal mehr Verträge bestätigte, die Matthias mit den Türken verhandelt hatte. In einem geheimen Familienrat am 25. April 1606 wurde Rudolf als Familienoberhaupt abgesetzt, Matthias trat an seine Stelle. Daraufhin rief er die Stände Österreichs, Ungarns, dann auch Mährens und Böhmens zur Entmachtung des Königs auf. Während Matthias im Mai 1608 mit einem Heer vor Prag stand, eröffnete Rudolf noch den Landtag, unterschrieb aber wenige Wochen später den Vertrag von Lieben, in dem er sich auf das Königtum in Böhmen und das Kaisertum zurückzog. Beide Herrscher befanden sich in einer schwierigen Lage und konzedierten den Ständen – Matthias in Österreich, Rudolf in Böhmen – freie Religionsausübung.

Im Frühjahr 1610 warb Erzherzog Leopold, der jüngere Bruder Ferdinands (III.), als Bischof von Passau Truppen, um den Kaiser, den er als Haupt des Hauses anerkannte, zu unterstützen. Im Gegenzug wollte ihm dieser die Nachfolge im Reich sichern. Das »Passauer Kriegsvolk«, inzwischen die Geißel des Bistums und Oberösterreichs, zog 1611 plündernd nach Prag, floh aber dann vor Matthias. Rudolf wurde auch als König von Böhmen abgesetzt und starb als gefangener Kaiser auf der Prager Burg am 20. Jänner 1612.

Von seinem Bruder Matthias ließ ihn Grillparzer sagen:
»Nur einen tadl ich,
Den ich verachtet einst, alsdann gehasst,
Und nun bedaure als des Jammers Erben.
Er hat nur seiner Eitelkeit gefrönt,
Und dacht er an die Welt, so wars als Bühne,
Als Schauplatz für ein leeres Heldenspiel.«

## 75 Wie verlief das Leben der Töchter Maria Theresias?

Diese Frage wird oft so gestellt, als wären die Töchter von ihrer Mutter »verkauft« und einem ungewissen Schicksal überlassen worden. Da ist zunächst daran zu erinnern, dass die Ehe ein Rechtsgeschäft ist, das bis in das 20. Jahrhundert von den Eltern der Brautleute angebahnt wurde. Der Ehevertrag, in dem es um Mitgift, Morgengabe und Unterhaltspflicht, um Grundbesitz, Geld und Einfluss ging, wurde von den Eltern abgeschlossen. Das galt für Bürger und Bauern, Kaufleute und Handwerker, aber auch für die Herrscher Europas. Diesen ging es um die Macht der von ihnen beherrschten Länder und Reiche, die sie, in einem rein dynastischen Denken befangen, als Privatbesitz aufzufassen beliebten.

Maria Theresia handelte aus Gründen der Staatsräson und wusste um die Unsicherheit jedes Eheglücks. Zur Erzieherin ihrer 12-jährigen Tochter Josepha, die dann 16-jährig am Vorabend ihrer Hochzeit an den Pocken starb, sagte sie: »Ich betrachte die arme Josepha als ein Opfer der Politik. Wenn sie nur ihre Pflicht gegen Gott und ihren Gatten erfüllt und für ihr Seelenheil sorgt, so wäre ich zufrieden, selbst wenn sie unglücklich würde.« Maria Theresia war Mutter von elf Töchtern, vier starben im Kindesalter, Josepha 16-jährig, so sind es also sechs, deren »Schicksal« wir uns kurz vor Augen führen wollen.

Maria Anna, die Älteste, Liebling ihres Vaters, blieb unverheiratet. An Kunst und Wissenschaft interessiert, sammelte sie wie er Naturalien und Münzen und war eine gewandte Zeichnerin und Kupferstecherin. Nach dem schmerzlichen Tod ihres Vaters wurde sie zur Äbtissin des adeligen Damenstiftes in Prag ernannt, hielt sich aber zu Lebzeiten ihrer Mutter meist in Wien auf, nach deren Tod sie Joseph II. vom Hof verwies. Sie ging nach Klagenfurt, wurde Mittelpunkt eines wissenschaftlich interessierten Kreises und Protektorin der Freimaurerloge »Zur wohltätigen Marianne«.

Maria Christine, Liebling der Mutter, durfte als Einzige aus Liebe heiraten, aber erst den zweiten Kandidaten, Herzog Albert zu Sachsen, und erst 1766, nachdem ihr Vater bereits gestorben war, »der in derlei Dingen keinen Spaß verstand«. Das Paar wurde zu Statthaltern in Ungarn ernannt und lebte in Pressburg, für die verwitwete Mutter ein leicht erreichbarer Zufluchtsort. Albert und Marie Christine sammelten Kupferstiche und Zeichnungen. Die berühmte Graphiksammlung Albertina ist nach ihm benannt, der seine Frau fast um ein Vierteljahrhundert überlebte.

Maria Elisabeth war klug, aber eitel. Nachdem die Pocken ihre jugendliche Schönheit zerstört hatten, lebte sie verbittert und unverträglich bis zum Tod ihrer Mutter am Hof. Dann schob Joseph II. sie in das Damenstift nach Innsbruck ab.

Maria Amalia war nach der Meinung der Mutter ungebildet, aber selbstbewusst. Sie verzieh ihren Eltern nicht, dass sie einen ihr willkommenen Freier abgewiesen hatten und sie mit dem um fünf Jahre jüngeren, kindischen Herzog Ferdinand von Parma vermählten. Entgegen der Mahnung ihrer Mutter, sich nicht in die Staatsgeschäfte einzumischen, riss sie sehr bald – »halb Amazone und ohne männliche Hilfe«, wie ihr Bruder Joseph sagte – die Regierung an sich, änderte das spanische Hofzeremoniell, leistete der Revolution Widerstand und unterwarf sich erst den Truppen Napoleons. Sie starb im Exil in Prag. Den Briefkontakt mit ihrer Mutter hatte sie abgebrochen.

Maria Carolina war an Energie und Willensstärke der Mutter gleich, aber unbeherrscht. Nach dem Tode Josephas musste sie als Braut einspringen und 15-jährig den dummen, unerzogenen und ungepflegten König Ferdinand I. beider Sizilien (d. h. von Neapel und Sizilien) heiraten. Wir wissen durch ihren Bruder Joseph, der sie in Neapel besuchte, von ihren intimen Qualen. Trotzdem musste sie 17 Kindern das Leben schenken. Die Regierung des Landes hat sie ohne Scheu vor Konflikten mitgetragen, obwohl sie von ihrer Mutter zu Mäßigung gemahnt wurde, die ihr vorwarf, dass »ihre Stimme und Aussprache an und für sich recht unangenehm sei«! Nach der Hinrichtung ihrer »kleinen Schwester« Maria Antonia hat sie sich zur Rächerin an Frankreich berufen gefühlt, Napoleon gehasst und sich ihm als Einzige niemals unterworfen. Zuletzt wurde sie von den Engländern aus Sizilien vertrieben und floh über Konstantinopel, das Schwarze Meer und Galizien nach Wien, wo sie starb, während Metternich ihr Königreich verschacherte.

Maria Antonia, die jüngste der Töchter, mit vierzehneinhalb Jahren mit dem Kronprinzen von Frankreich verheiratet und von da an Marie Antoinette genannt, ist einem tragischen Schicksal entgegengegangen. Behütet und unbeschwert aufgewachsen, gab sie sich leichtsinnig dem verschwenderischen Hofleben von Versailles hin, obwohl sie ihre Mutter in Briefen mit prophetischen Worten beschwor, die Zeichen der Zeit zu erkennen. Erst nach einem Besuch ihres Bruders Joseph hat sie sich – zu spät – besonnen. Standhaft und ihrer großen Mutter würdig, ertrug sie die schändlichste Erniedrigung, Gefangenschaft und den Tod auf dem Schafott.

# HERRSCHER UND UNTERTANEN

## 76 Woher kommt der Begriff »Biedermeier« und welche Lebens- und Geisteshaltung prägt die Epoche?

Der Name ist irreführend. Er wurde geprägt durch dümmliche Verse, die von 1855 bis 1857 in den Münchner *Fliegenden Blättern* unter dem Pseudonym »Biedermeier« Gelächter über die biederen Väter und Großväter hervorrufen wollten, denen die Segnungen des selbstbewussten liberalen Zeitalters nicht zuteil geworden waren. Wie andere Epochen (z. B. die Gotik nach den barbarischen Germanen) erhielt auch jene zwischen den Napoleonischen Kriegen und dem Revolutionsjahr 1848 einen abfällig-spöttischen Namen. Man könnte darüber hinweggehen, wenn nicht im politischen Feuilleton und in der marxistischen Geschichtsschreibung der dümmliche Name zum Eintritt in eine Polemik diente, die Geist und Seele der Zeit nicht zu finden trachtet, sondern sie als reaktionär verurteilen will. Ein Urteil von Nachgeborenen, ebenso irreführend wie jenes, mit dem die *Fliegenden Blätter* den deutschen Humor bedienten.

Mit der traditionellen Eingrenzung der Biedermeierzeit durch die Jahre 1815 und 1848 liegt man richtig, wenn man nicht übersieht, dass einerseits die Wirkungen der josephinischen Reformen in den Bereichen des täglichen Lebens (Technik, Landwirtschaft, Handel), andererseits die politischen Reaktionen auf die Französische Revolution (z. B. Zensurverordnung 1797) schon in den letzten Jahren des 18. Jahrhunderts entscheidende Weichen für sie gestellt haben. Auch in den Künsten wird man, am deutlichsten in der Musik, im Spätwerk Joseph Haydns (Kaiserlied und Oratorium *Die Schöpfung*, 1797 bzw. 1798) und im Werk Ludwig van Beethovens, den Geschmack jener bürgerlichen Kultur verspüren, die wir als die Romantik bezeichnen.

Eine Voraussetzung für den biedermeierlichen Lebensstil war die totale Erschöpfung der Menschen nach einem Vierteljahrhundert eines europäischen Krieges, der nur durch kurze Friedenspausen als Ergebnis beschämender Unterwerfung unterbrochen worden war. Mit der Friedensordnung des Wiener Kongresses neigte man dazu, die Politik »dem lieben Gott, dem Bundestag in Frankfurt und der Staatskanzlei« zu überlassen und sich den wichtigeren Dingen des Lebens zuzuwenden. Dies als Rückzug in die Idylle oder gar als Flucht aus der Gegenwart zu bezeichnen ist ebenso einseitig, wie darin einen Protest des Bürgertums dagegen zu sehen, dass ihm kein Anteil an der Gestaltung des politischen Lebens erlaubt war. Auffallend ist vielmehr, dass auch die kaiserliche Familie und der Adel eine Vorliebe für das Bürgerliche und das Ländliche zeigten, die Tracht der alpenländischen Jäger als hoffähig akzeptierten. Die bürgerliche Hausmusik pflegte auch Kaiser Franz. Die große Oper überließen die Wiener den höfischen Kreisen, erfreuten sich gelegentlich an den deutschen Spielopern, aber im Grunde genommen waren sie nur von der Musik der Italiener, wie Rossini und Donizetti, begeistert. 1828 wurden 14 Konzerte des »Teufelsgeigers« Paganini vom Publikum gestürmt, ein Paganini-Kult wurde getrieben.

Schon 1812 wurde die bis heute berühmte »Gesellschaft der Musikfreunde« gegründet, womit der Weg zum öffentlichen Konzertleben geebnet war. Unvereinbar mit dem »Rückzug der kleinen Leute in die gute Stube« und dem Biedermeier-Klischee vom bescheidenen Glück ist die geradezu excessive Begeisterung für die Vergnügungen der Vorstadt. Dort wandelten sich die Ballsäle zu Vergnügungstempeln: »Ahnentempel«, »Sträußelsäle« oder »Fortunasaal«. Den »Feenpalast vom Diamantengrund« hielt man für ein bürgerliches Gegenstück zu Schloss Laxenburg. Die größten Tanzpaläste entstanden außerhalb des Linienwalles, der Dommayer in Hietzing, das Tivoli in Meidling usw. 1840 führte bereits eine Pferdeeisenbahn zum »Kolosseum«, einem Vergnügungsparadies in der Brigittenau. Im Tanzsaal des »Odeon« in der Leopoldstadt konnten sich 8000 Menschen austoben. Die Wiener waren offensichtlich weder sparsam noch bieder, die »eigenen vier Wände« gestalteten sie behaglich und geschmackvoll mit jenen Möbeln, denen auch die Bewunderung der Nachwelt gilt, schmückten die Wände mit Landschafts- und Genrebildern, sammelten Stiche, besonders die Ansichten der Städte des großen Reiches, liebten Wiener Porzellan und böhmische Gläser. Nicht Veränderung des Großen, sondern Gestaltung des Nächstliegenden war ihr Wunsch.

Von der großen Welt wusste man wenig, denn Reisen aus Österreich hinaus waren nicht gerne gesehen, ausländische Literatur war kaum zugänglich, die österreichische einer engstirnigen Zensur unterworfen. Auch Grillparzer wurde von ihr gedemütigt. So war das Urteil der Wiener über Theater und Literatur beschränkt, oder wie Grillparzer treffend sagte: »Man lebt in halber Poesie, gefährlich für die ganze.« Scheinen Ferdinand Raimunds Volksstücke die Bühne in eine Märchenwelt zu verzaubern, so neigen wir dazu, Nestroys Witz und Sarkasmus zeitkritisch einzustufen. Beide jedoch prüfen den Menschen und stellen ihm ein schlechtes Zeugnis aus, nicht der Zeit.

Im Vorstadttheater amüsierten sich nicht die bettelarmen Vorstadtleut', sondern die Hautevolee aus der Stadt, selbst Spekulanten und Bankrotteure. Der Maler Josef Danhauser malte seinen »Reichen Prasser« für den Seidenfabrikanten Arthaber. Das berühmte Bild ist moralisierend, und das gefiel dem Großverdiener, es ist nicht gesellschaftskritisch, was ihm missfallen hätte.

## 77 Wer musste zur Audienz beim Kaiser, wer konnte, wenn er wollte?

Nicht nur der päpstliche, der spanische und der französische Hof, auch der Wiener war auf nichts so sehr bedacht wie auf seinen zeremoniellen Rang. Es war nicht der Rang des Botschafters, sondern der Rang des Herrschers, den er vertrat, der zu berücksichtigen war. Die Form der Anrede, die zugelassene Hofkleidung, wer vor dem Kaiser den Hut abzunehmen hatte, ihn wieder aufsetzen durfte oder barhäuptig stehen musste, wie viele Schritte der Kaiser entgegentrat und vieles mehr unterlag ebenso strengen wie ungeschriebenen Gesetzen.

Im Zeitalter der absoluten Herrscher verliefen Audienzen nach einem strengen Zeremoniell, wobei Rangfragen die größte Bedeutung zukam, denn sie stellten die Position des Kaisers im diplomatischen Verkehr und im politischen Geschehen dar. Jeder, der sich um eine Stelle am Hof bewarb oder diese antrat, musste sich in einer Audienz vorstellen. Viel bedeutender als die protokollarisch vorgeschriebene Audienz war die öffentliche. Mit ihrer Einführung hat Kaiser Joseph II. alle Konventionen gebrochen, getreu seinem Wort, dass »nach und nach alle diejenigen noch von den Kaisern aus Spanien hergebrachten Gebräuche von mir abgestellt worden« – wie etwa das spanische Mantelkleid als Hofkleidung (Frage 36).

Durch eine allgemeine Audienz war der Tagesablauf des Kaisers geprägt. Nach dem morgendlichen Anhören der Rapporte der Obersten Hofchargen begab er sich in ein Kabinett am sogenannten Kontrollgang im Mezzanin des Leopoldinischen Traktes der Hofburg. Alle Stunden unterbrach er die Arbeit, ging auf den meist überfüllten Gang, hörte Leute an, nahm Bittschriften entgegen und übergab sie den Sekretären zur Bearbeitung. Bei heiklen Sorgen ging er mit dem Bittsteller in das Kabinett zurück. Der Zutritt zum legendär gewordenen Kontrollgang war jedermann gestattet, auf Kleidung wurde nicht geachtet.

Kaiser Franz, in vielem ein Nachahmer seines Onkels Joseph II., aber nach der Französischen Revolution und durch die ihr folgenden jahrelangen Kriege mehr dessen Despotismus zuneigend als seinem aufgeklärten Idealismus, hielt an den öffentlichen Audienzen fest. Er schränkte sie zwar auf zwei Wochentage ein, widmete sich ihnen aber stundenlang. Am Mittwoch hielt er private Audienzen für Würdenträger, Diplomaten und hohe Beamte, aber auch für all jene, deren Anliegen ein längeres oder geheimes Gespräch mit dem Kaiser rechtfertigte. Eine Voranmeldung im Oberstkämmereramt war erforderlich.

Zur öffentlichen Freitags-Audienz hatte man sich in der Kabinettskanzlei eintragen zu lassen, fand sich zur festgelegten Zeit ein und betrat nach Überprüfung der Anmeldung den Audienzsaal. Jeweils eine Gruppe von acht Personen wurde weitergewiesen. Der Kaiser, in Uniform eines Obersts des Kaiserjägerregiments, trat an den Bittsteller oder die Bittstellerin dicht heran und fragte, stereotyp in »Schönbrunner Deutsch«: »Was wollen Sie, wie heißen Sie, haben S' etwas Schriftliches bei sich?« Er überlas das »Rubrum«, also die Inhaltsangabe der Bittschrift, fragte nach, machte Einwendungen, übergab das Schriftstück einem Kammerherrn oder Sekretär mit einer Bemerkung, steckte es auch selbst in die Rocktasche und sagte abschließend hundertmal am Tag: »Nun wollen wir schon sehen, was zu machen ist.« Für Bittsteller, die seine Fragen italienisch beantworteten, war er sogleich eingenommen und sprach weiter in seiner Muttersprache, vermutete er eine Absicht dahinter, sagte er: »Können S' nicht Deutsch?« So ging es von einem zum andern, von sieben Uhr Früh bis gegen halb zwei.

Von Kaiser Franz Joseph wurden die vorgeschriebenen und die allgemeinen Audienzen zusammengelegt und in der »Wiener Zeitung« angekündigt. Anmeldung und Ablauf änderten sich nicht wesentlich, doch spielten Rangfragen und Bekleidungsvorschriften wieder eine große Rolle, nicht nur beim Hofball, sondern auch bei den Audienzen. Für die Wartenden standen im Audienzsaal gepolsterte Bänke zur Verfügung. Nach Rang und Zeitpunkt der Anmeldung wurde man einzeln aufgerufen und in den nächsten Raum gewiesen, wo der Kaiser an einem Tisch stand, auf dem die Namensliste der Angemeldeten mit Notizen über ihre Anliegen lag. Vorgeschrieben waren Audienzen nicht nur für Diplomaten, Hofbeamte, Gardisten usw., wenn sie ihren Posten antraten, sondern z. B. auch für Kämmerer oder Geheime Räte nach ihrer Ernennung; bei diesen war sie mit einer Beeidigung verbunden.

Die Macht des Kaisers Franz Joseph als »Oberster Kriegsherr« und als Oberhaupt des Gesamtreiches (Frage 60) beruhte nicht zuletzt darauf, dass er jeden Gesandten, jeden Offizier, jeden Beamten ernannte, jeden Orden persönlich verlieh. Und jeder sich – in »hoffähiger Kleidung« – zu bedanken hatte. Franz Joseph hat in seiner Regierungszeit mehr als 250 000 solcher Audienzen absolviert, in der Hofburg, in Schönbrunn und in den Residenzen in Budapest und Prag.

# 78 Warum tragen die neuzeitlichen Habsburger das »Goldene Vlies«?

Die einfache Antwort »Weil der Orden vom Goldenen Vlies der habsburgische Hausorden war« gibt keine befriedigende Auskunft. Die nächsten Fragen würden lauten: »Was ist ein Hausorden, was ist ein Vlies?«

Ein Hausorden ist eine adelige Vereinigung, an deren Spitze der Chef eines regierenden Fürstenhauses steht. Durch ihn wird man in diese Vereinigung aufgenommen, man ist Mitglied eines Hausordens, nicht Träger eines Verdienstordens. Der Orden vom Goldenen Vlies wurde 1430 als eine ritterliche Bruderschaft von Edelleuten gestiftet, die dem Souverän des Ordens, dem jeweiligen Herzog von Burgund bzw. dem Träger dieses Herzogstitels, »wahrhaft« zugetan und gehorsam waren. Der Stifter des *Ordre de la Toison d'or* war Philipp der Gute von Burgund (1396–1467, Herzog seit 1419), der dabei religiöse Verpflichtungen und die Propagierung romantischer Kreuzzugs-Träume mit der handfesten politischen Absicht verband, die wichtigsten Adeligen seiner Länder persönlich an sich zu binden. Der ehrgeizige Herzog aus dem französischen Königshaus Valois folgte mit der Ordensgründung einer Mode seiner Zeit. Fast jeder Fürst hatte im »Herbst des Mittelalters« seine Ritter- und Turniergesellschaft oder einen Hoforden, der zur unbedingten Gefolgschaft verpflichtete. Philipp der Gute war mit bestehenden Orden wie dem Annunziatenorden oder dem Hosenbandorden bestens vertraut, mit dem Hause Savoyen war er verwandt, mit dem König von England war er verbündet, sein verfeindeter Vetter, Karl von Orléans, hatte »seinen« Orden vom Stachelschwein, und zweifellos wusste er vom ungarischen Drachenorden des luxemburgischen Königs Sigismund.

Die Wahl von Ordensnamen, die uns heute wenig programmatisch erscheinen, hängt mit dem Wunsch nach einem originellen Ordensabzeichen zusammen. Es war große Mode, Abzeichen und Farben zu tragen und sich damit als Anhänger eines Papstes, Fürsten oder einer Kriegspartei zu bekennen. Bis in das 20. Jahrhundert wird diese »Mode« in den Farben und Knöpfen der Uniformen und Livreen weiterleben.

Viele Ritterorden vertrauten sich der Fürsprache ritterlicher Heiliger oder Mariens an, deshalb nannte sich der Hosenbandorden *The Order of St. George or Society of the Garter*, der dänische Elefantenorden »Bruderschaft der Jungfrau Maria«. Auch die Ritter des Ordens vom Goldenen Vlies, dessen Name und Abzeichen nach jenem goldenen Widderfell gewählt war, das als ein besonderer Schatz von den Argonauten, griechischen Helden unter der Führung Jasons, nach Griechenland zurückgeholt werden sollte, waren zweifellos zufrieden, als schon der erste Kanzler des Ordens den Bezug zu dem biblischen Helden Gideon herstellte. Dieser hatte von Gott als Zeichen seiner Erwählung zum Retter Israels gefordert, ein ausgebreitetes Widderfell solle über Nacht vom Tau benetzt werden, nicht aber der Boden rundum. So geschah es, auch als die Wiederholung mit umgekehrtem Ergebnis gefordert wurde.

Maximilian von Österreich heiratete 1477 Maria, die letzte Herzogin von Burgund. Als Erben Burgunds übernahmen die Habsburger den Orden als Hausorden. Nach dem Aussterben der spanischen Hauptlinie wurde er von Kaiser Karl VI. als burgundisch-österreichischer Orden weitergeführt. Auch die spanischen Bourbonen-Könige hielten ihn weiter aufrecht, wandelten ihn aber zum reinen Verdienstorden um. Obwohl seit Karl VI. die Zahl der Mitglieder aus dem Hochadel Österreichs, Böhmens und Ungarns zunahm, blieb der Orden eine internationale Vereinigung. Um 1880 betrug die Zahl der Ritter etwa 75, davon waren ca. die Hälfte Ausländer, von den Österreichern wiederum die Hälfte Erzherzöge. Obwohl man am Charakter einer verpflichtenden katholischen hochadeligen Gesellschaft festhielt, wurde die »Verleihung« des Ordens als Belohnung außerordentlicher Verdienste gewertet.

Das Vlies musste ursprünglich über dem rotsamtenen, goldbestickten Ordensmantel an einer goldenen Halskette (daher *collane*) getragen werden, die aus Symbolen des Ordens zusammengesetzt war, aus einem Feuerstein, aus dem zwei Feuereisen Funken schlagen. Die Habsburger legten die Collane auch über den Harnisch oder ein Festkleid. Karl V. trug das Vlies auch oft nur an einer goldenen Seidenschnur über dem schwarzen Hofkleid. Beide Tragarten lassen sich an Bildnissen der Kaiser und Erzherzöge bis zur Einführung der militärischen Uniformen im 18. Jahrhundert nachweisen. Seither trugen sie »das Vlies« zur Uniform und zum Frack als Halsdekoration an einem roten Band. Dazu wurde ein Zwischenglied aus einem Feuereisen und einem Feuerstein mit zwei roten Flammenspitzen gebildet, oft mit Edelsteinen besetzt. Bei Manövern wäre, vor allem zu Pferd, eine Halsdekoration sehr unpraktisch gewesen, weshalb das Vlies an einer kurzen Schnur im zweiten Knopfloch getragen wurde. Die prachtvollen Ornate wurden seit 1852 nicht einmal mehr bei der Fronleichnamsprozession getragen. Für die Sitzung beim Porträtmaler konnte aber ein leichter »Malerornat« aus der Ordensgarderobe entliehen werden.

# KRIEG UND FRIEDEN

## 79 Welche historische Wende bedeutete die erste Türkenbelagerung Wiens?

Das Osmanische Reich hatte im Laufe des 15. Jahrhunderts den gesamten Vorderen Orient unterworfen und war zur ersten militärischen Macht, Istanbul zur größten Stadt Europas aufgestiegen. Mit Sultan Süleyman (1495–1561), der seit 1519 das Riesenreich regierte, erreichten die Eroberungskriege ein ungeahntes Ausmaß.

Die Flotten der Türken und der in ihrem Sold stehenden Korsaren bekämpften die spanischen und portugiesischen Flotten im Mittelmeer, im Roten Meer und im Indischen Ozean; ihre Heere stießen in Nordafrika unaufhaltsam nach Westen, am Balkan nach Norden vor. Am 29. August 1521 eroberte der jugendliche Sultan die ungarische Grenzfestung Belgrad, auf den Tag fünf Jahre später schlug er das ungarische Heer in Südungarn bei Mohács vernichtend. König Ludwig II., der Schwager des Erzherzogs Ferdinand I., verlor mit Tausenden Mitstreitern sein Leben. Im Nachfolgespiel um die Königswürde konnte sich der ungarische Adel nicht einigen. Zwei Kandidaten wurden gewählt und gekrönt: Ferdinand von Österreich von der Hofpartei, die sich die Unterstützung gegen die Türken durch das Reich erwartete, und von der magyarischen Nationalpartei Johann Szapolyai, der Woiwode von Siebenbürgen. Er suchte den Anschluss an den Sultan und bat ihn um Hilfe gegen die »Deutschen«.

Im Mai 1529 brach Sultan Süleyman in Istanbul zur endgültigen Eroberung Ungarns auf, zog mit einer ständig wachsenden Armee über Belgrad die Donau aufwärts und eroberte am 8. September die von den Truppen Ferdinands heldenhaft verteidigte Festung Ofen (Buda). Ganz Europa starrte entsetzt, aber zugleich fasziniert von dem Kampfgeist, der Disziplin und der Waffentechnik des riesigen Heeres nach Ungarn.

König Ferdinand hatte seinen Bruder dringend um Hilfe gebeten, aber Karl war schon so sehr spanischer König, dass er dem türkischen Angriff auf Europa im Mittelmeer entgegentreten wollte, die Gefahr an der Südostflanke des Reiches unterschätzte. Nach monatelangen Verhandlungen mit den Reichsständen erreichte Ferdinand eine »eilige Türkenhilfe«. Gerade noch rechtzeitig zog ein Reichsheer von 10 000 Mann in den Raum von Wien. Der greise Stadtkommandant Graf Niklas Salm ordnete das Niederbrennen der Ortschaften außerhalb der von Ferdinand begonnenen, aber noch nicht vollendeten Befestigung an, und hundert gepanzerte Reiter des Reichsheeres, geführt vom Pfalzgrafen Philipp bei Rhein, zogen in die Stadt.

Sultan Süleyman führte sein Heer von etwa 120 000 Mann großteils auf der Donau heran. Die gefürchtete irreguläre Reiterei der Akinci (»Renner und Brenner«) war ihm unter dem Befehl des Mihal Oglu vorausgezogen, um die letzten Maßnahmen zur Versorgung Wiens zu verhindern. Ende September nahm Süleyman die Belagerung der Stadt auf. Nachdem er bereits Kairo und Babylon erobert hatte, fehlte nur noch Wien, die Stadt »des Goldenen Apfels«, als Edelstein in seinem Siegeskranz. Doch er hatte den Bogen überspannt. Der Nachschub war schwierig, die Hilfstruppen waren nicht verlässlich, die Stadt verteidigte sich erfolgreich und fügte den Angreifern große Verluste zu – und es war spät im Jahr!

Die Kommandanten der Eingeschlossenen waren Graf Niklas Salm, Bürgermeister Wolfgang Treu, Freiherr Wilhelm von Roggendorf, ein treuer Begleiter Karls V. und Ferdinands, sowie Pfalzgraf Philipp bei Rhein. In der Stadt befanden sich etwa 17 000 Bewaffnete, davon 5000 Bürger, Regimenter des Reichsheeres, steirische, niederösterreichische und böhmische Hilfstruppen, auch 750 Spanier, die aus Flandern angerückt waren mit ihrer herrlichen Fahne, die im Wien Museum noch zu sehen ist. Die Verteidiger verfügten über 100 Geschütze und hielten vier Sturmangriffen stand, die beiden am 11. und 13. Oktober waren von gewaltiger Wucht und als letzte Anstrengung der Belagerer zu erkennen. Salm wurde schwer verwundet und starb ein halbes Jahr später.

Am Morgen des 14. Oktober ließ Süleyman alle Gefangenen vor der Stadt hinschlachten und brach die Belagerung ab. Er war zum ersten Mal an die Grenzen seiner Militärmacht gestoßen.

Schon im Frühjahr 1532 versuchte er die Scharte auszuwetzen, brach in der Steiermark und in Niederösterreich ein, verzettelte aber mit der Belagerung von Güns (Köszeg) kostbare Zeit, denn inzwischen war der Kaiser selbst mit einem Reichsheer von mehr als 80 000 Mann vor Wien gezogen. Als der Pfalzgraf Philipp bei Rhein mit seinen Reitern – unter den Offizieren befand sich der junge Herzog von Alba – türkischen Truppen am Steinfeld eine schwere Niederlage zufügte, zog sich Süleyman nach Ungarn zurück. Kaiser Karl V. war enttäuscht, er hatte mit Recht erwartet, den Sultan in einer offenen Feldschlacht besiegen zu können. Damit hatte auch Süleyman gerechnet und stellte sich nicht.

Erste Türkenbelagerung, Vogelsicht der Stadt Wien, Holzschnitt von Niclas Meldemann, Nürnberg 1529

## 80 Welche Rolle spielt die Zweite Türkenbelagerung von 1683 im historischen Bewusstsein der Österreicher?

Im Vergleich zur ersten Türkenbelagerung ist das Andenken an die Personen, die 1683 die Haupt- und Nebenrollen spielten, wesentlich lebendiger, Legenden und Anekdoten zahlreicher, die Heldenverehrung präsenter.

Nach dem Bürgermeister von 1529, Wolfgang Treu, ist nur eine Straße benannt, dem Bürgermeister von 1683, Johann Andreas von Liebenberg, der während der Belagerung starb, wurde ein Denkmal mit einem grimmigen Löwen am Sockel an der Ringstraße errichtet. Das allerdings großartige Grabdenkmal für den Verteidiger der Stadt im Jahre 1529, Graf Niklas Salm, vergammelt unbeachtet in einer Ecke der Votivkirche, das kleinere für Ernst Rüdiger Graf Starhemberg, den Stadtkommandanten von 1683, mit der schönen Gestalt der Vindobona kann in der Schottenkirche von jedermann bewundert werden. An den großen Sultan Süleyman, der 1529 Wien belagerte, erinnert nichts mehr, von Kara Mustafa, dem Großwesir, der vor Wien 1683 versagte, ist nicht nur die schaurige Schädelreliquie vorhanden. Als Sieger von 1683 werden viele gerühmt: der Polenkönig Johann Sobieski, der kaiserliche Feldherr Herzog Leopold von Lothringen, Kurfürst Max Emanuel von Bayern, Prinz Ludwig von Baden, der »Türkenlouis«, kaum zu Recht Prinz Eugen und Kaiser Leopold I. selbst. Aber wer kennt den Pfalzgrafen Philipp bei Rhein, wer nennt König Ferdinand I. (Frage 72) für 1529? Die Legende von Kolschitzky (Frage 1) wird täglich neu erzählt.

Glücklicherweise war es während des Dreißigjährigen Krieges an der türkischen Grenze relativ ruhig geblieben. Allerdings hielt das Osmanische Reich Siebenbürgen und einen Großteil Ungarns fest in Händen. Seit der Mitte des 17. Jahrhunderts wurden die Überfälle türkischer Krieger wieder zur Plage der Bevölkerung, vor allem der Steiermark. Am 1. August 1664 konnte ein kaiserliches Heer unter dem Grafen Raimondo Montecuccoli einem großen türkischen Heer unter dem Kommando des Großwesirs Ahmed Köprülü bei Mogersdorf an der Raab eine schwere Niederlage zufügen. Der Sieg wurde nicht genützt, worüber sich die ungarischen Magnaten empörten. Bald danach gelang es den Osmanen, ein von ihnen abhängiges Fürstentum in Oberungarn zu errichten. Diese für ihn günstige Lage, die diplomatische Unterstützung durch Frankreich und sein Ehrgeiz veranlassten den Großwesir Kara Mustafa Pascha, im Juli 1683 mit einem Heer von etwa 150 000 Menschen vor Wien zu ziehen und die Stadt zu belagern. Dank einer hervorragend eingesetzten Artillerie und des Unterminierens der Bastionen durch die berühmten Pioniere schien Wiens Katastrophe unabwendbar, als endlich ein großes Heer vereinigter Truppen des Kaisers und des Königs von Polen über die Wienerwaldberge anrückte und am 12. September vom Kahlenberg in den Rücken der Belagerer stieß. Die Überrumpelung gelang, die türkischen Truppen flohen und hinterließen mehr als 20 000 Zelte, Fahnen und Ausrüstung, die als »Türkenbeute« bis heute in den Museen Europas und Klöstern Österreichs bewahrt werden. Zurück blieben auch herrliche orientalische Hengste, die Ahnen des englischen Vollbluts. Kara Mustafa wurde in Belgrad auf Befehl des Sultans Mehmed IV. erdrosselt.

Für Österreich begann der Aufstieg zur Großmacht (Frage 81), Wien erlangte Glanz und Ansehen einer deutschen Reichshauptstadt.

## 81 Kann man von Österreich als einer Weltmacht des Barock sprechen?

Mit dieser Formulierung hat der Historiker Oswald Redlich (1858–1944) das »Haus Österreich« gemeint, das österreichische Herrscherhaus. Es hat sich im Zeitalter des Barock, nach der deutschen Katastrophe des Dreißigjährigen Krieges und der Entmachtung des Reichsoberhauptes durch die Bestimmungen des Westfälischen Friedens 1648, trotz oder wegen der Raubkriege Frankreichs noch einmal ein Reichspatriotismus entwickeln können. Wien wurde auch im Bewusstsein der protestantischen Stände zur anerkannten Reichshauptstadt und Österreich als Sieger über die Türken zur ersten Macht Europas.

Dieser politisch-militärische Aufstieg wurde begleitet von einem außergewöhnlichen kulturellen Selbstbewusstsein. Es fand seinen Niederschlag in einer immensen Bautätigkeit, in einem verschwenderischen Theater- und Musikrausch, aber auch in dem konsequenten Aufbau wissenschaftlicher Sammlungen. In diesem Sinne kann man von Österreich als einer barocken Weltmacht sprechen. Auch das heutige Österreich ist von dieser Kultur nachhaltig geprägt und weiß die damals geschaffenen Kulturdenkmäler und Sammlungen touristisch zu vermarkten.

Drei Herrscher haben in dieser Epoche das Reich regiert, Leopold I. (1657–1705) und seine beiden Söhne Joseph I. (1705–1711) und Karl VI. (1711–1740), drei sehr verschiedene Charaktere, mit unterschiedlichen politischen und militärischen Aufgaben konfrontiert. Alle drei besaßen ausgeprägte künstlerische Vorlieben; gemeinsam war ihnen eine hohe Musikalität.

Für Leopold, ernst und friedliebend, stand die Bedrohung durch das Osmanische Reich im Vordergrund, die damit in engstem Zusammenhang stehenden Aufstände ungarischer Adeliger und die ihm als Kaiser auferlegte Pflicht, das Reich gegen Frankreich zu verteidigen. Im Gegensatz zu seinem französischen Gegenspieler Ludwig XIV. (1643–1715), dem selbstbewussten Repräsentanten des absoluten Staates, war er bedächtig und schwerfällig, von Beratern abhängig, die jede rationale Zusammenfassung der vielfältigen Kräfte zu einem modernen Regierungsapparat verhinderten.

Nach dem ruhmreichen Entsatz von Wien im Jahre 1683 (Frage 80) begann die jahrelange Rückeroberung Ungarns, deren siegreicher Abschluss im Frieden von Karlowitz (1699) das Ansehen Leopolds im Reich und in Europa festigte. Gestärkt trat er den Ansprüchen Frankreichs entgegen und begann den 14-jährigen spanischen Erbfolgekrieg. Für Joseph, stolz und prachtliebend, dem jungen Ludwig XIV. ähnlich, wurde der Kampf gegen Frankreich um das spanische Erbe zur bedrängenden Aufgabe. Ein Umschwung in der englischen Politik brachte die siegreichen

Feldherren um den beinahe errungenen Erfolg, aber erst der Tod des 33 Jahre jungen Kaisers bewirkte den Zusammenbruch der habsburgischen Machtpolitik.

Karl, der das habsburgische Erbe als jugendlicher König von Spanien (Karl III.) angetreten hatte, seine Ansprüche, unterstützt von seinem kaiserlichen Bruder Joseph und der englischen Seemacht, auch erfolgreich verteidigen konnte, musste das Scheitern seines Strebens infolge veränderter Machtverhältnisse in Europa als bitteres Schicksal erfahren. Zum Nachfolger seines Bruders gewählt, setzte er als Kaiser den Krieg gegen Frankreich fort, der erst am Verhandlungstisch verloren ging. Spanien und sein Weltreich errang ein Enkel Ludwigs XIV., Karl nur die (belgischen) Niederlande und die Besitzungen in Italien, vor allem das Königreich Neapel. Dieses Erbe wurde für die österreichische Kunst von besonderer Bedeutung. Leider stärkte es auch die »spanische Partei« am Wiener Hof. Deren Gegner Prinz Eugen (Frage 82) hielt wenig von der Erwerbung weit auseinanderliegender, schwer zu verwaltender und militärisch nicht zu verteidigender Länder. Er empfahl eine territoriale Zusammenfassung der habsburgischen Monarchie und Stärkung ihrer Position im Reich. Er fand kein Gehör, obwohl der Tausch Neapel-Siziliens oder der österreichischen Niederlande (Belgien und Luxemburg) gegen Bayern im Frieden von Rastatt (1714) vorgesehen war! Die letzten Lebensjahre Karls VI. waren beherrscht von dem Bemühen, seiner Tochter Maria Theresia das habsburgische Erbe zu sichern. Um die Anerkennung der Pragmatischen Sanktion (Frage 52) durch die europäischen Staaten zu erreichen, verzichtete er auf viele politische Erfolge, die die »Weltmacht« Österreichs gestärkt hätten.

Für alle drei Herrscher war eine Person von überragender Bedeutung: Prinz Eugen von Savoyen, der eigentliche Schöpfer der barocken Großmacht, aber auch der große Mäzen der Künste und Wissenschaften in Österreich. Nach dessen Worten war Kaiser Leopold sein Vater, Joseph sein Bruder und Karl sein kaiserlicher Herr.

## 82 Warum war Prinz Eugen von Savoyen der bedeutendste kaiserliche Feldherr?

Eine unerwartete Wende im Leben eines französischen Prinzen hat dem Reich und Österreich seinen größten Feldherrn geschenkt: Prinz Eugen von Savoyen (1663–1736). Was uns zufällig erscheint, war schon damals selbstverständliches gesamteuropäisches Denken, wenn auch nicht staatlich, sondern dynastisch begründet. Die Häupter der Herrscherdynastien waren die Exponenten der europäischen Politik und alle miteinander verwandt. Prinz Eugen hatte unbeschadet seiner bürgerlichen Mutter Zutritt zu jedem Königshof.

So kam der zwanzigjährige, klein gewachsene, unansehnlich erscheinende Eugène, nachdem ihm durch seinen König Ludwig XIV. eine unerhörte persönliche Kränkung widerfahren war, an den Hof Leopolds I., der 1683 vor der türkischen Armee nach Passau geflohen war. Letzten Ausschlag, nach Österreich zu gehen, mag die Nachricht gegeben haben, dass sein Bruder Louis gefallen war. Dessen Regiment war aber nicht mehr frei und Eugen wurde dem Feldmarschall Karl von Lothringen zugeteilt. Er wurde sein Vorbild und Lehrer. Im Stab des Herzogs bestand er die Feuertaufe beim Entsatz von Wien (12. September 1683). Noch im Winter beförderte ihn der Kaiser zum Oberst eines Dragoner-Regiments, zwei Jahre später wurde er Generalfeldwachtmeister.

Es bewährte sich ausnahmsweise einmal, dass Offiziere fürstlichen Standes nicht nach den allgemein geltenden Regeln, sondern bevorzugt befördert wurden. Dreißigjährig erklomm er den höchsten Rang eines Feldmarschalls. So konnte er mit der Kraft seiner Jugend seine Begabung zur Geltung bringen. Als Oberbefehlshaber im Türkenkrieg gelang es ihm, den Sultan beim Übergang über die Theiß vernichtend zu schlagen. Dieser Sieg bei Zenta (11. September 1697) begründete seinen Ruhm und setzte den Kaiser in den Besitz Ungarns und Siebenbürgens. Aber in Wien wollten ihm seine Neider den Prozess machen, da seine Instruktion wegen der vorgeschrittenen Jahreszeit nur defensive Operationen erlaubt hatte.

Auch im Spanischen Erbfolgekrieg hat er durch energisches und überraschendes Vorgehen, mit List und Klugheit seine Erfolge erzielt. Aber die überspannten Ziele Kaiser Josephs I. waren trotz des Bündnisses mit England nicht zu erreichen. So wurde der Krieg gegen Eugens Willen unnötig in die Länge gezogen. Zuletzt mussten diplomatische Rückschläge hingenommen werden, an denen das von der Hofgesellschaft geschürte Misstrauen des neuen Kaisers Karl VI. maßgeblich Schuld trug. Die eindrucksvollen, gemeinsam mit dem Herzog von Marlborough erfochtenen Siege bei Höchstädt (1704) und Malplaquet (1709) wiesen die skrupellose Machtpolitik Ludwigs XIV. in ihre Schranken.

Im Jahre 1700 wurde Prinz Eugen in den Geheimen Rat berufen, wurde in der Folge Vorsitzender der Staatskonferenz und Präsident des Hofkriegsrates und nahm dadurch eine Position ein, die ihm maßgeblichen Einfluss auf die Politik des Kaisers gab. Infolge des schwerfälligen Verwaltungsapparates und wegen des Eigensinns und Eigennutzes kaiserlicher Berater und Minister hat er seinen von der Idee der Staatsraison geprägten modernen politischen Stil nicht durchsetzen können. Auf dem höfischen Parkett fehlte ihm die Entschiedenheit des Handelns, die er als Feldherr bewies. In einem neuen Türkenkrieg wagte er 1717, als Belagerer Belgrads selbst von einem türkischen Entsatzheer eingeschlossen, durch seinen persönlichen Mut das Heer mitreißend den Ausbruch, schlug das türkische Heer in die Flucht und nahm die Stadt ein.

Die legendären Siege über die Türken, die Verteidigung der Rheingrenze gegen Frankreich haben den Deutschen die nationale Zusammengehörigkeit bewusst gemacht. Seine volkstümliche Verehrung als der »edle Ritter« begann schon zu seinen Lebzeiten.

## 83 Wer kämpfte an der Seite Österreichs gegen Napoleon?

Die Französische Revolution, deren Beginn etwas plakativ mit der Erstürmung der Bastille in Paris am 14. Juli 1789 angesetzt wird, wirkte zunächst nicht unmittelbar auf Österreich. Das Kaiserhaus war freilich betroffen von der Absetzung des Königspaares, war doch die Königin Marie Antoinette eine Tochter Maria Theresias (Frage 75). Vergeblich flehte sie ihren Bruder Kaiser Leopold II. um Hilfe an, doch war weder das Reich noch Österreich allein in der Lage, einen Krieg gegen Frankreich zu wagen. Immerhin vereinbarten Österreich und Preußen im Sommer 1791 Hilfsmaßnahmen für den König von Frankreich sowie die Aufstellung von Truppen. Daraufhin richtete die französische Nationalversammlung an den Kaiser die Anfrage, ob er gewillt sei, am Bündnis mit Frankreich festzuhalten, das Kaunitz 1756 geschlossen hatte.

Der überraschende Tod Leopolds II. änderte nichts an der Situation, Frankreich (nominell noch König Ludwig XVI.) erklärte im April 1792 Österreich und Preußen den Krieg. Wegen des Bündnisses der beiden wird er der erste Koalitionskrieg genannt.

Russland, England, die Niederlande, Spanien, Portugal, Sardinien und Neapel-Sizilien traten der Koalition bei. Österreich hatte die Hauptlast des Krieges zu tragen, denn Preußen brach nach ersten Niederlagen der Österreicher am Rhein bereits 1795 das Bündnis, unter dem Vorwand von Differenzen in Zusammenhang mit der dritten Teilung Polens.

Nach Erfolgen Erzherzog Karls in Franken und der Oberpfalz bahnte sich in Oberitalien die Katastrophe an. Der junge General Napoleon Bonaparte überrannte in einem einzigen Siegeszug die Lombardei und Venetien und drang bis in die österreichischen Alpen vor. Die Verbündeten sprangen ab, Österreich schloss den Frieden von Campo Formido (März 1797), verlor die Lombardei und die Niederlande, gewann Istrien und Dalmatien mit der venezianischen Flotte. Den Versuch, am Verhandlungstisch friedliche Verhältnisse zu schaffen, beendete Frankreich im März 1799 mit einer neuerlichen Kriegserklärung an den Kaiser, dem sich die alten Verbündeten – aber nicht Preußen – anschlossen. Der anfänglich erfolgreiche Feldzug der Koalition in der Schweiz und Oberitalien kam durch den Austritt Russlands ins Stocken. Bonaparte, von seinem ägyptischen Feldzug zurückgekehrt und durch einen Staatsstreich Erster Konsul der Republik, griff im Juni siegreich bei Marengo und im Dezember 1800 bei Hohenlinden in den Krieg ein und beendete ihn. Der folgende Friede von Lunéville gab ihm die Möglichkeit, in die inneren Angelegenheiten Deutschlands einzugreifen.

Durch das von ihm initiierte Reichsgesetz, den sogenannten Reichsdeputationshauptschluss, mit dem die bisherige Struktur des Reiches zerstört werden sollte, wurden 1803 die Territorien der geistlichen, zahlreicher kleinerer weltlicher Reichsfürsten und fast aller Reichsstädte zur Entschädigung für jene verwendet, die ihre Gebiete im Laufe der Koalitionskriege verloren hatten. So erhielt z. B. Großherzog Ferdinand III. als Ersatz für die Toskana das Erzbistum Salzburg und wurde zum Kurfürsten erhoben. Die politischen Ereignisse überstürzten sich. Im Jahr 1804 machte sich Napoleon zum Kaiser der Franzosen, 1805 zum König von Italien. Kaiser Franz nahm 1804 für die Gesamtheit der habsburgischen Erblande den Titel eines Kaisers von Österreich an und erklärte 1806 das Heilige Römische Reich für erloschen. Napoleon setzte sich an die Spitze der westdeutschen Fürsten und erklärte neuerlich den Krieg. Österreich verband sich mit England und Russland zur dritten Koalition. Mit der Armee Napoleons zogen Bayern, Württemberg und Baden siegreich entlang der Donau bis Wien. Im Dezember 1805 errang Napoleon in der Dreikaiserschlacht von Austerlitz, südöstlich von Brünn, seinen größten Sieg. Österreich musste den harten Frieden von Pressburg schließen.

Während Napoleon in den folgenden Jahren Preußen und Russland besiegte und Spanien und Portugal besetzte, versuchte Österreich durch Aufstellen einer Landwehr nicht nur seine militärische Kraft zu stärken, sondern auch einem geplanten Krieg gegen Napoleon eine national-patriotische Note zu verleihen. Ein Aufstand der Bevölkerung Spaniens machte Österreich Mut, ohne Verbündete im April 1809 Frankreich den Krieg zu erklären. Fast gleichzeitig errang Erzherzog Karl am 29. Mai bei Aspern einen spektakulären Sieg über den bisher ungeschlagenen Napoleon, eine Woche später Andreas Hofer am Bergisel über ein bayerisches Heer. Das Kriegsglück wendete sich und Österreich musste wiederum Frieden schließen, wobei der neuerliche Verzicht auf Tirol besonders beschämend war. Nun trat auch Österreich an die Seite Frankreichs, die Ehe der Erzherzogin Marie Louise mit Napoleon war dafür das deutliche Zeichen. Kaiser Franz war daher gezwungen, den Feldzug seines Schwiegersohnes gegen Russland zu unterstützen. Die katastrophale Niederlage der »Großen Armee« einigte endlich die europäischen Staaten. Gemeinsam besiegten Russland, Preußen, England, Schweden und Österreich Napoleon in der »Völkerschlacht« bei Leipzig (16.–19. Oktober 1813). Oberbefehlshaber der vereinigten Heere war der österreichische Feldherr Fürst Karl Philipp von Schwarzenberg, sein Chef des Generalstabs Graf Johann Joseph Wenzel Radetzky.

## 84 Welche Staaten nahmen am Wiener Kongress teil?

Der Krieg gegen Napoleon wurde am 30. Mai 1814 durch den »ersten« Pariser Frieden beendet. Schon damals fielen Entscheidungen über die Ziele einer allgemein als notwendig erachteten Friedenskonferenz. Sie wurde schließlich für Oktober nach Wien einberufen. Acht Staaten, Signatarmächte oder kurz »die acht« genannt, sollten den Verlauf der Konferenz lenken und die Schlussakte unterzeichnen. Am 18. September 1814 begannen vorbereitende Beratungen. Nach und nach trafen die Herrscher mit Familien und Gefolge ein – als Erste am 25. September Zar Alexander I. und König Friedrich Wilhelm III. Auf das luxuriöse gesellschaftliche Leben der hohen Herrschaften machten sich die Wiener bald ihren Reim:

»Er liebt für alle: Alexander von Russland.
Er denkt für alle: Friedrich Wilhelm von Preußen.
Er spricht für alle: Friedrich von Dänemark.
Er trinkt für alle: Maximilian von Bayern.
Er frisst für alle: Friedrich von Württemberg.
Er zahlt für alle: Kaiser Franz.«

Nachdem die Minister oder Botschafter der acht ihre Vollmachten vorgelegt hatten, wurden jene Diplomaten beglaubigt, die rund 50 andere europäische Staaten und Gemeinschaften vertraten. Am 31. Oktober übernahm Metternich mit Genehmigung des Kaisers die ihm angetragene Präsidentschaft des Kongresses; Friedrich von Gentz, sein unentbehrlicher Mitarbeiter in der Staatskanzlei, wurde zum Sekretär bestellt und der Kongress eröffnet. Es fanden keine Plenarsitzungen statt, das Komitee der acht verhandelte mit den einzelnen Mächten und legte die Ergebnisse in Protokollen nieder, die zur Einsicht auflagen.

Die Vertreter der Signatarstaaten waren:
für Österreich: Metternich, Wacken, Wessenberg
für England: Castlereagh (im Februar 1815 durch Wellington ersetzt), Cathcart, Stewart
für Russland: Nesselrode, Razumofsky, Stackelberg
für Preußen: Hardenberg, Humboldt
für Frankreich: Talleyrand, Noailles, La Tour-du Pin, Dalberg
für Schweden/Norwegen: Löwenhjelm
für Portugal: Lobo da Silveira, Saldanha da Gama, Palmella
für Spanien: Labrador

Außerdem waren die Könige von Dänemark, der Niederlande, Sardiniens, beider Sizilien und der Herzog von Modena zeitweise persönlich oder wie die Schweizer Eidgenossenschaft und der Papst (durch Kardinal Consalvi) diplomatisch vertreten. Dazu kamen fast sämtliche Fürsten der 33 deutschen Staaten (Österreich und Preußen zählten zu den acht!) sowie die Abgeordneten der Freien Stadt Frankfurt und der Hansestädte Bremen, Hamburg und Lübeck. Diese 39 deutschen Staaten und Städte schlossen sich am 8. Juni 1815 zum Deutschen Bund zusammen, womit die schwierige deutsche Frage gelöst schien.

Am 13. Juni richtete Metternich an die Bevollmächtigten aller Staaten die Aufforderung, in der Staatskanzlei (heute Bundeskanzleramt) Einsicht in die am 9. Juni paraphierten Schlussakte zu nehmen. Am 19. Juni wurden die Einzelexemplare besiegelt und, soweit möglich, unterschrieben. Da einige Staatsminister bereits abgereist waren, wurden sie auf eine Rundreise durch Europa geschickt, die viele Wochen dauerte. Spaniens Vertreter unterschrieb nicht.

Der Wiener Kongress: die Delegierten in einer Verhandlungspause, Linien- und Punktierstich von J. B. Isabey, publiziert in Paris 1819

## 85 Wer schloss die Heilige Allianz und welches Ziel verfolgten die Bündnispartner?

Schon im Vorfeld des Wiener Kongresses (Frage 84) kamen die Großmächte überein, keinen mächtigen Staat in der Mitte Europas zuzulassen. Deutschland sollte ein Staatenbund werden, der seiner kulturellen Vielfalt entsprach, und mit Österreich verbunden sein. Als Nachfolger des römisch-deutschen Reiches wurde der Deutsche Bund errichtet, in dem 35 souveräne deutsche Fürsten und vier freie Städte vereinigt waren.

Für das Kongresswerk gab es keine internationale Garantie, wie sie England unter Einbeziehung des Osmanischen Reiches gefordert, und keine wechselseitigen Hilfsversprechen, wie sie Österreich gewünscht hatte. Die europäische Politik wurde durch die noch in den letzten Kriegstagen am 1. März 1814 geschlossene Quadrupelallianz aus Russland, Österreich, Preußen und Großbritannien bestimmt. Nach dem Friedensschluss um Frankreich erweitert, ging es den nunmehr fünf Großmächten um die Stabilität des neu etablierten europäischen Systems, schlichtweg um allgemeine Ruhe.

Um jede verbindliche Kodifizierung zu verhindern, überraschte der russisch-orthodoxe Zar Alexander I. den römisch-katholischen Kaiser Franz I. und den protestantischen Preußenkönig Friedrich Wilhelm III. im September 1815 mit einem in Paris verfassten Entwurf für ein von christlich-mystischen Vorstellungen geprägtes romantisches Manifest einer »Heiligen Allianz«. Das Konzept stammte von dem russischen Staatsrat Alexander Stourdza und basierte auf pietistischen Ideen einer in Paris lebenden Lettin, Juliane von Krüdener. Es gründet auf dem Gottesgnadentum der Herrscher, die in christlicher Brüderlichkeit für Frieden, Gerechtigkeit und Menschlichkeit eintreten und ihre Völker in dieser religiösen Gesinnung regieren wollten.

Gentz, der kluge Sekretär Metternichs, nannte die Allianz »eine politische Nullität ohne realen Gegenstand, ohne wirklichen Sinn, eine Theaterdekoration«, aus Eitelkeit erdacht. Wenn es auf einer Medaille zum Gedenken an ihre Gründung heißt, dass eine »Palme – Religion, Tugend und Recht als Früchte tragend – der blutigen Erde entspross«, so erkennt man, dass die Verwüstung Europas und die ungeheuren Menschenopfer der Napoleonischen Kriege eine unauslöschliche Schreckensvorstellung darstellten. Für Metternich war das reine Sentimentalität. Der Text des Manifestes war ihm ein Gräuel, aber er durfte ihn korrigieren und formulierte ihn zu einer Absichtserklärung für ein politisches Bündnis um, dessen er sich für seine Politik zu bedienen dachte. Am 26. September 1815 wurde das Manifest unterschrieben. Der Einladung der drei Monarchen, dem Bündnis beizutreten, folgten fast alle Herrscher Europas. Papst Pius VII. lehnte den Beitritt ab. England begnügte sich mit einer Sympathieerklärung und das nichtchristliche Osmanische Reich war gleich gar nicht eingeladen worden.

Die Allianz wollte für die Erhaltung der durch den Wiener Kongress gesetzten europäischen Ordnung wirken und sich über notwendige

Maßnahmen auf regelmäßig abzuhaltenden Kongressen verständigen. Nationale und liberale Bewegungen beschloss man durch militärisches Eingreifen im Keime zu ersticken. Dieses Interventionsprinzip lehnte Großbritannien ab.

Kongresse »zur Friedenssicherung« fanden 1818 in Aachen, 1820 in Troppau (Opava, Tschechien), fortgesetzt 1821 in Laibach (Lublijana, Slowenien), und 1822 in Verona statt. Im Jahre 1830 lehnte die Heilige Allianz den durch die Julirevolution eingesetzten französischen König Louis Philippe als »Barrikadenkönig« ab. Daraufhin zog sich Frankreich aus der Allianz zurück.

Alexander I. war schon 1825 gestorben. Er hatte in einer mystischen Scheinwelt gelebt und seine Völker in der stickigen Atmosphäre der Reaktion niedergehalten. 1833 erneuerte Metternich die Allianz in einem letzten Monarchentreffen im nordböhmischen Münchengrätz, das einem neuerlichen Aufstand im russisch besetzten Polen vorbeugen sollte. Bis zuletzt hielt man an dem etablierten Mächtesystem fest. Eine Position, die zu Starrheit und Versteinerung führte. Revolution als gewaltsamer Umsturz dieser Ordnung war das Feindbild schlechthin.

## 86 Welche Rolle spielte Österreich gegenüber dem Risorgimento?

Risorgimento heißt Wiederbelebung, so nannten italienische Patrioten die Ideen und die politisch-soziale Bewegung, die für eine Vereinigung der Staaten auf der Apenninenhalbinsel zu einem nationalen Ganzen, einer italienischen Nation eintrat. Ihre Hoffnung setzten sie auf Bonaparte, den General der Revolution, nachdem er 1797 Österreich in Oberitalien besiegt hatte. Er aber nahm unter dem Vorwand der Befreiung die Aufteilung Italiens auf französische Satellitenrepubliken vor, annektierte Piemont für Frankreich, besetzte Venedig und überließ es ausgeplündert und wirtschaftlich ruiniert Österreich. Mit dem Kunstraub in Italien begann der Aufbau des Pariser Louvre zu einem Weltmuseum.

Nach Napoleons Sieg im Zweiten Koalitionskrieg wurde 1803 auch die Toskana »kassiert«, nach dem Dritten Koalitionskrieg jedoch schien sich 1805 der Traum der Italiener zu erfüllen, als Napoleon das Königreich Italien begründete und sich mit der Eisernen Krone krönte. Aber er beschränkte sein Königtum auf Oberitalien und einen Teil des Kirchenstaates. Illyrien mit der dalmatinischen Adriaküste unterstellte er Frankreich. Das Bistum Trient fiel mit Tirol an Bayern. Die Republiken kamen an Frankreich oder er verteilte sie nach Gutdünken. Das Königreich Neapel gab er seinem Reitergeneral Murat, der seine Schwester Caroline geheiratet hatte, Lucca als Herzogtum seiner Schwester Elise Baciocchi, und ihren Mann, einen korsischen Offizier, erhob er zum Herzog von Massa-Carrara.

Nach dem Zusammenbruch des napoleonischen Kaiserreiches hatten die Delegierten am Wiener Kongress über die Zukunft Italiens zu entscheiden. An dessen nationaler Einigung schien niemand interessiert zu sein. England wollte sich Sizilien einverleiben, was ihm mit Malta bereits gelungen war, wogegen das aus Neapel verdrängte Königspaar protestierte, zumal Metternich erwog, Murat Neapel zu lassen. Der Kirchenstaat, Modena und Toskana wurden wiedererrichtet, Parma und Piacenza der Kaiserin Marie Louise, der Gemahlin des verbannten Napoleon, als Großherzogtum zugewiesen. Was blieb, waren Mailand und Venedig. Als Königreich Lombardo-Venetien wurde es gegen den Verzicht auf die Österreichischen Niederlande (Belgien) und die Vorlande Österreich zugesprochen. Der Gewinn war wirtschaftlich, aber auch emotional gesehen gewaltig, weil Österreich seine jahrhundertelangen engen kulturellen Beziehungen zu Italien wiederbelebt sah. Politisch aber war er eine Katastrophe, weil Österreich zum Hauptgegner des Risorgimento werden musste.

Und es wusste nur wenig dieser Entwicklung entgegenzusetzen. Metternich etwa wollte nach dem Vorbild des Deutschen Bundes eine Union Italiens mit Österreich schließen. Tatsächlich aber verweigerte Wien die halb zugesagte Autonomie und die Krönung des Kaisers mit der Eisernen Krone, war uneinsichtig in der Schulfrage, unsensibel bei der Besetzung der Beamten. Es verstand nicht, die enttäuschten Verehrer Napoleons für sich zu gewinnen. Da nützte auch der anfängliche und nach 25 Jahren Krieg nicht unerwartete wirtschaftliche Aufstieg und die nach ganz Italien ausstrahlende Blüte von Wissenschaft, Dichtung und Musik nichts. Die spektakuläre Rückführung der vier antiken Pferde von San Marco aus Paris war zwar eine kulturell bedeutsame Leistung, politisch aber nur Kosmetik.

Entscheidend war, dass die überwiegende Zahl der führenden geistigen Köpfe Italiens einen national geeinten Staat ohne Österreich als das einzig anzustrebende, zu erkämpfende Ziel ansah. Dabei ging es nicht nur um die österreichische Herrschaft im lombardo-venezianischen Königreich, sondern auch um Österreich als europäische Ordnungsmacht. Als nach einer kurzen Revolution König Ferdinand I. (IV.) von Neapel eine Verfassung bewilligen musste, rief er die Heilige Allianz zu Hilfe, die 1821 (Kongress zu Laibach, Frage 85) beschloss, durch österreichische Truppen die vorrevolutionäre Ordnung wiederherzustellen. In ähnlicher Weise kam Österreich auch dem König von Sardinien-Piemont in Turin zu Hilfe. 1831 warf Österreich, vom neuen Papst Gregor XVI. herbeigerufen, die Aufstände im Kirchenstaat nieder. Dabei trat Frankreich als Konkurrent Österreichs auf den Plan und besetzte Ancona. Österreich wurde vollends zum Feind der nationalen Bewegung, weil es einer Verschärfung der Repression in allen Staaten das Wort redete und in der Lombardei auch praktizierte. Wer nicht emigrierte, wurde verhaftet. Großes Aufsehen erregte der Fall des romantischen Dichters Silvio Pellico und dessen achtjährige Haft auf dem Spielberg in Brünn, geschildert in *Le mie prigioni* (1832). Starke patriotische Wirkung hatte auch der erstmals 1826 in Mailand erschienene historische Roman *I promessi sposi* von Alessandro Manzoni.

Nachrichten von der Revolution in Wien gaben den Radikalen im März 1848 den Anstoß zum Losschlagen. Nach den legendären *cinque giornate* musste Radetzky Mailand räumen, in Venedig kapitulierte die österreichische Besatzung kampflos, um Zerstörungen zu vermeiden. Nun erklärte König Carlo Alberto von Piemont, unterstützt von England, am 26. März Österreich den Krieg, besetzte Mailand und erreichte Peschiera. Aus Wien zogen die Freiwilligen nach Italien, die Armee wurde verstärkt und der 80-jährige Radetzky besiegte bei Custozza die Piemontesen, am 9. August war er wieder in Mailand. Johann Strauß Vater schrieb den Radetzkymarsch, Grillparzer ein Huldigungsgedicht. Das änderte nichts daran, dass Österreichs politische Stellung in Italien vernichtet war.

Das nächste Kapitel schlug Frankreichs Kaiser Napoleon III. auf, der 1858 in einem Geheimvertrag mit Piemonts Ministerpräsident Graf Cavour, ebenso wie sein berühmter Vorgänger, Italien zwischen Frankreich und Piemont aufteilen wollte. Der Krieg brach 1859 aus und wurde von österreichischen Truppen unter unfähigem Kommando rasch verloren. Die blutige Massenschlacht von Solferino blieb in schrecklicher Erinnerung. Kaiser Franz Joseph, der vergebens auf eine Unterstützung durch Preußen oder den Deutschen Bund gehofft hatte, entschloss sich um den Preis des Verlustes der Lombardei zum Frieden, Österreich behielt Venedig. Gleichzeitig hatte Cavour die Freischärler Garibaldis zum »Zug der Tausend« nach Marsala und von Sizilien nach Norden mobilisiert. Die mittelitalienischen Staaten, die Napoleon III. für seine Familie gefordert hatte, schlossen sich nach revolutionärem Umsturz dem neuen Königreich Italien an, Savoyen und die Riviera fielen jedoch an Frankreich. Viktor Emanuel II. von Piemont nahm auf Beschluss des ersten italienischen Parlaments 1861 den Titel »König von Italien« an.

1866 verbanden sich Italien und Preußen zum Krieg gegen Österreich, das gegen Italien sowohl bei Custozza zu Lande als auch vor Lissa auf See siegreich blieb, aber von Preußen besiegt wurde (Frage 60). Preußen und Frankreich entschieden zugunsten Italiens, sodass Österreich sich auch aus Venetien zurückziehen musste. Das Risorgimento Italiens war verwirklicht.

## 87 Welche Rolle spielte Österreich bei der Gründung der modernen Balkanstaaten?

Die Balkanstaaten, deren problematische nationale Identität im Verlauf des Auseinanderbrechens Jugoslawiens offenkundig wurde, waren sozusagen Zerfallsprodukte der europäischen Türkei und der Donaumonarchie. Ihre Staatenbildung wurde schon im Spätmittelalter durch Versuche, die türkische Fremdherrschaft abzuschütteln, als nationale Aufgabe vorbereitet. Für die Serben wurde die Abwehrschlacht am Kosovo (Amselfeld) im Jahre 1389 zum Mythos, für die Albaner der Freiheitskämpfer Skanderbeg (gest. 1468) zum Staatssymbol, und Bosnien verbindet seine nationale Identität mit der Sekte der Bogumilen und dem Versuch Stephan Tvrkos (gest. 1391), die Südslawen zu einigen.

Die Grundlage für die Bildung der Balkanstaaten wurde aber erst durch die Verteidigungskriege der europäischen Mächte gegen das Osmanische Reich gelegt. An diesen waren Deutschland bzw. der habsburgische Kaiser als König von Ungarn, der König von Polen, der Zar von Russland und der Doge von Venedig beteiligt. Sie waren gleichsam die christlichen Frontstaaten an der Adria, an Donau und Save und am Schwarzen Meer. Nach dem Sieg des Prinzen Eugen bei Zenta (Frage 82) mussten die Türken viele der von ihnen eroberten Gebiete räumen. Im Frieden von Karlowitz (1699) kamen Ungarn (außer dem Banat), Siebenbürgen, Slawonien und Kroatien an Österreich, Podolien an Polen und Teile des Peloponnes und Dalmatiens an Venedig. Im Jahr darauf musste der Sultan auch Asow an Russland abtreten, das sich damit seinen ersten (!) Hafen am Schwarzen Meer sicherte.

Hundert Jahre später brach mit Napoleon auch am Balkan ein neues Zeitalter an. Durch Reformen veränderte sich in dem von ihm gegründeten französischen Königreich Illyrien (Gebiete des heutigen Slowenien, Kroatien bis zur Save, das österreichische Küstenland und Westkärnten samt Osttirol sowie Triest und Dalmatien) das politische Bewusstsein der Bevölkerung. Davon leitet sich der Name »Illyrismus« für die kroatische Nationalbewegung her, die sich zunächst gegen den »Magyarismus« wandte.

Auch in den von den Türken besetzten Ländern erstarkten die nationalen Bewegungen, gefördert durch Russland, das sich im 19. Jahrhundert als künftiger Befreier der Slawen von der türkischen Fremdherrschaft und als offizielle Schutzmacht seiner orthodoxen Glaubensbrüder in die Politik am Balkan einbrachte. Hingegen entschloss sich Metternich, obwohl die Führer des serbischen Aufstandes 1813 in Wien Zuflucht gefunden hatten, nicht die Serben, sondern die Türken zu unterstützen. Wie immer handelte er aus Misstrauen gegen Russland (Frage 55, 84).

Der Griechische Unabhängigkeitskrieg, der 1821 ausbrach und wegen der führenden Stellung der Griechen auf der gesamten Balkanhalbinsel einen allgemeinen Befreiungsversuch von der Türkenherrschaft bedeutete, wurde von Russland und – in Konkurrenz dazu – England, in der Folge von ganz Europa mit Begeisterung begrüßt. Zahlreiche Freiwillige gingen nach Griechenland. Als aber Russland 1827 zusammen mit Frankreich eingreifen wollte, stellte sich Österreich dagegen. Die Heilige Allianz (Frage 85) wurde auf eine harte Probe gestellt.

Im Februar 1853 intervenierte Österreich zugunsten aufständischer Montenegriner und erzwang die Abberufung des türkischen Gouverneurs. Der Wunsch der Kroaten nach nationaler Einigung war in Sichtweite, aber man wies ein Angebot Russlands über eine Aufteilung des Balkans zurück. Und als im Juli Russland wegen der Donaufürstentümer einen Krieg mit der Türkei begann, die von Frankreich und England unterstützt wurde, verweigerte Österreich Russland wegen dessen panslawistischen Ambitionen seine Hilfe.

1873 schlossen Österreich-Ungarn, Russland und das Deutsche Reich ein Dreikaiserbündnis und Österreich mit Russland die Schönbrunner Konvention zur Erhaltung des Status quo am Balkan. Als aber zwei Jahre später Aufstände in Bosnien und der Herzegowina auch von Serbien und Montenegro zum Anlass genommen wurden, sich gegen die Türkei zu erheben, waren die Vertragspartner über die einzunehmende Haltung uneins. Russland sah eine Chance zur Befreiung der Balkanstaaten, überfiel die Türkei und diktierte im März 1878 den Frieden von San Stefano. Dessen Bestimmungen wurden wenige Monate später durch

Vermittlung des deutschen Reichskanzlers Bismarck (als »ehrlicher Makler«) auf einem Kongress zu Berlin revidiert. Die Unabhängigkeit Serbiens wurde bestätigt, die Rumäniens anerkannt, Bulgarien zu einem autonomen, aber dem Sultan tributpflichtigen Fürstentum erklärt. Österreich-Ungarn wurde zugestanden, Bosnien und die Herzegowina unbefristet zu besetzen. Es sicherte sich dadurch das Hinterland seiner Adriaküste. Serbiens Expansion wurde ein Riegel vorgeschoben. Russland fühlte sich von Deutschland gedemütigt, sein Misstrauen gegenüber Österreich erhielt neue Nahrung. Im Jahr darauf schlossen Bismarck und Andrássy den Zweibund als ein Verteidigungsbündnis gegen Russland.

Für das Versprechen, einer Öffnung der Dardanellen für russische Kriegsschiffe zuzustimmen, erhielt Österreich 1908 freie Hand für die Annexion Bosniens und der Herzegowina, die ein Schritt zur Verwirklichung des »Trialismus« sein sollte (Frage 60). Da aber England gegen die Meerengenpläne Einspruch erhob, kam es zur »Annexionskrise«, die nur dank deutscher Unterstützung aplaniert werden konnte.

1912 schlossen Serbien, Bulgarien, Griechenland und Montenegro den Balkanbund und eroberten in einem kurzen Krieg die der Türkei noch verbliebenen europäischen Gebiete. Deren Aufteilung regelte im Jahr danach eine Konferenz in London, bei der Österreich die Unabhängigkeit Albaniens durchsetzte und so Serbien den Zugang zur Adria verwehrte. Ein zweiter Balkankrieg korrigierte noch im selben Jahr dieses Ergebnis zugunsten Griechenlands und Serbiens.

Serbien war nun die erste Macht am Balkan und bereitete diplomatisch die Befreiung der Südslawen Österreich-Ungarns vor und damit die Verwirklichung der großserbischen Vision, die auf einem schon 1844 verfassten Programm-Entwurf (»Načertanije«) basierte. Es fand dafür die propagandistische Unterstützung der englischen und französischen Presse und es wusste Russland und Griechenland hinter sich. Terroristische Organisationen verübten zahlreiche Attentate und die Armee wartete auf eine Gelegenheit, zuzuschlagen. Sie bot sich im Juni 1914 durch die Reise des österreichischen Thronfolgers zu Manövern in Bosnien. Bei einem Besuch der Landeshauptstadt Sarajewo wurden Erzherzog Franz

Ferdinand und seine Frau durch Schüsse des in Belgrad ausgebildeten bosnischen Serben Gavrilo Princip getötet.

Die Habsburger hatten 200 Jahre lang auf dem Balkan Länder beherrscht, ihre Entwicklung nach mitteleuropäischen Maßstäben gefördert und durch eine Besiedlung mit Kolonisten aus Sachsen, Schwaben und Österreich ethnisch verändert, deren Siedlungsgebiete nach dem Ersten Weltkrieg in den neuen Balkanstaaten aufgegangen sind. Siebenbürgen fiel an das Königreich Rumänien, das fortan aus zwei etwa gleich großen, sprachlich und religiös völlig unterschiedlichen Teilen bestand. Slowenien, Kroatien und Dalmatien sowie Bosnien und Herzegowina verbanden sich endlich 1918 unter serbischer Führung zum Königreich der Serben, Kroaten und Slowenen (seit 1929 »Jugoslawien«).

Österreich hat fördernd und verhindernd, aktiv und passiv an der Staatenbildung am Balkan teilgenommen. Die Chance aber, sie als europäische »Anomalie«, wie Kaiser Franz Joseph sein Reich definierte, fortzusetzen, hat es verworfen, indem es 1914 auf die mörderische Herausforderung des Attentats von Sarajewo mit seinem Entschluss zum Balkankrieg antwortete, der zum Weltkrieg führte (Frage 88).

## 88 Wie konnte es zum Ausbruch des Ersten Weltkriegs kommen?

Österreich-Ungarn traf als Antwort auf eine mörderische Provokation Serbiens und in der Überzeugung, dass Serbien von seiner Aggressions-Politik nicht abzubringen sei, die Entscheidung zum Balkankrieg. Dabei war man sich in Wien des Vorteils bewusst, in dem diplomatisch isolierten Deutschen Reich einen verlässlichen Bundesgenossen zu haben. Tatsächlich riskierte Deutschland daraufhin bewusst den europäischen Krieg, den Großbritannien »schicksalhaft« zum Weltkrieg machte. Karl Kraus hat ihn prophetisch (1919) als »die letzten Tage der Menschheit« erkannt und George F. Kennan (1979) als die »Urkatastrophe« des 20. Jahrhunderts bezeichnet.

Für die Großmächte stand die Balkanfrage seit Jahren im Zentrum ihrer Europapolitik. Verschiedene Bündnisse verbanden diese Staaten miteinander und man vertraute darauf, Konflikte durch Verhandlungen lösen zu können. Allerdings einigten sich die Großmächte immer über die Köpfe der Betroffenen hinweg, so Russland und Großbritannien 1907 über die Aufteilung Persiens, Afghanistans und Tibets in »Einflusssphären« oder Frankreich und Italien über jene Nordafrikas. Auch Großbritannien und Frankreich hatten sich längst darüber verständigt, wie sie untereinander das Osmanische Reich, war es endlich zerschlagen, in Kolonien, Mandatsgebiete oder wenigstens Interessensgebiete aufteilen wollten. Tatsächlich aber verging kaum ein Jahr, in dem die europäischen Mächte nicht irgendwo in der Welt »ihre Interessen« militärisch durchzusetzen versuchten. Der Krieg war mehr denn je als letztes Mittel der Politik anerkannt.

Kriegspotenzial war vielfach vorhanden: die deutsch-britische Flottenrivalität; Frankreichs Ziel, Elsass-Lothringen zurückzugewinnen; der aufgestaute Drang Russlands, für seine Kriegsflotte die Durchfahrt durch die Meerengen (Bosporus und Dardanellen) zu erreichen. Nachdem es im Krieg gegen Japan 1905 eine gewaltige Schlappe erlitten und die erste Revolution das Zarenreich erschüttert hatte, wandte es sich verstärkt dem Balkan zu und sah als führende panslawistische Macht seine Berufung in der Unterstützung der nationalen Bewegungen der Völker Mitteleuropas und am Balkan, die auf eine Befreiung hofften (Frage 87).

Österreich versuchte seine Position am Balkan zu stärken, ohne Russland zu verärgern. Um der großserbischen Reichspolitik entgegenzutreten, sollten Kroatien, Slawonien und Dalmatien mit dem 1908 annektierten Bosnien zu einem Königreich vereinigt werden und einen staatsrechtlich selbstständigen »südslawischen Block« bilden. Der »Trialismus« sollte endlich verwirklicht werden (Frage 60).

Dieser Plan widersprach der Absicht Serbiens, die führende Macht am Balkan zu werden. 1912 schloss es mit Bulgarien, Montenegro und Griechenland den Balkanbund, der im Herbst des Jahres der Türkei den Krieg erklärte, die den Großteil ihrer noch verbliebenen europäischen

Gebiete verlor. Noch einmal funktionierte das »europäische Konzert« bei der Londoner Botschafterkonferenz 1913. Man versuchte vertraglich den nationalen Interessen der Balkanstaaten Rechnung zu tragen, zugleich dem Sicherheitsbedürfnis der Türkei und Österreich-Ungarns zu entsprechen. Doch die Balkanstaaten hielten sich nicht an die Beschlüsse. Der noch im selben Jahr geführte zweite Balkankrieg stärkte Serbiens Position, das einen Krieg gegen Österreich-Ungarn vorbereitete (Frage 60).

Es gilt aber nicht nur die Rolle der Außenpolitik in den Jahren vor dem Ersten Weltkrieg einzuschätzen, sondern auch ältere politische Abmachungen und militärische Interventionen als Kriegsursache ausfindig zu machen. Oft erscheinen historische Konflikte diplomatisch »bereinigt«, sitzen aber jahrzehntelang als tiefe Kränkung in den Herzen der Unterlegenen.

So blieb das Verhältnis Österreichs zu Deutschland belastet durch den 1866 von Preußen geführten Krieg, der den Ausschluss Österreichs aus dem Deutschen Bund und den Verlust Venetiens zur Folge hatte. Frankreich, das damals die Entwicklung des deutschen und italienischen Einheitsstaates begrüßt hatte, weil ihm jede Niederlage der christlich-konservativen Habsburgermonarchie willkommen war, wurde fünf Jahre später von Deutschland niedergeworfen und verlor Elsass-Lothringen an den »deutschen Einheitsstaat«!

Österreich versuchte seine seit 1866 geschwächte europäische Position diplomatisch zu verbessern. Es schloss 1879 als Defensivbündnis gegen Russland den Zweibund mit Deutschland, der 1914 die oft berufene Bündnistreue herausforderte, und 1882 den als Defensivbündnis gegen Frankreich erklärten Dreibund mit Italien und Deutschland, dem aber nach wiederholten Neuauflagen (zuletzt 1902) der Mangel an Aufrichtigkeit anhaftete. Fand doch der Chef des Generalstabs Feldmarschall Conrad bei jeder Gelegenheit einen Präventivkrieg gegen Italien wünschenswert, selbst die Katastrophe des Erdbebens von Messina 1909 sah man zynisch als Chance, das geschwächte Italien anzugreifen, ebenso, als diesem 1911 im Tripoliskrieg die Hände gebunden waren. Hätte man daran 1915 erinnern dürfen, als die Presse über den »Verrat« Italiens schäumte, als es aufseiten der Westmächte in den Krieg eintrat?

Ein wichtiger Faktor für die Kriegsbereitschaft war das allgemeine Wettrüsten. Es hätte aber den Krieg nicht ausgelöst, wenn die politische Führung nicht bereit gewesen wäre, das Risiko eines Krieges in Kauf zu nehmen. Sowohl die deutsche als auch die österreichische Heeresführung forderten einen Krieg: »Je eher, desto besser« (der deutsche Generalstabschef Moltke), »Weiter zuzuwarten könne man der Armee nicht zumuten« (Conrad). Und alle sprachen pathetisch von Ehre, Schande und »Nibelungentreue«. Merkwürdigerweise meinte später Lloyd George, dass schicksalhafte Kräfte den Kriegsausbruch herbeigeführt hätten. Tatsächlich war der Kriegseintritt Großbritanniens voreilig und, jedenfalls aufgrund der *Entente cordiale* mit Frankreich, völlig unnötig, denn diese bezog sich nur auf die Kolonialreiche. Er sollte das Weltreich mehr als 900 000 Tote kosten, sehr viel mehr als der Zweite Weltkrieg.

Hingegen rechnete Deutschland mit der Möglichkeit eines Krieges seit etwa 1912 und nützte nach der Ermordung des österreichischen Thronfolgers am 28. Juni 1914 in Sarajewo die »Julikrise« bewusst. Die Militärs setzten die Regierungen so lange unter Druck, bis Kaiser Franz Joseph am 28. Juli dem längst kriegsbereiten Serbien den Krieg erklärte. Kaiser Wilhelm II., sich zur Bündnistreue bekennend, erklärte am 1. August Russland, zwei Tage später dessen Bündnispartner Frankreich den Krieg.

# KUNST UND WISSENSCHAFT

## 89 Was ist der Tassilo-Kelch?

Heute noch birgt das oberösterreichische Benediktinerkloster Kremsmünster (Frage 38) den Tassilo-Kelch als seinen vornehmsten Schatz. Der Kelch ist das größte und schönste frühmittelalterliche Stück seiner Art und diente wahrscheinlich als Spendekelch, das heißt als ein liturgisches Gerät, das bei der Messfeier verwendet wurde. Die Außenseite des Stücks zieren ein in neun Medaillons gegliedertes Bildprogramm sowie Ornamente aus Tiergestalten, Pflanzen und geometrischen Formen. Die reiche Verschiedenartigkeit der Motive entspricht der Vielfalt ihrer Herkunft und Tradition. Im geometrischen Ornament des Zirkelschlags rund um den Nodus lebt die italienische Spätantike fort. Das Weinstockmotiv am Mundsaum und in den Zwickeln unter den Cuppa-Medaillons kommt – wahrscheinlich über Italien – aus dem angelsächsischen Northumbrien, während das Tiergeflecht irisch-keltischen Ursprungs ist. Die Bilder beruhen auf einer, obgleich noch jungen, bodenständigen Tradition und sind mit der ihnen zeitgenössischen Buchmalerei verwandt.

Von den fünf Bildern der Cuppa nimmt die Darstellung des Erlösers, dem Kremsmünster geweiht ist, den ersten Rang ein. Das Medaillon trägt neben den Christus-Charakteren Alpha und Omega den auf die Initialen IS gekürzten Text I(ESUS) S(ALVATOR = Erlöser) oder S(OTHER = Erlöser). Die vier anderen Medaillons enthalten die Evangelisten samt ihren Symbolen. An die Cuppa schließt ein drehbarer Perlring an; darauf folgen in einem Stück Knauf und Fuß, dessen unterer Rand die Inschrift + TASSILO DVX FORTIS + LIVTPIRC VIRGA REGALIS, »Tassilo tapferer Herzog, Liutpirc königliches Reis«, trägt. Darüber sind vier Büstenmedaillons auf dem Kelch-Fuß verteilt. Sie enthalten die Bilder von Heiligen, die ebenfalls durch Initialen gekennzeichnet sind. Darunter befinden sich Johannes Baptista und Maria die Gottesgebärerin. Allerdings ist diese Zuordnung nur dann möglich, wenn das Programm zwar griechisch gedacht war, aber mit lateinischen Buchstaben dargestellt wurde. Die Wahrscheinlichkeit ist groß, dass dies tatsächlich der Fall war und der Tassilo-Kelch die älteste Marien-Darstellung nördlich der Alpen enthält. Das Programm gehört in die Welt irischer Gelehrsamkeit, die gerne mit ihren Griechisch- und Hebräischkenntnissen prunkte. Auch machte die bayerische Überlieferung aus dem Virgil-Gefährten Dub-da-Chrích den »Griechen Dubda«. Nicht unmöglich, dass er seinen Namen nicht über eine naive Volksetymologie, sondern mit gutem Grund erhalten hatte. Leute wie er könnten an dem Programm des Kelchs mitgewirkt haben, zumal von dem wenigen, das wir von Dobdagrecus wissen, eine Tatsache sehr gut bezeugt ist: Der irische Klosterbischof wurde nicht bloß von Tassilo, sondern auch von seiner Gemahlin Liutpirc nachdrücklich unterstützt. Die langobardische Prinzessin wird aber in der Stifterinschrift des Kelchs in besonderer Weise hervorgehoben und geehrt.

Der Tassilo-Kelch, vor 777, Stift Kremsmünster

## 90 Welche heute noch existierenden Bauwerke und Kunstwerke verdanken wir den Babenbergern?

Die Babenberger haben als Landesherren der bayerischen Markgrafschaft entlang der Donau und seit 1156 als Herzöge von Österreich und zuletzt auch der größeren Steiermark der Entwicklung ihrer Zeit folgend die Herrschaftsstrukturen des Landes gefestigt, Burgen und Städte gegründet und ausgebaut, Stadt-, Münz- und Zollrechte verliehen: Tulln, Stein und Krems, Enns, die »Neustadt«, Fürstenfeld in der Steiermark, und natürlich Wien, das schließlich ihre dauernde Residenz wird. Diese Städte waren für die Landesherren deshalb so wichtig, weil sie ins Land kamen, nachdem durch die Schlacht am Lechfeld (955) die jahrzehntelangen Ungarneinfälle beendet worden waren und ein regelrechter Wiederaufbau möglich wurde. Aus dieser frühesten Zeit stammt der Zentralbau auf dem Kirchenberg von Wieselburg, dem »Zwiesel«, zwischen Großer und Kleiner Erlauf. Die babenbergische »Pfalz«, zu der diese Burgkirche gehörte, wird schon unter dem heiligen Bischof Wolfgang von Regensburg um 976/79 erwähnt. Der Zentralbau ist als Teil der heutigen Pfarrkirche erhalten geblieben.

Die Babenberger hatten ein Land, aber sie brauchten Menschen, um es zu besiedeln und zu kultivieren. Dazu beriefen sie Mönche des Zisterzienserordens nicht nur als Glaubensboten ins Land, sondern auch, weil diese über große Erfahrung in der Garten- und Landwirtschaft und im Weinbau verfügten, und errichteten für sie großartige Klosterbauten.

An erster Stelle ist Stift Heiligenkreuz zu nennen, das Markgraf Leopold III. 1135/36 gründete. Das romanische Langhaus der Kirche und der frühgotische Kreuzgang zählen zu den schönsten Bauwerken Österreichs. Am Boden des Kapitelsaales liegt die Tumbaplatte vom Grabmal des letzten Babenbergers, Friedrich des Streitbaren (gest. 1246).

Dessen Vater Leopold VI. liegt hingegen in der Kirche des von ihm gestifteten Klosters Lilienfeld begraben, das um 1206 von Heiligenkreuz aus besiedelt wurde. Das Kirchenportal mit seinen 64 Marmorsäulen kann als ein Hauptwerk der Spätromanik bezeichnet werden.

Wenn auch das Zisterzienserstift Zwettl eine Gründung der schon vor den Babenbergern im Land begüterten Kuenringer war, so schaltete sich bald Leopold IV. in das Geschehen ein. König Konrad III. formulierte in seiner Gründungsurkunde 1139 ausdrücklich die Intentionen des Bayernherzogs und seines Nachfolgers Heinrich Jasomirgott. Die romanische Klosteranlage mit Kapitelsaal, Dormitorium und dem unversehrt erhaltenen Kreuzgang sind Denkmäler babenbergischer Baukunst.

In den weitläufigen Bauten des Stiftes Klosterneuburg sind Trakte aus der Zeit zu erkennen, in der Markgraf Leopold III. und seine Gemahlin Agnes ihre bevorzugte Residenz hierher verlegten und 1133 Augustinermönche beriefen. Auf Leopold III., der als Landespatron (Frage 44) in unserem Gedächtnis präsent ist, geht die Stiftung des über vier Meter hohen siebenarmigen Bronzeleuchters, ein Meisterwerk aus Verona, zurück, der mit dem Holunderbaum der Schleierlegende der Markgräfin Agnes in Zusammenhang steht. In der Leopoldkapelle des Stiftes befindet sich eines der prachtvollsten Kunstwerke des Abendlandes, der golden leuchtende »Verduner Altar«, der 1181 nach einem tiefsinnigen Programm des Propstes Werner von dem Wanderkünstler Nikolaus von Verdun geschaffen wurde. Er ist im Auftrag des Stiftes entstanden, aber sicher nicht ohne Anteilnahme des Herzogs Leopold V. Wenn dieser auch nicht mehr in Klosterneuburg, sondern in Wien »Am Hof« residierte, repräsentiert der Altar doch die bedeutende kulturelle Stellung des »glorreichen« Babenberger Hofes.

Auch die Erbauung der 1147 geweihten Wiener Pfarrkirche St. Stephan vor der Stadt geht auf babenbergische Markgrafen zurück, wenn auch nur das romanische »Riesentor«, um 1240 entstanden, der Bautätigkeit des letzten Herzogs Friedrich II. zuzurechnen ist.

In Niederösterreich darf die Pfarrkirche in Schöngrabern wegen ihrer reich mit Bildwerken geschmückten Apsis als Hauptwerk der spätromanischen Kunst bezeichnet werden. Der Bau entstand im ersten Drittel des 13. Jahrhunderts, zur Zeit Herzog Leopolds VI.

## 91 Seit wann kann von österreichischer Kunst, von österreichischen Baumeistern, Bildhauern und Malern gesprochen werden?

Ein kleines Territorium wie die babenbergische Markgrafschaft war ebenso wie der wesentlich größere Länderkomplex der habsburgischen Herzöge, der das Gebiet der Republik Österreich bereits weit übertraf (Frage 17), Teil einer größeren Kunstlandschaft. Hier wirkten venezianische und lombardische, rheinländische, bayerische und böhmische Künstler. Der prägende Stil des Spätmittelalters, die Gotik, verbreitete sich von Frankreich über ganz Europa durch wandernde Künstler ebenso wie durch den Reformorden der Zisterzienser, die asketischen Bettelorden oder durch eine französisch beeinflusste höfische Kunstpolitik. Es gibt also im Spätmittelalter eine internationale Kunst in Österreich, die aber von Künstlern aus dem Lande aufgegriffen und durch deren persönliche Eigenart geprägt wird.

Am Dom von St. Stephan in Wien wurde 200 Jahre lang gebaut. Die Dombauhütte war Zentrum des Bauhandwerks für ein großes Einzugsgebiet. Die Künstler blieben meist anonym, doch sind seit 1399 die Dombaumeister namentlich bekannt. Die Einwölbung des Langhauses erfolgte 1446 durch Matthes Helbing oder durch Hans Puchsbaum, den Südturm vollendete 1433 Hans von Prachatitz. Sie standen in der Tradition der Prager Dombauhütte der schwäbischen Familie Parler. Ein Wenzel Parler arbeitete seit 1396 am Südturm. Es waren Künstler aus ganz Deutschland, also keine »Österreicher«, die den Stephansdom schufen. Allerdings ist er ein »Wiener« Kunstwerk und sein Vorbild wirkte, z. B. für die Pfarrkirche von Steyr oder die Wallfahrtskirche im steirischen Straßengel.

Die Meister der uns vertrauten »Schönen Madonnen« zählen stilistisch zur internationalen Gotik um 1400. Wir kennen die Namen der Künstler nicht und nennen sie nach ihren Werken: Meister der Altenmarkter Madonna (im Pongau), der südböhmischen Krumauerin oder der Schönen Madonna von Bad Aussee. Waren sie wandernde Künstler oder kamen sie aus den Regionen, in denen sie arbeiteten? Wir wissen es nicht!

Der Maler und Bildschnitzer Michael Pacher (um 1435 in Bruneck im Pustertal geboren) verarbeitete die mächtigen Einflüsse der neuen oberitalienischen Kunst, aber er blieb in Tirol, schuf seine Altäre für Kirchen in der engeren und weiteren Heimat, dann für Salzburg und schließlich sein Meisterwerk für die Wallfahrtskirche von St. Wolfgang am Abersee im Mondseer Land. Er darf wohl als einer der ersten und einer der bedeutendsten österreichischen Künstler bezeichnet werden. Aber er ist ein Vorläufer.

Die jungen Maler der »Donauschule« stammen hingegen überwiegend aus Süddeutschland. Albrecht Altdorfer aus Niederbayern, Lucas Cranach aus Franken, Wolf Huber aus Feldkirch aus dem Land vor dem Arlberg. Dass sie um 1500 im Donautal arbeiteten, macht sie zu keinen Österreichern, tatsächlich standen sie im Banne des großen deutschen Malers Albrecht Dürer und verließen die österreichischen Länder bis auf Wolf Huber schon nach wenigen Jahren.

Maximilian I. hat Dürer, dessen Schüler und Trabanten mit Aufträgen überhäuft, er, der Römische Kaiser und Deutsche König, suchte begabte Künstler auch im übrigen Europa, nur gelegentlich fand er sie in seinen österreichischen Ländern. Ihre Kunst ist nicht österreichisch, sondern bestenfalls »habsburgisch«. Das gilt auch für die Meister, die als Entwerfer, Bildhauer und Bronzegießer die Statuen für sein Grabmal in Innsbruck schufen. Es ist ein habsburgisches Monument und das Hauptwerk der deutschen Renaissancebildhauerei.

Unter Ferdinand I. und dessen Sohn Maximilian II. wurde der Wiener Hof in der Mitte des 16. Jahrhunderts zu einem Zentrum des Reiches, aber Künstler und Gelehrte kamen aus ganz Europa. Einzig Ferdinands Hofmaler Jakob Seisenegger, von dem ein berühmtes Bildnis Karls V. stammt, war ein Österreicher. Rudolf II. verlegte 1583 den Mittelpunkt seiner Politik, aber auch seines künstlerischen Interesses nach Prag; keiner seiner Hofkünstler war Österreicher.

Erst in der zweiten Hälfte des 17. Jahrhunderts wurden nach und nach die aus Italien und den Niederlanden kommenden Künstler von Österreichern verdrängt. Mit den Architekten und Bildhauern Johann Bernhard Fischer von Erlach, Matthias Steinle, Lukas von Hildebrandt, Jakob Prandtauer und Josef Munggenast, den Malern und Bildhauern Peter und Paul Strudel und Johann Michael Rottmayr begegnen wir österreichischen Künstlern, durch die ein unverwechselbarer österreichischer Barockstil entsteht, der seine Parallele hat in der politischen Selbstfindung der habsburgischen Erbländer als einer *Monarchia Austriaca*.

## 92 Warum erlangte die »Wiener medizinische Schule« des 19. Jahrhunderts Weltgeltung und wer waren ihre bedeutendsten Vertreter?

Es waren Wiener Mediziner, die in der ersten Hälfte des 19. Jahrhunderts zur Erkenntnis gelangten, dass es gilt, die Ursachen einer Krankheit zu erforschen, um heilen zu können. Die geforderte wissenschaftliche Grundlage ließ alle früheren Heilmethoden als überholt erscheinen, obwohl man die Leistungen der Wegbereiter durchaus anerkannte. Gerard van Swieten hatte als Leibarzt Maria Theresias die Erneuerung der Medizinischen Fakultät der Wiener Universität erreicht, eine praxisorientierte Lehre am Krankenbett eingeführt und eine neue Struktur des Allgemeinen Krankenhauses eingeleitet. Einer seiner Schüler, Leopold von Auenbrugger, schuf mit der Technik der Perkussion (Beklopfen der Körperoberfläche) etwas wesentlich Neues, das zum Allgemeingut der Mediziner der ganzen Welt wurde.

Die jungen Ärzte an den neu orientierten Instituten konzentrierten sich auf die Untersuchung der erkrankten Organe und die Lokalisierung des Krankheitsherdes, allerdings gelangten sie erst durch Sektion des Leichnams zur Diagnose. Die neue Disziplin schlechthin wurde die pathologische Anatomie. Für ihren Begründer, Carl von Rokitansky, wurde 1844 der erste Lehrstuhl Deutschlands für das neue Fach in Wien eingerichtet. Rokitansky soll mehr als 80 000 Obduktionen durchgeführt haben.

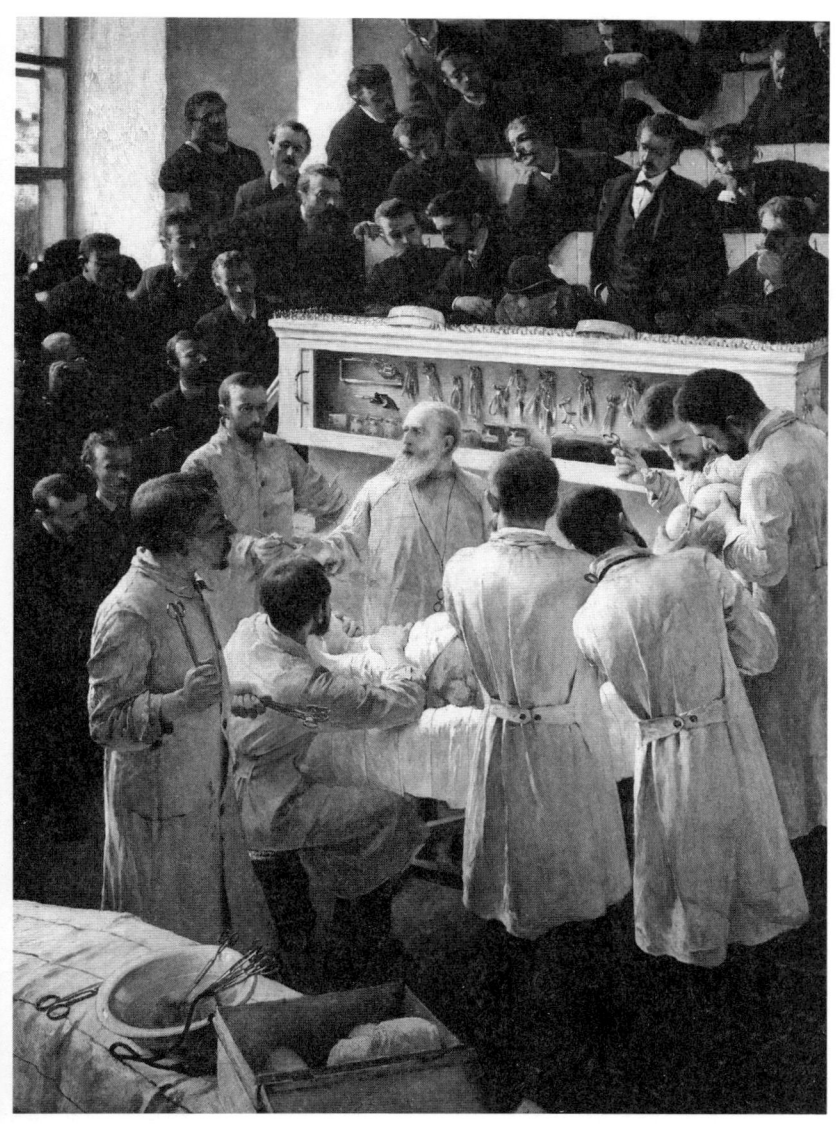

Theodor Billroth im Hörsaal, um 1880, Gemälde von Adalbert Fr. Seligmann

Der Staat, der die Bedeutung der »neuen« Medizin für den sozialen, hygienischen und humanitären Fortschritt der Bevölkerung in den rasant wachsenden Industriestädten erkannt hatte, beschränkte sich nicht mehr auf den Bau besserer Spitäler, sondern förderte eine naturwissenschaftlich geprägte Forschung an den Universitäten, deren ungehinderte Entfaltung aber erst durch die große Reform des Unterrichtswesens nach 1849 ermöglicht wurde. Es wurden Forschungsinstitute für medizinische Teildisziplinen gegründet, von hervorragenden Wissenschaftlern geführt, denen freilich oft die Forschungsergebnisse wichtiger waren als ihre Anwendung zur Heilung der Kranken: »Behandlung, das ist gar nichts, Diagnose wollen wir!«

Begründet wurden damals in Wien die Dermatologie durch Ferdinand von Hebra, die Urologie durch Leopold von Dittel und Maximilian Nitze, die Augenheilkunde durch Ferdinand von Arlt, die Otologie (Ohrheilkunde) durch Adam Politzer, dessen Schüler Robert Barany 1914 den Nobelpreis erhielt, die wissenschaftliche Zahnheilkunde durch Moriz Heider, die Laryngologie durch Ludwig Tuerck und Johann Nep. Czermak und die experimentelle Physiologie durch Ernst Wilhelm von Brücke. Josef Skoda entwickelte die physikalische Diagnostik. Durch Theodor Billroth erfolgte die Wende von der Diagnostik zur Therapie. Seine eindrucksvolle Persönlichkeit verlieh dank unerwartet erfolgreicher Operationen mithilfe fortgeschrittener Narkosemethoden der naturwissenschaftlich orientierten Medizin einen besonderen Glanz. Billroth veranlasste die Gründung einer Ausbildungsstätte für Krankenpflegerinnen am Rudolfinerhaus, eine zukunftsweisende, bis heute berühmte Institution. Wien wurde zum »Mekka der Medizin«.

Diese Wissenschaftler, die einer Vielzahl medizinischer Institute und Lehrkanzeln vorstanden, werden in ihrer Gesamtheit als »Zweite« Wiener medizinische Schule bezeichnet. Ärzte der nächsten Generation entwickelten aus einer kritischen Haltung gegenüber dem deklarierten Vorrang der Ursachenforschung vor der Therapie und dem Vorrang des Spezialistentums vor einer ganzheitlichen Beurteilung des Patienten Behandlungsmethoden, die nicht durch Obduktion erprobt waren. Durch

Sigmund Freud, Clemens von Pirquet und Karl Landsteiner (Nobelpreis 1930) erlangte die Wiener medizinische Schule im ersten Drittel des 20. Jahrhunderts noch einmal Weltgeltung.

## 93 Welche Architekten bauten die Ringstraße?

Kaum war das letzte der großen Bauwerke an der Ringstraße 1891 vollendet worden – das Kunsthistorische Museum –, traf die schärfste Kritik das Konzept und die Architektur dieser Prachtstraße. Es schien, als probte die nächste Architektengeneration einen Befreiungsschlag gegen die allmächtigen und rivalisierenden Architekten, ihre Hintermänner in der Politik, ihre Lobby in der Presse und ihre Geschäftstüchtigkeit. So lächerlich es ist, Jahrhunderte als historische Perioden aufzufassen und eine Jahrhundertwende als Zeitenwende zu interpretieren, die Jugend sprach vom *Fin de siècle* – dem Ende einer Epoche!

Der neue Stil hieß »Jugendstil«. Der größte Architekt der jungen Generation, Otto Wagner, konnte auf dem letzten Bauplatz der Ringstraße – er war frei geworden, weil die Franz-Josephs-Kaserne abgerissen worden war – sein von kühler Funktionalität geprägtes Postsparkassengebäude errichten: Der jüngste Ringstraßenarchitekt wurde zu einem der Väter der modernen Architektur.

Begonnen hatte dieses größte Unternehmen der Wiener Baugeschichte mit der Anordnung der Stadterweiterung durch Kaiser Franz Joseph am 20. Dezember 1857 und einer daraufhin einsetzenden sorgfältigen Planung der erst anzulegenden Baugründe auf dem Areal, das durch die Niederlegung der Stadtbefestigung und die Einebnung des Glacis entstehen sollte. Es wurde ein Grundplan erstellt und ein internationaler Wettbewerb für dessen Verbauung veranstaltet. 85 Architekten reichten ihre Projekte ein, von denen neun für die Vorbereitung des Verbauungsplanes herangezogen wurden, auf dem die Lage der vorgesehenen öffentlichen Gebäude festgelegt wurde. Gleichzeitig gab man dem neuen Boulevard den Namen »Ringstraße«.

Als entscheidender Kopf dieses hochrangigen, im Detail flexiblen städtebaulichen Konzeptes ist Ludwig Förster zu erkennen. Er ist als erster der großen Ringstraßenarchitekten zu nennen, obwohl er keines der öffentlichen Gebäude errichtet hat. In der Folge wurde für die meisten Projekte ein internationaler oder ein beschränkter Wettbewerb veranstaltet. Finanziert wurde das gigantische Unternehmen durch den Stadterweiterungsfonds, in den die Preise für die Bauparzellen der privaten Interessenten eingezahlt wurden.

Begonnen wurde 1861 am Opernring mit dem Bau der Hofoper und des gegenüber gelegenen Heinrichhofes. Hier begegnen wir bereits klangvollen Namen. Den Heinrichhof errichtete der dänische Architekt Theophil Hansen für den Ziegelfabrikanten Heinrich Drasche, der Grundstücke in großem Stil kaufte. Hansen war ein unerbittlicher Stilist, der mitunter der ästhetischen Wirkung seiner Bauwerke einen höheren Stellenwert beimaß als ihrer praktischen Nutzung. Sein Hauptwerk ist das Parlament (Reichsratsgebäude). Dazu kommen die Akademie der bildenden Künste, die Börse, die Palais der Bankiers Ephrussi, Epstein und Todesco (gemeinsam mit Ludwig Förster), das Deutschmeisterpalais und das Musikvereinsgebäude mit seinem weltberühmten Goldenen Saal. Hansen kann der bedeutendste Ringstraßenarchitekt genannt werden; die vorzugsweise von ihm beschäftigten Bildhauer waren Vinzenz Pilz und Franz Melnitzky, sein bevorzugter Maler war August Eisenmenger.

Für den Bau des Opernhauses wurde der gemeinsame Entwurf des Budapesters August von Siccardsburg und des Wieners Eduard van der Nüll prämiert. Nach der Fertigstellung des Hauses, das kunsthistorisch als der Höhepunkt des offensichtlich schon als unzeitgemäß empfundenen romantischen Historismus eingeschätzt wird, sahen sich die beiden Architekten gehässiger Kritik ausgeliefert, die van der Nüll in den Selbstmord trieb. Siccardsburg starb kurze Zeit nach ihm.

Die Geschichte der Wiener Stadterweiterung begann mit dem Bau der Votivkirche, denn rund um sie und eine neue Universität sollte »Neu-Wien« entstehen. Die Grundstücksspekulanten traten sofort auf den

Plan, besonders erfolgreich der Hofbaumeister Anton von Oelzelt. Unter 75 eingereichten Entwürfen wurde dem Projekt Heinrich von Ferstels, eines Schülers van der Nülls, der Vorzug gegeben. Er begann sein anspruchsvolles Lebenswerk bereits 1856. Nach dem Abbruch der Basteien wurde die Votivkirche in den Verbauungsplan der Ringstraße einbezogen und die Gestaltung des großen Platzes Ferstel übertragen, indem ihm auch der Bau des Chemischen Institutes an der Ostseite und der Universität an der Westseite anvertraut wurde. Ferstel, vielbeschäftigt wie Hansen, fühlte sich den historischen Stilrichtungen getreulich verpflichtet, wie auch an seinem Bau der Akademie und am Museum für angewandte Kunst abzulesen ist. Auch für die Gestaltung des Schwarzenbergplatzes wurde er maßgebend, da er 1863 mit den Palais für Erzherzog Ludwig Viktor und den Industriellen Franz von Wertheim den Auftakt zu dessen Bebauung gab. Ferstel plante und errichtete zusammen mit dem Kunsthistoriker Rudolf von Eitelberger auch ohne Auftraggeber Wohn- und Geschäftshäuser.

Als reiner Neogotiker erscheint, nicht ganz zu Recht, der »deutsche Baumeister« Friedrich von Schmidt, dessen erstes Werk im Ringstraßenbereich das Akademische Gymnasium am Beethovenplatz ist. Mit dem monumentalen Rathaus, an dessen internationaler Ausschreibung sich mehr als 80 Architekten beteiligt hatten, schuf er in den Jahren 1872–1883 sein Hauptwerk. Die Bildhauer Carl von Zumbusch, Carl Kundmann und Josef von Gasser waren seine bedeutendsten Mitarbeiter.

Von Anfang an galt das besondere Interesse der Architekten dem hochrangigen Bauplatz zwischen der Hofburg und dem Hofstallgebäude (»Museumsquartier«). Der Heldenplatz mit den beiden berühmten Reiterstandbildern war bereits angelegt worden und musste bei der Planung berücksichtigt werden. Nach einem unentschiedenen Wettbewerb für die Hofmuseen, aus dem Ferstel beleidigt und Hansen kämpferisch ausschieden, plante der größte deutsche Architekt der Zeit, Gottfried Semper, sein Kaiserforum, einen großen Platz, den er quer über den Ring legte. Die Entwürfe des jungen Carl Hasenauer für die beiden Museen bezog er in sein Konzept ein, stellte ihnen aber drei neue Trakte der Hofburg gegenüber. Auch den Neubau des Burgtheaters planten Semper und Hasenauer gemeinsam, ehe sich Semper, gekränkt durch den taktlosen und egoistischen Hasenauer, zurückzog. Dieser hat die Museen und das Theater, aber nur einen Flügel der Neuen Burg vollenden können. Für ihre prunkvolle Ausstattung hat er nicht nur die »Großen« der Epoche engagiert, wie die Bildhauer Johann Benk, Edmund von Hellmer und Carl Kundmann und die Maler Hans Makart, Hans Canon und Mihaly von Munkacsy, sondern auch junge Künstler beschäftigt, denen die Zukunft gehörte, wie Gustav Klimt.

## 94 Warum löste der Bau des »Looshauses« einen Skandal aus?

Die Ablehnung der Pläne, die Adolf Loos 1909 für das Haus am Michaelerplatz in Wien vorlegte, und die Erregung über sein Aussehen, als es errichtet war, hatten mehrere Gründe. Zum einen die Unsicherheit der städtischen Baubehörde, die besonders von jenen Architekten bestürmt wurde, deren Entwürfe der Bauherr dieses Geschäftshauses verworfen hatte, weil sie dem opulenten Stil des späten Historismus (Frage 93) verpflichtet waren. Zum anderen hatte Loos 1908 eine Schrift mit dem radikal formulierten Titel *ornament und verbrechen* publiziert und damit die jüngeren Architekten der Secession (Frage 95) provoziert. Und schließlich die Entrüstung konservativer Kreise (»Leute, die zwischen Graben und Kohlmarkt herumstehen«, nannte sie polemisch Karl Kraus), die gegenüber der Hofburg kein großstädtisches Geschäftshaus sehen wollten. An anderen Stellen der Stadt waren von Otto Wagner längst ungewohnte, ja provokante Gebäude errichtet worden: die Stationen der Stadtbahn 1894–1898, das Gebäude der Postsparkasse 1904–1906 oder die Secession des Wagnerschülers Olbrich 1897–1898.

Tatsächlich war der Michaelerplatz, was zu wenig bedacht wird, bis um 1890 kein architektonisch gestalteter Platz, seine Gestaltung daher ein städtebauliches Dauerthema ersten Ranges. Die Michaelerkirche und die an sie angebauten barocken Häuser standen einer Häuserzeile gegenüber, die als Fortsetzung des Kohlmarktes bis an die halbfertige »Rotunde« der Hofburg und an das daneben stehende Burgtheater heranreichte. Dieser Abschluss des kleinen dreieckigen Platzes war ein grotesker Torso. Die längst geforderte Veränderung begann im Jahre 1888 mit dem Abbruch des Burgtheaters, das – seinen Namen beibehaltend – an der Ringstraße neu errichtet wurde. Dann wurden die Wohnhäuser nach und nach abgetragen, um den Bau der breiten, eingeschwungenen Fassade der Hofburg und der Kuppel über der Rotunde in Angriff zu nehmen. Man orientierte sich an Entwürfen von Joseph Emanuel Fischer von Erlach von etwa 1730. So entstand bis 1891 eine repräsentative neobarocke Fassade. Die ihr gegenüber liegenden Häuser lagen nun unvermutet an einem Platz, dem ihr Aussehen nicht entsprach. Das Eckhaus Herrengasse/Schauflergasse, in dem sich das Literatencafé Griensteidl befand, wurde sogleich abgerissen und 1897–1898 durch das späthistoristische Palais Herberstein ersetzt, schließlich wurde 1909 auch das gegenüberliegende Haus an der Ecke zum Kohlmarkt demoliert. Der Baugrund wurde behördlich zurückgerückt, die Ecke abgeflacht und von der Schneiderfirma Goldman & Salatsch erworben. Den Auftrag für den Bau ihres Geschäftshauses erhielt Adolf Loos, nachdem eine Ausschreibung, an der acht Architekten teilgenommen hatten, kein befriedigendes Ergebnis gebracht hatte. Wegen der hohen Sensibilität dieses Bauplatzes glaubte die Baubehörde der kahlen, glatt verputzten, grellweißen Fassade, die Loos entworfen hatte, nicht zustimmen zu können. Nach hinhaltendem Taktieren des Architekten forderte sie schließlich die Einstellung des Baus, der Gemeinderat schritt zum Lokalaugenschein, der Bauherr berief eine Kommission ein und eine Pressekampagne tat das Ihre. Man verglich die Fassade mit den Konturen eines Kanalgitters und witzelte über ein »Haus ohne Augenbrauen«. Ein besonders kurioser Vorwurf, da in unmittelbarer Nähe an einem der schönsten Plätze Wiens (und der Welt!), dem Josefsplatz, kein einziges Haus »Augenbrauen« oder eine Fassadenverzierung hat. Allerdings hatte man sich hundert Jahre zuvor über den Neubau des Palais Fries an jenem Platz ebenfalls öffentlich erregt. Loos

Plakat der II. und der III. Ausstellung der Wiener Secession
von Joseph Maria Olbrich, 1898

verstand es geschickt, sowohl die Behörde, die nach einem Ausweg suchte, durch den Vorschlag zu besänftigen, bronzene Blumenkörbe unter den Fenstern anzubringen, als auch in der Öffentlichkeit das Agieren des Stadtrates und Architekten Hans Schneider bloßzustellen, der seinen eigenen Fassadenentwurf durchbringen wollte. Nachdem der Bau fast ein Jahr lang stillgestanden war, wurde er im Mai 1912 behördlich genehmigt. Im Übrigen hat das Oberstenhofmeisteramt (Frage 57) durch seinen Vertreter in den Kommissionssitzungen ausdrücklich nicht gegen den Bau Einspruch erhoben und ablehnende Äußerungen des 80-jährigen Kaisers sind nicht nachzuweisen, sondern Fremdenführeranekdoten.

## 95 Welche Stellung nimmt der Wiener Jugendstil in der europäischen Kunst ein?

Seit dem 18. Jahrhundert beschäftigten sich Wissenschaftler und Philosophen mit der Geschichte der Kunst und glaubten zu erkennen, dass jede Epoche die ihr eigentümliche Kunst hervorgebracht habe. Sie nahmen daher eine Periodisierung der Kunst vor, die unter Berücksichtigung geographischer Verschiebungen und kultureller Schwerpunkte für ganz Europa gelten konnte. Das wissenschaftliche Interesse an der Kunst vergangener Epochen wurde von den Künstlern selbst übernommen. Sie übten sich romantisch begeistert in Neoklassizismus, Neogotik oder Byzantinismus und begründeten damit den Historismus. Als der Stilpluralismus seine Schuldigkeit getan hatte, glaubte man, keinen Stil mehr zu haben und einen neuen finden zu müssen – ohne Rückgriff auf die Vergangenheit. Daher: Modern Style, Art Nouveau, Stile Modernista, Jugendstil.

Die Bewegung ging von England aus, erreichte zuerst Westeuropa, später Deutschland, wurde in Wien zuletzt angenommen. Das lag daran, dass die Errichtung der Ringstraße eine gewaltige Veränderung der alten barocken Residenzstadt bewirkt hatte und als ein beachtlicher kultureller Höhepunkt anerkannt wurde. Die Vorliebe des Wieners für das Ornament, die geschwungene Linie und für kostbares Material förderte aber doch das Vordringen des Jugendstils. Und es waren die begabtesten Künstler dieser kosmopolitischen Stadt, die sich die ansprechendsten Elemente vor allem des englischen Jugendstils aneigneten.

Die Architekten Otto Wagner (1841–1918), Joseph Maria Olbrich (1867–1908), Josef Hoffmann (1870–1965) und der Maler Gustav Klimt (1862–1918) waren zudem Doppelbegabungen und strebten das Gesamtkunstwerk als Ideal an. Damit schlossen sie an die Ringstraßenepoche an, wenn sie auch das Stildenken überwinden wollten. Das reine, autonome Kunstwerk war für sie nicht erstrebenswert.

Das Auftreten der Künstler in der Öffentlichkeit und ihre neuesten Kunstwerke fanden in Wien lebendige, oft kontroversielle Anteilnahme, auch das ein Erbe der Ringstraßenepoche. Und so erregte man sich sehr, als im April 1897 neunzehn junge Künstler aus dem Verein des Künstlerhauses austraten, weil ein impressionistisch gemaltes Bild von einer Jury abgelehnt worden war. Sie revoltierten aus reinem Idealismus gegen einen veralteten Kunstbetrieb und gründeten die »Vereinigung bildender Künstler Secession«. Damit hatte der Wiener Jugendstil einen Namen: Secession, d. h. Abspaltung.

Klimt als Präsident, Olbrich, Hoffmann, Josef Engelhart, Kolo Moser mit dem 85-jährigen berühmten Vedutenmaler Rudolf von Alt als Idol gewannen rasch jenen Teil des zuerst skeptischen Publikums, der Ästhetizismus, Extravaganz und die schwelgerische Freude am Schönen liebte. Dichter und Musiker wie Hugo von Hofmannsthal, Peter Altenberg und Gustav Mahler zählten dazu.

Inbegriff ihrer Auffassung *l'art pour l'art* war der Kunsttempel, der 1898 nach Plänen von Josef Maria Olbrich errichtet und von Mäzenen, besonders von dem Großindustriellen Karl Wittgenstein, finanziert wurde. Das Ausstellungsgebäude wirkt mit seinen funktionell angeordneten Grundformen, durch seine Proportionen und den zarten ornamentalen Schmuck verblüffend fremdartig. Dazu trägt auch die vergoldete Blätterkuppel bei, volkstümlich »Goldenes Krauthappel« genannt. Über dem

Tor steht das Motto, das der ungarische Literat und Feuilletonist Ludwig Hevesi, ein Ästhet besonderer Prägung, den Secessionisten gegeben hat: »Der Zeit ihre Kunst, der Kunst ihre Freiheit«. Nach dem Gesagten wohl jedermann verständlich!

So fand der Jugendstil in Wien seine glänzendste Entfaltung.

# LITERATUR UND MUSIK

## 96 Welche Minnesänger lebten und wirkten im Gebiet des heutigen Österreich?

Die Minnesänger zogen von Fürstenhof zu Fürstenhof, sie schrieben und sangen weltliche Lieder, deren bevorzugtes Thema die Minne, also die Liebe, als höfisches Ideal war, während sie in ihrer gleichsam »gesellschaftsbezogenen« Spruchdichtung Ritterlichkeit und höfisches Leben besangen. Ihre Lyrik vermag uns auch heute noch unmittelbar zu berühren.

Welche Literatur gab es denn im Hochmittelalter? Literatur setzt Bildung voraus, die ausschließlich in den Klöstern gepflegt, in den Klosterschulen gelehrt wurde. Kaiser und Könige konnten nicht schreiben, ihre Kanzler waren Geistliche. Aber zuhören konnten sie alle und das mit einer Konzentration und Versenkung in den Inhalt des Vorgetragenen, die wir uns kaum mehr vorstellen können. Selbst große Dichter konnten nicht lesen und schreiben, welch Gedächtnis, welch seherische Gabe war den Dichtern selbst eigen!

In den Klöstern pflegten Mönche und Nonnen sowie vornehme Damen in deren Umfeld eine religiös-erbauliche Dichtung, vorwiegend in lateinischer Sprache. Die berühmte Frau Ava, eine Melker Inklusin (Einsiedlerin), ist die erste Dichterin Österreichs, deren Namen wir kennen, sie starb 1127. Auch die ersten dramatischen Werke entstanden in Klöstern, es waren Osterspiele (ihre Nachfahren, die Passionsspiele, finden bis heute ein ungezähltes Publikum). Das älteste österreichische Osterspiel stammt aus Klosterneuburg und zwar aus der Regierungszeit Herzog Leopolds VI.

Die wichtigste weltliche Dichtung neben den Volksliedern sind die lateinischen oder deutschen Gedichte der Vaganten, volkstümliche Trinklieder und kritische Sprüche der fahrenden Scholaren (Studenten), meist Kleriker und voll des Spotts über den eigenen Stand. Durch Sammlungen wie die *Carmina Burana*, benannt nach dem Kloster Benediktbeuren, zu Anfang des 13. Jahrhunderts angelegt, sind sie uns erhalten.

Schon die ältere Generation der Minnesänger ist durch zwei Meister auch in Österreich vertreten. Der von Kürenberg hatte seine Burg beim Kloster Wilhering an der Donau und trat zwischen 1150 und 1170 in Erscheinung. Er ist der älteste namentlich bekannte Lyriker deutscher Sprache. Auch der zur selben Zeit dichtende Dietmar von Aist stammt aus einem oberösterreichischen Rittergeschlecht.

Walther von der Vogelweide ist nicht nur der bedeutendste Minnesänger der jüngeren Generation, die nach 1170 auftritt, er ist der Meister schlechthin, seine Liebesgedichte ergreifen uns bis heute, seine politischen Sprüche werden als sein wichtigster Beitrag für die deutsche Dichtung angesehen. Seine vermutete Herkunft vom Vogelweiderhof bei Waidbruck im heutigen Südtirol blieb nicht unbestritten, da dieser Hofname kein Einzelfall ist. Jüngst versuchte man wegen Walthers Erinnerung an ein großes, nunmehr gerodetes Waldgebiet seiner Kindheit in einem seiner letzten Gedichte nachzuweisen, dass er aus der Gegend von Zwettl stammte. Tatsächlich gibt es in Tirol keine großen Waldgebiete und das letzte große, der »Nordwald«, wurde im 12. Jahrhundert gerodet. Jedenfalls stand er in seiner Jugend in Beziehung zum Herzogshof der Babenberger in Wien und Klosterneuburg, lernte dort nach eigenen Worten *singen und sagen*. Als sein Lehrer gilt Reinmar von Hagenau (gest. vor 1210), der als Elsässer die neue Liedkunst an den Hof Leopolds V. gebracht hatte, dort als Hofsänger wirkte und den Herzog auf seinem Kreuzzug begleitete.

Walther verließ seine »Jugendheimat« Wien nach dem Tode des jungen Herzogs Friedrich (er starb auf dem Kreuzzug 1198), kehrte aber als fahrender Sänger später wieder. Um 1230 ist er vielleicht in Wien, vielleicht in Würzburg gestorben, wo sein Grab gezeigt wird. Auch die späten, manieriert wirkenden und den Minnesang sogar parodierenden ritterlichen Dichter Ulrich von Lichtenstein (gest. 1275) und der »Tannhäuser« (gest. um 1265) waren am Wiener Hof tätig.

## 97 Wer sind die bedeutendsten Dichter Österreichs?

Wie Österreichs Geschichte im Allgemeinen ist seine Literatur im Besonderen nicht auf das heutige Staatsgebiet einzugrenzen. Als Nachfolgerin des Heiligen Römischen Reiches Deutscher Nation vermittelte die Habsburgermonarchie Mittel- und Osteuropa auch die deutsche Kunst und Kultur. Hätte sie diese Aufgabe nicht ernst genommen und mit dem zuletzt allerdings nicht mehr zeitgemäßen Wunsch nach einer Harmonie der Völker verbunden, würden Dichter wie Rilke oder Kafka nicht zur deutschen Literatur zählen.

Unter österreichischer Literatur können also entweder alle Werke verstanden werden, die innerhalb der Reichsgrenzen geschaffen wurden, oder man orientiert sich an den Sprachen, zumindest an den 14 im Reich offiziell anerkannten – dann waren es eben 14 Literaturen. Dabei berücksichtigt man, dass die Literatur eine bedeutsame Rolle für die Bildung der Nationen spielte, die schließlich die Reichsgrenzen sprengten. Und doch: Die wahren Österreicher waren die Böhmen und Kroaten, nicht die Deutschen. Formulieren wir die Frage also so: Wer waren die bedeutendsten deutschsprachigen Dichter Österreichs?

Eine Schlüsselfigur ist Franz Grillparzer. 1791 in Wien, der deutschen Reichshauptstadt, geboren und hier aufgewachsen, hat er den Verlust des großen gemeinsamen deutschen Vaterlandes als Ergebnis des Wiener Kongresses nie überwunden, aber die bedeutendsten Werke der österreichischen Literatur geschrieben. Von dem oberflächlichen, jauchzenden und sogleich wieder betrübten Wienertum hatte und hielt er nichts. Nur selten überwand er seine spröde und scheu-verbitterte Haltung, etwa in seinem Lobspruch auf die österreichische Erde *in König Ottokars Glück und Ende* oder mit seinem Zuruf an Radetzky: »In deinem Lager ist Österreich«.

Adalbert Stifter, 1805 in Oberplan im Böhmerwald unter dem Dreisesselberg geboren, hat in Wien und Linz gelebt und ist dort 1868 gestorben. Er war eine Doppelbegabung: Dichter und Maler. Als großartiger Erzähler von Menschenschicksalen und Geschichtsbildern, in denen er Österreichs Zustand als »Nachsommer« der deutschen Geschichte empfand, war er vom Krieg Preußens gegen Österreich 1866 schwer erschüttert und beging in geistiger Umnachtung Selbstmord.

Zu den größten Meistern der deutschen Sprache und zugleich so österreichisch, dass sie von der deutschen Sprachwissenschaft als Lokalgrößen verkannt werden, gehören Ferdinand Raimund (1790 Wien–1836 Pottenstein) und Johann Nestroy (1801 Wien–1862 Graz). Beide in einem Atemzug zu nennen, weil sie beide volkstümliches Theater schufen und beide Schauspieler waren, verwischt die Unterschiede. Mit einer Mischung aus Humor und Schwermut stellte Raimund politische Phantasien und soziale Utopien auf die Bühne. Nestroy führte die Stegreifposse über in die politisch-soziale Satire, die er aber durch seinen sarkastischen Wortwitz gleichsam überrumpelte. Seine Sprachkunst ist unerreicht.

Marie Ebner von Eschenbach, als Gräfin Dubsky 1830 auf dem mährischen Schloss Zdislawitz bei Kremsier geboren und 1916 in Wien gestorben, hat mitfühlend und seelenvoll das Schicksal der Erniedrigten und Beleidigten in »Dorf- und Schlossgeschichten« dargestellt. Ihre geistvollen Aphorismen betreffen jenes Österreich, um das es hier geht. So nennt sie die Vielsprachigkeit einer müden aristokratischen Welt eine Fertigkeit, dieselben Albernheiten in verschiedenen Sprachen zu sagen.

Während in den Dorfkomödien und Bauerntragödien des freisinnigen Wieners Ludwig Anzengruber (1839–1889) die sozialen Probleme des einfachen Menschen realistisch-kritisch beleuchtet werden, schildert der steirische Moralist Peter Rosegger (1843–1918 Alpl bei Krieglach) den einfachen Menschen in seiner ländlichen Verwurzelung.

Arthur Schnitzler, 1862 in Wien geboren und Sohn eines Arztes aus Westungarn, war selbst Arzt. Trotz der Schärfe, mit der er in seinen Dramen und Novellen Psyche und Charakter seiner Zeitgenossen beschreibt, wurde er zu einer Kultfigur der Wiener Gesellschaft. Seine unerhörte Fähigkeit, seelische Zustände gleichsam vibrierend darzustellen, macht ihn zum größten österreichischen Dichter seiner Zeit.

Die letzten Jahrzehnte Österreich-Ungarns, die kulturell so reiche, aber von einer lahmgelegten Politik in den Abgrund geführte Belle Époque, sind dank der Werke der Dichter, Philosophen, Musiker (Frage 98), Maler und Architekten (Frage 95) in ihrer Widersprüchlichkeit lebendig geblieben. Die großen Dichter, neben Schnitzler Hugo von Hofmannsthal (1874 Wien–1929 Rodaun bei Wien), Karl Kraus (1874 Jičin, Böhmen–1936 Wien), Rainer Maria Rilke (1875 Prag–1926 Territet, Schweiz), Robert Musil (1880 Klagenfurt–1942 als Emigrant in Genf), Stefan Zweig (1881 Wien–1942 als Emigrant in Petropolis, Brasilien), Franz Kafka (1883 Prag–1924 Kierling bei Wien) und Georg Trakl (1887 Salzburg–1914 Krakau) beleuchten diese Epoche, die zwischen Traum und Wirklichkeit angesiedelt war, in der unterschiedlichsten Weise. Fast alle hat die dramatische historische Situation Österreichs tief ergriffen, und sie blieben mit ihrer Heimat, die sie 1918 verloren hatten, bis zur Besessenheit verbunden.

Beklemmend kritisch Schnitzler, polemisch, von Hassliebe erfüllt Kraus, psychologisch einfühlsam die Verwirrung der Gefühle seiner Zeitgenossen erkennend Zweig, der ein außerordentliches Bild der *Welt von gestern* zeichnete. Poetisch und gefühlvoll, als Bahnbrecher des Symbolismus Hofmannsthal und Rilke und, wie der prophetische Trakl fast ohne Bezug zur Politik, Kafka, einsam und allen fremd als Gestalter einer magischen Realität. Und Musil, einer der größten europäischen Dichter des 20. Jahrhunderts, wie Kafka von bestürzender Modernität, in dessen *Mann ohne Eigenschaften* sarkastisches Urteil und Magie der Erinnerung ineinanderfließen.

Noch Heimito von Doderer, 1896 in Weidlingau bei Wien geboren und hier 1966 gestorben, greift in seinen Romanen, etwas selbstgefällig, das Ende der Habsburgermonarchie auf. Elias Canetti (1905 Rustschuk–1994 Zürich) hat 1981 den Nobelpreis entgegengenommen, »auch für Musil und Kafka«, und sich damit in die Reihe der großen österreichischen Dichter gestellt. Ingeborg Bachmann und Thomas Bernhard setzen die Reihe fort.

## 98 Welche großen Komponisten waren Österreicher der Geburt nach, welche wählten Österreich bzw. Wien zu ihrer Wirkungsstätte?

Mit Ausnahme von Franz Liszt sind alle Komponisten, die hier genannt werden können, in einem Land des Heiligen Römischen Reiches Deutscher Nation oder des Deutschen Bundes, der dem alten Reich 1815 nachfolgte, geboren worden. Sie waren also Deutsche.

Christoph Willibald von Gluck wurde 1714 in Erasbach in der heutigen bayerischen Oberpfalz, in einem kleinen Ort der gefürsteten Grafschaft Sternstein, geboren, welche die böhmischen Fürsten zu Lobkowitz innehatten und die dort auch in ihrem Schloss in Neustadt an der Waldnaab residierten. Glucks Vater war als Förster des Fürsten Ferdinand August angestellt. Schon 1717 ging er nach Böhmen zurück, trat in die Dienste der Herzogin von Toskana in Reichstadt, dann in die der Grafen Kinsky in Böhmisch Kamnitz und schließlich 1724 wieder in die des Fürsten Lobkowitz in der Herrschaft Eisenberg bei Komotau. Hier wuchs Christoph Willibald mit dem jüngeren Sohn des Fürsten, dem musikbegeisterten Ferdinand Philipp, auf, dessen Sohn wiederum zu einem der bedeutendsten Förderer Beethovens werden sollte; ab 1731 studierte Gluck in Prag; von dort ging er 1734 nach Wien, wo er Kammermusiker im Hause Lobkowitz wurde. Gluck ist seiner Abstammung nach also ein Deutschböhme, gehört dem österreichischen Kulturkreis an, ist aber durch sein Schaffen der internationale Opernkomponist des 18. Jahrhunderts schlechthin. Er hat, als Deutscher, zuerst italienische und dann französische Oper geschrieben, dem Stil und nicht nur der Sprache nach. Seine Tätigkeit führte ihn in alle Musikzentren Italiens, nach Paris, London und an die Höfe Deutschlands. Ab 1748 war er endgültig in Wien, heiratete 1750 Marianne Bergin, wurde 1754 vom Kaiserhof angestellt und war von da an aus dem Wiener Musikleben nicht mehr wegzudenken. Seine bedeutendsten Erfolge errang er weiterhin vor allem in Paris.

Joseph Haydn, in Rohrau in Niederösterreich geboren, war also ein Österreicher im heutigen Sinn, ebenso die in Wien geborenen Franz Schubert, Joseph Lanner, Vater und Sohn Johann Strauß, wie der Oberösterreicher Anton Bruckner und der Südsteirer Hugo Wolf.

Mozart wurde im Erzbistum Salzburg geboren, einem geistlichen Fürstentum des Römisch-Deutschen Reiches. Der Erzbischof war ein Reichsfürst wie Dutzende andere auch. Die Hauptstadt des Reiches und Residenzstadt des Kaisers war Wien. Darüber hinaus war Wien das kulturelle Zentrum des süddeutschen Raumes, ja Mitteleuropas. Mozart hat, nachdem er durch Eindrücke und Erfahrungen jahrelanger Reisen in Italien, Deutschland, England und Frankreich sein Genie geformt hatte, Wien als Wirkungsstätte gewählt. Infolge der Napoleonischen Kriege und Machtpolitik wurde das Erzbistum Salzburg aufgehoben und sein Territorium schließlich großteils zu Österreich geschlagen, das nach den Beschlüssen des Wiener Kongresses 1815 den Vorsitz im Deutschen Bund innehatte. Mozart war als Salzburger ein Deutscher, ist aber im heutigen Österreich geboren und gehört dem österreichischen Kulturkreis an, der im 18. Jahrhundert, wie Mozarts Musik, eine entscheidende Prägung durch die italienische Kultur erfahren hatte.

Kontroversiell wird die Nationalität von Franz Liszt beurteilt. Als Kind österreichischer Eltern 1811 in Westungarn, dem heutigen Burgenland, geboren, kann er für keine Nation allein in Anspruch genommen werden. Er studierte in Wien, lebte in Rom und Paris, ließ sich von ungarischen Patrioten vereinnahmen, fühlte sich nicht nur unter dem Eindruck seines Schwiegersohnes Richard Wagner letztlich als Deutscher und war zugleich die Zentralgestalt der europäischen Hochromantik, als Pianist der berühmteste Mann Europas.

Ludwig van Beethoven wurde 1770 in Bonn am Rhein im geistlichen Kurfürstentum Köln geboren. Sein Landesfürst war Erzbischof Maximilian Franz, der jüngste Sohn Maria Theresias, ein großzügiger Schutzherr der Künste, der den jungen Beethoven förderte. 1787 empfahl er ihm, nach Wien zu gehen, 1792 wiederholte Beethoven den Besuch, um den »Geist Mozarts aus Haydns Händen zu empfangen«, und blieb in der »Reichshauptstadt«. Zwei Jahre später fegten französische

Truppen das Kurfürstentum Köln hinweg, eine Rückkehr in die Bonner Hofkapelle war hinfällig. Beethoven ist ein Wahlwiener geworden, kein Österreicher.

Ähnlich verhält es sich mit dem 1833 in der freien Hansestadt Hamburg geborenen Johannes Brahms. Er kam 1852 erstmals nach Wien, wo er rasch Anerkennung fand, konnte sich aber erst 1869 entschließen, als freischaffender Künstler in die Musikhochburg zu übersiedeln. Nicht unähnlich Beethoven, der die Stadt weniger als die freie Natur liebte, zog es auch Brahms in landschaftlich reizvolle Gegenden. Zunächst oft in Baden-Baden, verbrachte er seit 1877 den Sommer fast ausschließlich an den Seen und in den Bergen Österreichs. Brahms war und blieb Deutscher, war aber ein Wahlwiener und auch ein Wahlösterreicher.

Gustav Mahler wurde 1860 als Kind deutschsprachiger Eltern in Mähren geboren und wuchs in Iglau, also im österreichischen Kaiserstaat, auf. Die meisten Stationen seiner Karriere als Kapellmeister waren Städte der österreichisch-ungarischen Monarchie, aber auch Kassel, Leipzig und Hamburg. Von dort wurde er 1897 an die Hofoper nach Wien berufen. Seine Direktion gilt als die Glanzzeit dieses Hauses. Er kann getrost als einer der bedeutendsten Komponisten und Dirigenten Österreichs bezeichnet werden.

## 99 Welche Bedeutung haben die Neue Wiener Schule und Arnold Schönberg in der Musikgeschichte?

Arnold Schönberg, 1874 in Wien geboren, ist der Schöpfer der Neuen Musik zu Beginn des 20. Jahrhunderts. Neu waren Ausdrucks- und Gestaltungsmittel, neu auch Inhalt und Art der Darstellung. Als Komponist, Dirigent und Lehrer hat Schönberg seit 1903 einen Freundeskreis um sich versammelt, dem sein Schwager Alexander von Zemlinsky, der sein einziger Lehrer war, und seine Schüler Anton von Webern und Alban Berg angehörten. Gustav Mahler, damals Direktor der Hofoper, war ihr Mentor. Schönberg war aber auch befreundet, mitunter kritisch distanziert, mit den Dichtern Peter Altenberg, Karl Kraus, Richard Dehmel, dem schwedischen Dramatiker und Maler August Strindberg, dem Maler Oskar Kokoschka und vor allem mit dem Architekten Adolf Loos (Frage 94). Mit diesem verband ihn der Kampf gegen das inhaltslos gewordene schmückende Ornament. Wie Loos verlangte auch Schönberg 1911 in seiner Harmonielehre, dass Musik nicht schmücken, sondern wahr sein solle.

Die jungen Komponisten, suchend und rebellierend gegen das selbstgefällige, opulente Wiener Musikleben, entwickelten sich sehr verschieden. Schuld daran waren nicht zuletzt ihre getrennten Lebenswege, die sie zunächst aus existenziellen Gründen von Wien nach Prag oder Berlin und dann zwangsweise wegen der Vertreibung durch das Hitlerregime ins Exil führten. Auch Schönberg musste im Mai 1933 Deutschland verlassen – er hatte seit 1925 an der Preußischen Akademie der Künste Komposition gelehrt – und emigrierte über Frankreich in die USA, wo er 1951 in Los Angeles starb.

Schönberg war in seiner ersten Schaffensperiode ein Jünger der klassischen Tonalität, ein Kenner der großen Meister von Bach bis zu seinen älteren Zeitgenossen; Wagner, Brahms und Mahler bedeuteten ihm am meisten. Als Komponist entwickelte er eine ausgeprägte eigene musikalische Sprache, in der man durchaus Elemente seiner späteren Tonsprache erkennen kann. Um 1908 war aber der Zeitpunkt erreicht, da Schönberg glaubte, die Grenze der organischen Entwicklung der Tonalität erreicht zu haben.

Er führte nun die Musik über diese hinaus in den Bereich der nicht mehr an eine Tonart gebundenen, sogenannten nichttonalen Komposition. Der Ausdruck »atonal« ist von Schönberg als irreführend abgelehnt worden, er wollte immer Musik machen, sprach z. B. von einer Emanzipation der Dissonanz. Diese Musik wurde jedenfalls als revolutionär empfunden, vom Publikum missverstanden und höhnisch abgelehnt. So ist es damals auch anderen Komponisten ergangen, z. B. Igor Strawinsky in Paris. Schönberg begann 1908 zu malen und erwies sich als Doppelbegabung. Einige seiner Bilder zeigte Wassily Kandinsky 1911 in München bei der Ausstellung *Der Blaue Reiter*.

In einer dritten Schaffensperiode, die nach dem Ende des Ersten Weltkriegs um 1921 einsetzte, entwickelte Schönberg eine Kompositionsweise mit zwölf nur aufeinander bezogenen Tönen, die jede übergeordnete Beziehung zu einem Grundton (d. i. die erste Stufe einer Dur- oder Mollskala) als unwichtig vermeidet.

Sein Ausspruch »Kunst kommt nicht von können, sondern von müssen«, lässt erkennen, dass er überzeugt war, eine historische Aufgabe zu erfüllen. Tatsächlich bewundern seine Zeitgenossen aber sein Können, hat er doch seine Melodien und musikalischen Gedanken auf geistreiche Weise entwickelt. Aus seiner Lehrtätigkeit in Europa und den USA sind viele ausübende Musiker und bedeutende Komponisten hervorgegangen, allen voran Alban Berg und Anton von Webern. Ohne Rücksicht auf Erfolg blieben sie ihrem genialen Lehrer verpflichtet. Ihrer Musik ist es ähnlich wie seiner ergangen, die erst nach 1945 in die Konzertsäle einzog.

# LITERATUR

Österreichische Geschichte (Hg. Herwig Wolfram, 15 Bde, Ueberreuter Wien 1994–2006):

(1) *Otto H. Urban*, Der lange Weg zur Geschichte. Die Urgeschichte Österreichs bis 15. v. Chr. (Wien 2000, ²2003)

(2) *Verena Gassner/Sonja Jilek/Sabine Ladstätter*, Am Rande des Reiches. Die Römer in Österreich. 15 v. Chr.–378 n. Chr. (Wien 2002, ²2003)

(3) *Herwig Wolfram*, Grenzen und Räume. Geschichte Österreichs vor seiner Entstehung. 378–907 (Wien 1995, ²2003)

(4) *Karl Brunner*, Herzogtümer und Marken. Vom Ungarnsturm bis ins 12. Jahrhundert. 907–1156 (Wien 1994, ²2003)

(5) *Heinz Dopsch/Karl Brunner/Max Weltin*, Die Länder und das Reich. Der Ostalpenraum im Hochmittelalter. 1122–1278 (Wien 1999, ²2003)

(6) *Alois Niederstätter*, Die Herrschaft Österreich. Fürst und Land im Spätmittelalter. 1278–1411 (Wien 2001, ²2004)

(7) *Alois Niederstätter*, Das Jahrhundert der Mitte. An der Wende vom Mittelalter zur Neuzeit. 1400–1522 (Wien 1996, ²2004)

(8) und (9) *Thomas Winkelbauer*, Ständefreiheit und Fürstenmacht. Länder und Untertanen des Hauses Habsburg im konfessionellen Zeitalter. 1522–1699, 2 Bde (Wien 2003, ²2004)

(10) *Karl Vocelka*, Glanz und Untergang der höfischen Welt. Repräsentation, Reform und Reaktion im habsburgischen Vielvölkerstaat. 1699–1815 (Wien 2001, ²2004)

(11) *Helmut Rumpler*, Eine Chance für Mitteleuropa. Bürgerliche Emanzipation und Staatsverfall in der Habsburgermonarchie. 1804–1914 (Wien 1997, ²2005)

(12) *Ernst Hanisch*, Der lange Schatten des Staates. Österreichische Gesellschaftsgeschichte im 20. Jahrhundert. 1890–1990 (Wien 1994, ²2005)

(13) *Roman Sandgruber*, Ökonomie und Politik. Österreichische Wirtschaftsgeschichte vom Mittelalter bis zur Gegenwart (Wien 1995, ²2005)

(14) *Rudolf Leeb/Maximilian Liebmann/Georg Scheibelreiter/Peter G. Tropper*, Geschichte des Christentums in Österreich. Von der Spätantike bis zur Gegenwart (Wien 2003, ²2005).

(15) *Eveline Brugger/Martha Keil/Albert Lichtblau/Christoph Lind/Barbara Staudinger*, Geschichte der Juden in Österreich (Wien 2006)

Die deutschen Herrscher des Mittelalters. Historische Portraits von Heinrich I. bis Maximilian I. (Hgg. Bernd Schneidmüller/Stefan Weinfurtner, München 2003)

Geschichte des Landes Tirol mit Beiträgen von Josef Fontana, Peter W. Haider, Walter Leitner, Georg Mühlberger, Rudolf Palme, Othmar Parteli, Josef Riedmann 1–4, 1 und 2 (Bozen/Innsbruck/Wien 1985/86/87/88, 1 ²1990)

Geschichte Salzburgs Stadt und Land (Hgg. Heinz Dopsch/Hans Spatzenegger 1, 1 (Salzburg ²1983) 1, 2, bis 2, 4 (Salzburg 1983–1991))

*Alphons Lhotsky*, Aufsätze und Vorträge 1–5 (Hgg. Heinrich Koller/Hans Wagner, Wien 1970–1976)

*Alois Niederstätter*, Geschichte Österreichs (Stuttgart 2007)

*Erich Zöllner*, Der Österreichbegriff. Formen und Wandlungen in der Geschichte (Wien 1988)

*Erich Zöllner*, Geschichte Österreichs. Von den Anfängen bis zur Gegenwart (Wien 1961, ⁸1990)

# Personenregister

Kg. ohne Zuordnung meint den röm.-dt.
König, K den röm.(-dt.) Kaiser

Adalbert v. Babenberg († 906) 144
Adalbert, hl., Bf. v. Prag († 997) 92
Adalbert, Mgf. v. Öst. (1018–1055) 144f
Adalram, Ebf. v. Salzburg (821–836) 88
Aeneas, trojan. Held 29f
Afra, hl., v. Augsburg († 304) 93
Agnes, Gem. Leopolds III. († 1143) 12, 17, 99, 144, 207
Alba, Fernando Alvarez de Toledo, Hg. v. (1508–1582) 180
Albert, Hg. zu Sachsen u. Teschen (1742–1822) 167
Albrecht I., Hg. v. Öst. u. Steierm., Kg. (1282/98–1308) 45f, 117, 147
Albrecht II., Hg. v. Öst. u. Steierm. (1330–1358) 76f, 148
Albrecht III., Hg. v. Öst. u. Steierm. (1365–1395) 25, 32, 46, 148
Albrecht II., Kg. (1438/39), als Albr. V. Hg. v. Öst. 77
Albrecht VII., Ehg. v. Öst. (1559–1621) 165
Alexander I., Zar (1801–1825) 122, 189, 192f
Alt, Rudolf von, Maler († 1905) 220
Altdorfer, Albrecht, Maler († 1538) 209
Altenberg, Peter, Dichter († 1918) 220, 230
Andrássy, Graf Gyula, ungar. Ministerpräsident (1867–1875) 134, 199
Anna v. Ungarn, Gem. Ferdinands I. († 1547) 154, 158f, 163
Anna, Ehgin v. Öst., Gem. Philipps II. (1549–1580) 165
Anthemius, weström. K. (467–472) 95
Anzengruber, Ludwig, Dichter († 1889) 225
Arbo, bayer. Mgf. († nach 907) 49
Ares, griech. Gott 88
Aristoteles, 18
Arlt, Ferdinand v., Arzt (1812–1887) 212
Arn, Bf. u. Ebf. v. Salzburg (785/98–821) 73
Arndt, Ernst Moritz, Dichter († 1860) 130
Arnulf v. Kärnten, ostfränk. Kg., K. (888–899) 51, 79, 144
Arnulf, Hg. v. Bayern (907–937) 144
Árpád, Ungarnfürst († um 907) 41, 74
Arthaber, Rudolf v., Industrieller (1795–1867) 172
Asterix 16, 21
Attila, Hunnenkg. († 453) 36, 94
Auenbrugger, Leopold v., Arzt (1795–1867) 210
Augustinus, hl. († 530) 18f

Augustulus, Romulus, letzter weström. K. (abgesetzt 476) 40
Augustus, röm. K. (31 v. –14 n. Chr.) 37
Ava, Frau, Dichterin († 1127) 222
Bachmann, Ingeborg, Dichterin († 1973) 226
Bakunin, Michail († 1876) 130
Barany, Robert, Nobelpreisträger für Medizin 1914 († 1936) 212
Bartenstein, Johann Christoph Frhr. v., geheimer Staatssekretär († 1767) 119
Bauer, Otto, Staatssekretär d. Auswärtigen († 1938) 137
Beck, Max Vladimir Frhr. v., Ministerpräsident (1906–1908, † 1943) 132
Beethoven, Ludwig van (1770–1827) 170, 227f
Bela IV., Ungarnkg. ( 1235–1270) 110
Benedikt XVI., Papst (seit 2005) 73
Benk, Johann, Bildhauer (1844–1914) 216
Berg, Alban, Komponist († 1935) 229, 231
Bergermayer Angela, Philologin 10
Berlin Isaiah, Philosoph und Historiker (1909–1997) 11
Bernhard II., Hg. v. Kärnten (1202–1256) 60
Bernhard, Thomas, Dichter († 1989) 226
Bianca Maria Sforza, Hgin v. Mailand, 2. Gem. Maximilians I. († 1511) 152, 155
Billroth, Theodor, Arzt († 1894) 212
Birkhan, Helmut, Germanist 59
Bismarck, Otto Fürst, Kanzler d. Dt. Reiches (1815–1898) 199
Blum, Robert, Abgeordneter d. Dt. Nationalversammlung († 1848) 130
Bonaparte, Caroline, Gem. Kg. Murats v. Neapel (1782–1839) 194
Bonaparte, Elise, verh. Baciocchi, Hzgin v. Lucca (1777–1820) 194
Bonifatius, hl., pp. Legat f. Germanien († 754) 42, 88, 96ff
Boruth (um 740–um 750) 71
Brahms, Johannes (1833–1897) 229f
Brigit, hl. († um 525) 29, 60
Brücke, Ernst Wilhelm v., Arzt (1819–1892) 212
Bruckner, Anton (1824–1896) 228
Caesar, C. Iulius (100–44 v. Chr.) 29f, 113
Canetti, Elias, Dichter, Nobelpreisträger 1981 († 1994) 226
Canon, Hans, Maler († 1885) 216
Carlo Alberto v. Piemont, Kg. v. Sardinien (1831–1849) 195
Cavour, Camillo Gf., Ministerpräsident († 1861) 196
Cheitmar, Karantanenfürst (752–769) 71

Chlodwig, Frankenkg. (481–511) 29
Christus 47, 74, 204
Claudius, röm. K. (41–54) 37
Clémenceau, Georges, frz. Ministerpräsident († 1929) 137
Columban, hl. († 615) 48, 88
Conrad v. Hötzendorf, Franz Gf., Feldmarschall († 1925) 202f
Cosmas v. Prag, Verf. d. Böhmenchronik (1045–1125) 17, 20
Cotani, To. Tassilos III. 90, 141
Cranach, Lucas, Maler († 1553) 209
Cuspinianus, Johannes, Humanist u. Diplomat († 1529) 28
Czermak, Johann Nepomuk, Arzt (1828–1873) 212
Danhauser, Josef, Maler († 1830) 172
Daun, Graf Leopold Joseph, Feldmarschall († 1766) 119f
Dehmel, Richard, Dichter († 1920) 230
Desiderius, Langobardenkg. (757–774) 141
Dietmar von Aist, Minnesänger (12. Jh.) 223
Diokletian, röm. K. (284–305) 21, 87
Dittel, Leopold v., Arzt (1815–1898) 212
Dobdagrecus, Begleiter Virgils 205
Doderer, Heimito v., Dichter († 1966) 226
Donizetti, Gaetano, Komponist (1797–1848) 171
Dopsch, Alphons, Historiker (1868–1953) 44f
Drasche-Wartinberg, Heinrich v., Industrieller († 1880) 214
Dürer, Albrecht, Maler (1471–1528) 53, 209
Ebner von Eschenbach, Marie († 1916) 225
Eisenmenger, August, Maler (1830–1907) 214
Eitelberger, Rudolf v., Kunsthistoriker († 1885) 215
Eleonore v. Portugal, Gem. Friedrichs III. (1436–1467) 25, 150f
Eleonore Magdalena v. Pfalz-Neuburg, 1676 Gem. Leopolds I. (1655–1720) 116
Elisabeth Christine v. Braunschweig-Wolfenbüttel, Gem. Karls VI. (1691–1750) 116
Elisabeth v. Böhmen, Gem. Johann d. Blinden († 1330) 149
Elisabeth, To. Ferdinands I. (1526–1545) 158
Emmeram, hl., Bf. in Regensburg († um 715) 52, 93
Engelhart, Josef, Bildhauer (1864–1941) 220
Erintrudis, hl., 1. Äbtissin Nonnbergs (712/715) 90
Ermanerich, Ostgotenkg. († 376) 23
Ernst I., Hg. v. Schwaben († 1015) 49
Ernst, Ehg. v. Öst. (1553–1595) 164f
Ernst, Mgf. v. Öst. (1055–1075) 145
Eugen, Prinz v. Savoyen, Feldherr (1663–1736) 116f, 181, 184ff, 197

Eugippius, Verf. d. *Vita Severini* († nach 511) 39, 95
Fater, 1. Abt v. Kremsmünster († n. 791) 91
Ferdinand I., Kg., K. (1503–1564) 9, 27, 45, 77, 85, 126, 154, 156, 158ff, 178f, 181, 209
Ferdinand II., Kg., K. (1619–1637) 77, 165f
Ferdinand I., K. v. Öst. (1835–1848, † 1875) 118, 123, 131
Ferdinand II. v. Aragón-Sizilien (1468–1516) 154, 162
Ferdinand I. Kg. beider Sizilien, IV. v. Neapel (1759–1825) 168, 195
Ferdinand III., GHg. v. Toskana (1791–1824) 188
Ferdinand v. Tirol, So. Ferdinands I. (1564–1595) 162
Ferstel, Heinrich v., Architekt († 1883) 215
Fischer von Erlach, Johann Bernhard, Architekt († 1723) 210
Fischer von Erlach, Joseph Emanuel, Architekt († 1742) 217
Florian, hl. († 304) 87, 93f
Förster, Ludwig v., Architekt († 1863) 214
Franz Ferdinand, Ehg. v. Öst.-Este, Thronfolger († 1914) 199
Franz I. Stephan, K., Gem. v. Maria Theresia (1745–1765) 119
Franz II. (I. v. Öst.), K. (1792–1835) 123, 171, 173, 188f, 192
Franz Joseph I., K. v. Öst., Kg. v. Ung. (1848–1916) 78, 127, 134, 174, 196, 200, 203, 213
Freud, Sigmund, Arzt, Psychoanalytiker († 1936) 213
Friedrich I. Barbarossa, Kg., K. (1152/55–1190) 18, 99, 104ff
Friedrich II., Kg., K. (1212/20–1250) 76, 110, 112ff, 146
Friedrich III., Kg., K. (1440/52–1493) 25f, 34, 36, 77, 101, 115, 150f
Friedrich II., d. Große, Kg. v. Preußen (1740–1786) 119
Friedrich Wilhelm III., Kg. v. Preußen (1797–1840) 189, 192
Friedrich Wilhelm IV., Kg. v. Preußen (1840–1858, † 1861) 130
Friedrich VI., Kg. v. Dänemark (1808–1839) 189
Friedrich I., 1797 GHg., Kg. v. Württemberg (1806–1816) 189
Friedrich I., Hg. v. Schwaben († 1105) 99
Friedrich II., Hg. v. Schwaben († 1147) 99, 104
Friedrich I., Hg. v. Öst. (1195–1198) 75, 107, 145, 223
Friedrich II., der Streitbare, Hg. v. Öst. u. Steierm. (1230–1246) 32, 75, 103, 109f, 112, 145, 206f

235

Friedrich IV., Hg. v. Öst. gef. Gf. v. Tirol (Friedel mit d. leeren Tasche) († 1439) 47
Gallus, hl. (um 610/30) 88
Garibaldi, Guiseppe, Freiheitskämpfer († 1882) 196
Gasser, Josef v., Bildhauer († 1900) 215
Gentz, Friedrich v., Sekretär Metternichs, Publizist († 1832) 190, 192
Gerold I., Bayernpräfekt († 799) 63
Gertrud, To. Lothars III. 105
Gertrud, Nichte Friedrichs d. Streitbaren 110
Gisela, Gem. Stephans I. 80
Gluck, Christoph Willibald v., Komponist (1714–1787) 227
Gregor X., Papst (1271–1276) 146
Gregor XVI., Papst (1831–1846) 195
Gregor, Bf. v. Tours, Verf. der fränk. Kirchengeschichte (um 540–594) 17
Grillparzer, Franz, Dichter (1791–1872) 16, 111, 164, 166, 172, 196, 224
Grimm, Jacob (1785–1863) u. Wilhelm (1786–1859) 49
Gunther, sagenhafter So. Tassilos III. 142
Guntram d. Reiche, Stammvater d. Habsburger († nach 973) 146
Hadmar I., Kuenringer († 1138) 103
Hadmar II., Kuenringer († 1217) 103
Hageneder Othmar, Historiker 16, 108
Hanisch Ernst, Historiker 10
Hansen, Theophil, Architekt († 1891) 132, 214f
Hartmann von Aue, Dichter (um 1170–nach 1210) 103
Hasenauer, Carl v., Architekt († 1894) 215f
Haugwitz, Graf Friedrich Wilhelm, Minister (um 1700–1765) 119ff
Haydn Joseph (1732–1809) 9, 170, 227
Hebra, Ferdinand v., Arzt (1816–1880) 212
Heider, Moriz, Arzt (1816–1866) 212
Heinrich II., Kg., K. (1002–1024) 80
Heinrich IV., Kg, K. (1056–1106) 99, 113
Heinrich V., Kg., K. (1106–1125) 99
Heinrich (VII.), Kg. (1222–1235) 113
Heinrich VII., Kg., K. (1308–1313) 110
Heinrich II., d. Zänker, Hg. v. Bayern († 995) 80
Heinrich IV., Hg. v. Bayern s. Heinrich II.
Heinrich IX., d. Schwarze, Hg. v. Bayern († 1126) 104
Heinrich X., d. Stolze, Hg. v. Bayern u. Sachsen († 1139) 104f
Heinrich XII., d. Löwe, Hg. v. Bayern u. Sachsen († 1195) 105
Heinrich I., Mgf. v. Öst. (994–1018) 93, 145
Heinrich II. Jasomirgott, Mgf. v. Öst. (1141–1156), 1. Hg. v. Öst. (1156–1177) 17, 105f, 145, 207
Helbing, Matthes, Baumeister (1. H. 15. Jh.) 208

Hellmer, Edmund v., Bildhauer († 1935) 216
Hevesi, Ludwig, Schriftsteller (1842–1910) 221
Hildebrandt, Lukas v., Architekt († 1745) 210
Hiltrud, Gem. Odilos († 754) 141
Hippolytus, hl. 61
Hitler, Adolf († 1945) 138, 230
Hofer, Andreas († 1810) 13, 188
Hoffmann, Josef, Architekt († 1956) 220
Hofmannsthal, Hugo v., Dichter (1874–1929) 220, 226
Hormayr, Joseph v., Historiker u. Publizist (1782–1848) 13
Hrodrud, To. Tassilos III. 140f
Huber, Wolf, Maler († 1553) 209
Isabella Clara Eugenia, Infantin, sog. Gouvernante d. Niederlande (1566–1633) 165
Isabella v. Portugal, Gem. Karls V. († 1539) 159
Iubinianus, Slbger Romane 65
Jeanne d'Arc, hl. († 1431) 82
Jesus s. Christus
Johann d. Blinde, Kg. v. Böhmen (1310–1346) 149
Johann I. Szapolyai, Kg. v. Ungarn (1526–1540) 160f, 178
Johann II. Szapolyai, Kg. v. Ungarn (1540–1551) 161
Johann III. Sobieski, Kg. v. Polen (1674–1696) 181
Johann Parricida, Hg. v. Öst., Mörder Albrechts I. († 1313) 45
Johann, Abt v. Viktring, Verf. d. *Buchs sicherer Geschichten* († 1345/47) 20
Johann, Ehg. v. Öst., Reichsverweser 1848/49 († 1859) 131
Johanna von Pfirt, Gem. Albrechts II. (1351) 148
Johannes d. Täufer 204
Johannes, Abtbf. v. Salzburg (739–746/47) 98
Joseph I., K., Kg. v. Ung. u. Böhm. (1705–1711) 116, 183f, 186
Joseph II., K. 1765, Kg. v. Ung. u. Böhm. (1780–1790) 56, 78, 86, 90, 119, 167ff, 173
Juan Don, Prinz v. Spanien († 1497) 154
Juana, Kgin v. Spanien, die Wahnsinnige, Gem. Philipps I. (1479–1554) 154, 162
Judith, Gem. Friedrichs II. v. Schwaben († 1126) 105
Justinian I., oström. K. (527–565) 72
Kafka, Franz, Dichter (1883–1924) 224, 226
Kandinsky, Wassily, Maler (1866–1944) 231
Karl Martell, fränk. Hausmeier (714–741) 141
Karl d. Gr., fränk. Kg., K. (768/800–814) 41f, 52, 54, 63, 68, 88, 90ff, 97, 138, 141f
Karl IV., Kg., K. (1346–1378) 112ff, 148f
Karl V., Kg., K., 1516 Karl I. Kg. v. Span.

(1500–1556) 27, 31, 45, 82, 85, 154, 156ff, 161ff, 176, 179f, 209
Karl VI., Kg., K., als Karl III. Kg. v. Span. (1711–1740) 116, 119, 176, 183f, 186
Karl (Franz Josef) I., K. v. Öst., als Karl IV. Kg. v. Ung. (1916–1918) 136
Karl d. Kühne, Hg. v. Burgund († 1477) 25, 82, 153
Karl v. Innerösterr., So. Ferdinands I. (1564–1590) 162
Karl, Ehg. v. Öst., Feldherr (1771–1847) 187f
Katharina v. Böhmen, Gem. Rudolfs IV. († 1386) 148
Kaunitz, Wenzel Anton Graf (Fürst), Staatskanzler (1753–1794) 119ff, 187
Kennan, George Frost, amerikanischer Diplomat (1904–2005) 200
Khlesel, Melchior, Kardinal, Ebf. v. Wien (1598–1630) 165
Klimt, Gustav, Maler (1862–1918) 216, 220
Klingenstein Grete, Historikerin 16
Knut, hl., Kg. v. Dänemark (1080–1086) 92
Kokoschka, Oskar, Maler (1886–1980) 230
Koloman, hl. († 1012) 92f, 101f
Kolschitzky, Georg Franz, Kaufmann u. Spion (Wien, 1683) 12, 181
Konrad I., ostfränk. Kg. (911–918) 144
Konrad II., Kg., K. (1024–1039) 29, 62, 81, 102
Konrad III., Kg. (1138–1152) 17, 23, 99, 104f, 207
Konrad IV., Kg. (1237–1254) 110
Konrad III., Ebf. v. Salzburg (1177–1183) 98
Konstantin I. d. Große, röm. K. (306–337) 21, 150
Konstantinos/Kyrillos, Slawenlehrer († 869) 89
Köprülü, Ahmed Pascha, Großwesir (1661–1676) 182
Kraus, Karl, Dichter, Herausgeber der *Fackel* (1874–1936) 200, 216, 226, 230
Kreisky Bruno, Öst. Bundeskanzler (1970–1983) 11
Krenek, Ernst, Komponist (1900–1991) 229, 231
Kriemhild, Heldin d. Nibelungenliedes 36
Krüdener, Juliane v., Schriftstellerin (1764–1824) 192
Kudlich, Hans, Reichstagsabgeordneter 1848/49 131
Kundmann, Carl, Bildhauer († 1919) 215f
Kunigunde, To. Friedrichs III. († 1520) 151
Kürenberger, der, Minnesänger (Mitte 12. Jh.) 223
Kyrill(os) s. Konstantinos
Lambeck, Petrus, Präfekt d. Hofbibliothek († 1680) 26
Lammasch, Heinrich, Völkerrechtler (1853–1920) 54, 137

Landsteiner, Karl, Nobelpreisträger für Medizin 1930 († 1943) 213
Lanner, Joseph, Komponist (1801–1843) 228
Leo III., Papst (796–816) 42
Leopold I., Kg., K. (1657–1705) 26, 78, 116, 181, 183ff
Leopold II., Kg., K. (1790–1792) 187
Leopold I., Mgf. v. Öst. (976–994) 49, 144f
Leopold II., Mgf. v. Öst. (1075–1095) 145
Leopold III., hl., Mgf. v. Öst. (1095–1136) 17, 32, 49, 93f, 99f, 104, 115, 118, 144f, 206f
Leopold IV., Mgf. v. Öst. (1136–1141), Hg. v. Bayern (1139–1141) 23, 105, 145, 206f
Leopold V., Hg. v. Öst. (1177–1194) u. d. Steierm. (1192–1194) 74, 103, 107, 138, 145, 207, 223
Leopold VI., Hg. v. Öst. (1198–1230) u. d. Steierm. (1195–1230) 107, 145, 207, 222
Leopold III., Hg. v. Öst. († 1386) 46f
Leopold IV., Hg. v. Öst. († 1411) 47
Leopold V., Ehg. v. Öst., Bf. v. Passau, Landesherr von Tirol (1586–1632) 166
Leopold V., Hg. v. Lothringen, Feldherr (1643–1690) 181
Leopold d. Starke, Mgf. d. Steierm. († 1129) 57
Leopold v. Wien, Verf. d. *Chronik v. d. 95 Herrschaften* (entst. 1388/94) 20
Lhotsky, Alphons, Historiker (1903–1968) 16, 26, 44f, 116
Libussa, sagenhafte Gründerin Prags 16
Liebenberg, Johann Andreas v., Bürgermeister (1627? – 1683) 181
Liszt, Franz, Komponist (1811–1886) 227f
Liupram, Ebf. v. Salzburg (836–859) 74
Liutpirc, Gem. Tassilos III. († vor 794) 141f, 204f
Liutpold s. Leopold
Lloyd George, David, Premierminister (1916–1922, † 1945) 203
Loos, Adolf, Architekt (1870–1933) 216f, 230
Lope de Vega Carpio, span. Dichter (1562–1635) 17
Lorenz, Willy, Historiker u. Diplomat († 1959) 27
Lothar III., Kg., K. (1125–1137) 104f
Ludwig d. Fromme, K. (814–840) 71, 91
Ludwig d. Deutsche, ostfränk. Kg. (817–876) 62
Ludwig IV. d. Kind, ostfränk. Kg. (899–911) 93
Ludwig IV., d. Bayer, Kg., K. (1314–1347) 77
Ludwig IX., d. Heilige, Kg. v. Frankreich (1226–1270) 30
Ludwig XIV., Kg. v. Frankreich (1643–1715) 183ff
Ludwig XVI., Kg. v. Frankreich (1774–1792) 187

Ludwig II., Kg. v. Ung. u. Böhm. (1516–1526) 154f, 160, 178
Ludwig Wilhelm, Mgf. v. Baden (1677–1707) 181
Luitpold, bayer. Mgf. († 907) 144
Luther, Martin 35
Mahler, Gustav, Komponist (1860–1911) 220, 229f
Makart, Hans, Maler (1840–1884) 216
Manzoni, Alessandro, Schriftsteller († 1873) 195
Margarete, Schw. Friedrichs d. Streitbaren 110
Margarete, To. Maximilians I. († 1530) 151f, 154
Maria, Muttergottes 151, 204
Maria Amalia, Ehgin v. Öst., Gem. Karl-Albrechts v. Bayern (K. Karl VII.) (1701–1756) 116
Maria Amalia, Ehgin v. Öst., Gem. Ferdinands v. Parma (1746–1804) 168
Maria Anna (Marianne), Ehgin v. Öst. (1738–1789) 167
Maria Antonia s. Marie Antoinette
Maria Carolina, Ehgin v. Öst., Gem. Ferdinands I. beider Sizilien (1752–1814) 168
Maria Christine, Ehgin v. Öst., Gem. Alberts zu Sachsen (1742–1798) 167
Maria Elisabeth, Ehgin v. Öst. (1743–1808) 168
Maria Josepha, Ehgin v. Öst., Gem. Friedrich Augusts v. Sachsen-Polen (1699–1757) 116
Maria Theresia, Kgin v. Ung. u. Böhm., Regentin d. Erblande (1740–1780) 13f, 16, 56, 118ff, 127, 139, 166f, 184
Maria v. Burgund, 1. Gem. Maximilians I. († 1482) 28, 49, 82, 154, 176
Maria v. Ungarn, Gem. Ludwigs II. (1505–1558) 154, 156, 160
Maria, Ehgin v. Öst., Gem. Wilhelms v. Jülich-Kleve-Berg (1531–1581) 158
Marie Antoinette, Ehgin v. Öst., Gem. Ludwig XVI. (1755–1793) 168, 187
Marie Louise, Ehgin v. Öst., Gem. Napoleons I. († 1847) 122, 189, 194
Mark Aurel, röm. K. (161–180) 87
Martin, hl., v. Tours, burgenl. Landespatron 54, 60
Matthias Corvinus, Kg. v. Ungarn († 1490) 27f, 36, 155
Matthias, Kg., K. (1612–1619) 164ff
Maximilian I., Kg., K. (1486/1508–1518) 9, 26ff, 31, 44, 47, 49, 60, 82, 85, 101, 127, 139, 150ff, 159, 161ff, 176, 209
Maximilian II., K., Kg. (1562/64–1576) 162, 164, 209
Maximilian, K. v. Mexiko (1864–1867) 152
Maximilian III., Ehz. v. Öst., Hochmeister d. Dt. Ordens (1558–1618) 101, 115, 118, 165
Maximilian II. Emanuel, Kfst. v. Bayern (1679–1726) 181
Mehmed IV., Sultan (1648–1687) 182
Meinhard II., Gf. v. Görz-Tirol, Hg. v. Ktn. (um 1238–1295) 42, 59
Melnitzky, Franz, Bildhauer († 1876) 214
Mennel Jacob, Hofgelehrter Maximilians I. 10
Methodios, Slawenlehrer († 885) 54, 89
Metternich, Fürst Clemens Wenzel Nepomuk Lothar, Staatskanzler (1773–1859) 121ff, 168, 190, 192ff, 198
Michael III., byzant. K. (842–867) 89
Mithras, antiker Schöpfergott 21
Moltke, Helmuth Karl Bernhard, Feldherr (1848–1916) 203
Montecuccoli, Graf Raimondo, Feldherr (1609–1681) 181
Mors, röm. Todesgöttin 153
Moser, Kolomann, Maler (1868–1918) 220
Mozart, Wolfgang Amadeus, Komponist (1756–1792) 228
Munggenast, Josef, Baumeister († 1741) 210
Munkacsy, Mihaly v., Maler (1844–1900) 216
Murat, Joachim, Marschall u. Kg. v. Neapel (1808–1815) 194
Musil, Robert, Dichter (1880–1942) 226
Mustafa, Kara, Pascha, Großwesir (1676–1683) 181f
Napoleon I. Bonaparte, K. d. Franzosen (1804–1814, † 1821) 91, 111, 121ff, 168, 186ff, 193ff, 197
Napoleon III., Ks. d. Franzosen (1852–1870, † 1873) 196
Nero, röm. K. (54–68) 113
Nestroy, Johann, Dichter (1801–1862) 172, 225
Niederstätter, Alois, Historiker 146
Nikolaus von Verdun, Goldschmied (tätig um 1185–1205) 207
Nitze, Maximilian, Arzt (1848–1906) 212
Noah, Patriarch 20, 29f
Nonnosus, Diakon († 532) 22
Norix, Stammvater d. Noriker 53
Nüll, Eduard van der, Architekt († 1868) 214f
O'Fiach, Tomás, Kardinal Ebf. v. Armagh (1923–1990) 99
Odilo, Hg. v. Bayern (736/37–748) 90, 97, 141
Odoaker, Kg. v. Italien (476–493) 38, 40, 95
Oelzelt (Ölzelt), Anton, Baumeister (1817–1875) 215
Olaf, hl., Kg. v. Norwegen († 1030) 92
Olbrich, Joseph Maria, Architekt († 1908) 216, 220
Op(p)ortunus I., 1. Abt. v. Mondsee (748–784) 90

Oppenheimer, Samuel, Bankier u. Armeelieferant (1630–1703) 78
Orestes, Patricius († 476) 40
Otakar II. Přemysl, Kg. v. Böhm. (1253–1278) 16, 32, 49, 75, 102, 109ff, 146f
Otakar I., Gf. im Chiemgau († 1075) 57
Otakar III., Mgf. d. Steierm. († 1164) 33, 51
Otakar IV., Mgf. u. Hg. d. Steierm. († 1192) 107
Otakar aus der Geul; Verf. d. *Steirischen Reimchronik* († vor 1321) 20
Otfrid v. Weißenburg († um 875) 62
Otto I., Kg., K. (936/62–973) 43, 60, 80
Otto III., Kg., K. (983–1002) 63
Otto, Bf. v. Freising (1138–1158) 17f, 29, 91, 144
Ovidius Naso, Publius, Dichter († 18 n. Chr.) 28
Pacher, Michael, Maler und Bildhauer († 1498) 209
Paganini, Niccolò, Violinvirtuose u. Komponist (1782–1840) 171
Palacký, Franz/František, Historiker (1793–1876) 130, 134
Parler, Wenzel, Baumeister (1. H. 15. Jh.) 208
Paul II., Papst (1464–1471) 101
Pellico, Silvio, Dichter (1789–1854) 195
Philipp d. Gute, Hg. v. Burgund (1419–1467) 175
Philipp I. d. Schöne, Ehz. v. Öst., Kg. v. Kastilien (1504–1506) 154, 159, 162
Philipp II., Kg. v. Span. (1556–1598) 85, 165
Philipp, Pfalzgraf bei Rhein, Feldherr (1503–1548) 179ff
Piccolomini(bus), Aeneas Silvius de (s. Papst Pius II.) (1405–1464) 20, 26
Pilz, Vinzenz, Bildhauer († 1896) 214
Pippin II. d. Mittlere, fränk. Hausmeier († 714) 96
Pippin III. (I.), fränk. Hausmeier, Kg. (741/51–768) 97
Pirquet, Clemens v., Arzt (1874–1929) 213
Pius II., Papst (1458–1464) s. Piccolominibus
Pius VII., Papst (1800–1823) 192
Politzer, Adam, Arzt (1835–1920) 212
Prachatitz, Hans von 208
Prandtauer, Jakob, Architekt (1660–1727) 210
Priamos, Trojanerkg. 29
Prickler Harald, Historiker 10
Princip, Gavrilo, Attentäter von Sarajewo 1914 200
Protesilaus, Griechischer Held im Trojanischen Krieg 28
Puchsbaum, Hans, Steinmetz, Baumeister v. St. Stephan (1. H. 15. Jh.) 208
Quiróz, Pedro Fernando de, vermeintlicher Entdecker Australiens (1606) 64

Ra(t)couz, bayer. Großer, Namengeber v. Raabs (9. Jh.) 63
Radetzky, Graf Johann Josef Wenzel, Feldmarschall (1766–1858) 189, 195f, 224
Rahewin, Kaplan u. Notar Ottos v. Freising († 1170/77) 18
Raimund, Ferdinand, Dichter (1790–1836) 172, 225
Redlich, Oswald, Historiker († 1944) 182
Reinmar von Hagenau, Minnesänger (12. Jh.) 223
Renner, Karl, Staats-(Bundes-)kanzler, Bundespräsident (1870–1950) 56
Richard I. Löwenherz, Kg., v. England († 1199) 74, 103, 138
Rilke, Rainer Maria, Dichter (1875–1926) 224, 226
Roggendorf, Frhr. Wilhelm v., Feldherr u. Diplomat († 1541) 179
Rokitansky, Frhr. Carl v., Arzt (1804–1878) 210
Rosegger, Peter, Dichter (1843–1918) 225
Rossini, Giacchino, Komponist (1792–1868) 171
Rothari, Langobardenkg. (636–652) 24
Rottmayr, Johann Michael, Maler (1654–1730) 210
Rudolf I. (IV. v. Habsburg) Kg. (1273–1291) 27, 34, 45, 75, 109ff, 113, 117 146f
Rudolf II., Kg., K. (1554–1612) 164ff, 209
Rudolf II., Hg. v. Öst. u. Steierm. (1271–1290) 45, 117, 147
Rudolf III., Hg. v. Öst. u. Steierm., Kg. v. Böhm. (1306–1307) 76
Rudolf IV. d. Stifter, Hg. v. Öst. u. Steierm. (1358–1365) 28, 46, 100f, 112ff, 148ff
Rudolf v. Hohenegg, Eb. v. Salzburg (1284–1290) 33
Rumpler, Helmut, Historiker 10
Rupert, hl., Bf. v. Worms u. in Salzburg († nach 716) 50, 52, 88, 90, 93, 96, 98f, 142
Šafařik, Pavel, Gelehrter u. Schriftsteller (1795–1861) 130
Salm, Graf Niklas, Verteidiger Wiens 1529 († 1530) 179, 181
Schiller, Friedrich v., Dichter (1759–1805) 110
Schlom, 1. namentlich genannter Jude in Öst. († 1196) 74f
Schmidt, Friedrich v., Architekt (1825–1891) 215
Schneider, Hanns, Architekt u. Stadtrat (1860–1921) 219
Schnitzler, Arthur († 1931) 225f
Schönberg, Arnold, Komponist u. Maler (1874–1951) 229ff
Schönleben, Johannes Ludovicus, Gelehrter (1618–1681) 28

Schubert, Franz, Komponist (1797–1828) 228
Schwarzenberg, Fürst Karl Philipp zu, Feldherr (1771–1820) 189
Seisenegger, Jakob, Maler (1505–1567) 209
Semper, Gottfried, Architekt (1803–1879) 215f
Severin, hl., v. Norikum († 482) 39ff, 51, 87, 94f
Siccard v. Siccardsburg, August, Architekt (1813–1868) 214
Sidonius, Bf. v. Passau (um 754) 97
Sig(is)mund der Münzreiche, Hg. v. Öst., gef. Graf v. Tirol († 1496) 47, 155
Sigismund II. August, Kg. v. Polen (1520–1572) 158
Sigmund, Gf. v. Tirol (1446–1490) 155
Skoda, Josef, Arzt (1805–1881) 212
Smolka, Franciszek, Reichstagsabgeordneter 1848/49 131
Stadion-Warthausen, Graf Johann Philipp, Finanzminister (1763–1824) 122
Starhemberg, Graf Ernst Rüdiger, Verteidiger Wiens 1683 († 1701) 181
Steinle, Matthias, Bildhauer (1643–1723) 210
Stephan I., d. Heilige, Kg. v. Ungarn (997–1038) 80, 92, 101
Stifter, Adalbert (1805–1868) 142, 224
Strabo(n), griech. Geograph († 19 n. Chr.) 59
Strauß, Johann, Sohn, Komponist (1825–1899) 228
Strauß, Johann, Vater, Komponist (1804–1849) 196, 228
Strawinsky, Igor, Komponist (1882–1971) 230
Strindberg, August, Dichter und Maler (1849–1912) 230
Strudel, Paul, Bildhauer u. Architekt (1648–1708) 210
Strudel, Peter, Maler u. Bildhauer (1660–1714) 210
Süleyman d. Gr., Sultan (1520–1566) 178ff
Swieten, Gerard van, Arzt, Präfekt der Hofbibliothek (1700–1772) 121, 210
Sylva-Tarouca, Graf Manoel (1696–1771) 119
Szapolyai s. Johann I. u. II.
Tannhäuser, der (um 1205–um 1265) 223
Tassilo III., Hg. v. Bayern 41, 63, 68, 71, 90ff, 141f, 204f
Theodebert, So. Tassilos III. 141
Theoderich d. Gr., Ostgotenkg. (471–526) 38, 67, 69, 94
Theodo, Hg. v. Bayern (vor 696–717/18) 96, 141
Theodo, So. Tassilos III. 141
Theodora Komnena, Gem. Heinrichs II. Jasomirgott († 1184) 105
Tiburtius, hl. 142
Trakl, Georg, Dichter (1887–1914) 226

Treu, Wolfgang, Bürgermeister (1528–1537 mit Unterbrechungen) 179, 181
Tuerck, Ludwig, Arzt (1810–1868) 212
Ulrich III., Hg. v. Ktn. (1256–1269) 31f
Ulrich v. Lichtenstein, Minnesänger (1200–1275) 102, 223
Ursa, »v. Wels« († um 400) 22, 87
Venus v. Willendorf 9
Venus, röm. Göttin 27ff, 153
Viktor Emanuel II., Kg. v. It. (1861–1878) 196
Virgil, hl., Bf. v. Salzburg (746/47–784) 11, 71, 88, 90, 97ff, 142, 205
Vladislav, Hg., Kg. v. Böhmen († 1174) 105
Wagner, Otto, Architekt (1841–1918) 213, 216, 220
Wagner, Richard, Komponist (1813–1883) 228, 230
Walther von der Vogelweide, Dichter (um 1170–um 1220) 103, 223
Wamba, Westgotenkg. (672–680) 17
Webern, Anton v., Komponist (1883–1945) 229, 231
Wenzel I., Kg. v. Böhmen († 1253) 49
Wenzel, Ehz. v. Öst. (1561–1578) 165
Wenzel, hl. († 935) 92, 101
Werner, Propst v. Klosterneuburg (1168–1194) 207
Wertheim, Frhr. Franz v., Industrieller (1814–1883) 215
Wertheimer, Samuel, Hofbankier Leopolds I. (1658–1724) 78
Wilhelm II., Kg. v. Preußen, dt. K. (1888–1914, † 1941) 203
Wilhelm, Hg. v. Öst. († 1406) 47
Wilhelm V., Hg. v. Jülich-Kleve-Berg (1516–1592) 158
Wilhelmine Amalia v. Braunschweig-Lüneburg, 1699 Gem. Josephs I. (1673–1742) 116
Winfried s. Bonifatius
Wittgenstein, Karl, Industrieller (1847–1913) 220
Wladislaw II. Jagiello, Kg. v. Böhm. u. Ung. (1471–1516) 154
Wodan, germ. Gott 30, 88
Wolf, Hugo, Komponist (1860–1903) 228
Wolfgang, hl., Bf. v. Regensburg (um 924–994) 92, 206
Wolfram v. Eschenbach, Dichter (um 1170–nach 1220) 103
Wrede, Karl Philipp, frz.-bayer. Feldmarschall († 1838) 91
Zemlinsky, Alexander v., Komponist (1871–1942) 229
Zöllner Erich, Historiker 11
Zumbusch, Carl v., Bildhauer (1830–1915) 215
Zweig, Stefan, Dichter (1881–1942) 226